근대 일본의 국제질서론

KINDAI NIHON NO KOKUSAI TITUZYORON
by Tetsuya Sakai
ⓒ 2007 by Tetsuya Sakai
Originally published in Japanese by Iwanami Shoten Publishers, Tokyo, 2007.
This Korean language edition published in 2010 by Yeonamseoga, Goyang
by arrangement with the proprietor c/o Iwanami Shoten Publishers, Tokyo

이 책의 한국어판 저작권은 BC 에이전시를 통한
저작권자와의 독점 계약으로 연암서가에 있습니다. 저작권법에 의해
한국 내에서 보호를 받는 저작물이므로 무단전재와 복제를 금합니다.

종장 ● **일본 외교사의 '낡음'와 '새로움' – 오카 요시타케「국민적 독립과 국가 이성」재론** 291

머리말 —— 293
1. 아시아주의 · 탈아 · 내셔널리즘 —— 296
2. 다이쇼 데모크라시와 국제 협조주의 —— 309
3. 협동체적 사회 구성과 주권 국가질서 —— 324
맺음말 —— 345

● **저자 후기** 349
● **역자 후기** 353
● **찾아보기** 357

제3장 ● **'동아협동체론'에서 '근대화론'으로 – 로야마 마사미치의**
지역·개발·내셔널리즘론의 위상 153

머리말 —— 155
1. 발상의 원형 —— 158
2. '동아협동체론'에의 경도 —— 172
3. 전후의 재편 —— 187
맺음말 —— 198

제4장 ● **무정부주의적 상상력과 국제질서 – 다치바나 시라키의 경우** 201

머리말 —— 203
1. 초기 다치바나의 관심 —— 205
2. 중국 국민 혁명에 대한 대응 —— 216
3. '자치'의 유토피아와 지역 질서 —— 225
맺음말 —— 236

제5장 ● **'제국질서'와 '국제질서' – 식민 정책학에서의 매개의 논리** 243

머리말 —— 245
1. 예비적 고찰 : 매개 논리로서의 '사회' 개념 —— 248
2. 문명의 흥망 : 니토베 이나조의 식민 정책 강의 —— 257
3. 사회의 발견 : 제국 재편과 식민 정책학 —— 264
4. 식민지 없는 제국주의 : 광역질서 속의 식민 정책학 —— 279
맺음말 —— 287

● **차례**

● **한국어판 서문** 4

서장 ● **국제질서론과 근대 일본 연구** 13
  머리말 —— 15
  1. 이 책의 목적 —— 16
  2. 이 책의 구성 —— 27
  맺음말 —— 33

제1장 ● **전후 외교론의 형성 – '이상주의'와 '현실주의'의 계보학적 고찰** 35
  머리말 —— 37
  1. '전전'의 맥락 : 보편주의에서 지역주의로 —— 40
  2. '전중'의 맥락 : 지역주의 속의 내셔널리즘 —— 74
  3. '전후'의 문맥 : 주권 개념의 안쪽에서 —— 99
  맺음말 —— 113

제2장 ● **고전 외교론자와 전간기 국제질서–시노부 준페이의 경우** 117
  머리말 —— 119
  1. '신외교'와 '국민 외교' —— 122
  2. 만주사변 전후 —— 133
  3. 전시 국제법의 황혼 속에서 —— 143
  맺음말 —— 149

뺐던 기억이 지금도 떠오른다. 한국의 독자들과 만날 수 있는 기회를 제공한 장인성 교수에게 이 자리를 빌어 진심으로 감사의 말을 드리고 싶다.

2010년 5월

사카이 데쓰야 酒井哲哉

---

* 학술지學術知: 원서에서는 '학지學知'라는 말을 쓰고 있다. 이 말은 1990년대 중반 이래 일본에서 정의되지 않은 채 사용되기 시작한 조어인데, "학문 세계나 학자들 사이에 통용되는 학술 지식academic knowledge" 정도의 의미로 파악된다. 본 한국어판에서는 '학술지'로 번역하였다.

러한 현상은 구미 국가들에서도 나타났지만, 특히 제국질서를 외부화하지 못했던 동아시아의 국제관계론에서 두드러졌다. 여기에 동아시아의 경험에 비추어 국제관계론을 연구하는 의미가 있다. 현시점에서 저자는 그렇게 생각한다.

여기서 이 책의 문제 구성 자체가 냉전 이후 국제관계 사상이 중시해 온 두 개의 문제군, 즉 '정전(비판)론'과 '제국'을 둘러싼 문제군을 반영하고 있음을 알 수 있을 것이다. 이 책은 근대 일본의 국제질서론이라는 한정된 주제를 다루긴 했지만, 국제관계를 역사적·사상적으로 고찰할 때 염두에 둬야 할 기본 문제를 근대 일본의 경험에 비추어 논한 것이라 할 수 있다. 독자 중에는 저자의 이러한 '이론적 관심'이 때로는 쓸모 없는 도식화로 비칠지도 모르겠지만, 어쨌건 이것이 이 책의 특색이라 생각해 준다면 다행이다.

번역은 번역자 없이는 실현되지 않는다. 장인성 서울대 교수가 수고를 해주었다. 장인성 교수는 연구학기를 맞아 도쿄대학에 오자마자 나온 지 얼마 안된 이 책을 읽어 주었고, 어느 연구회에서 함께 했을 때 저자에게 번역을 제안하였다. 예상치 못한 일이라 아주 기

1930년대 일본에서 광역질서론에 경도된 논자들은 대체로 좌익 성향을 가진 지식인이었다. 이 책 제2장에서도 말했듯이 국제질서의 준거 기준을 제1차 세계대전 이전의 고전 외교에 둔 보수적 논자들은 광역질서론에 감화되지는 않았다. 이 역설은 어떻게 생겨났을까. 이 문제를 풀어나가는 과정에서 전간기에는 '제국'과 '지역주의'가 종이 한 장의 차이로 맞물려 있었고 당시 국제질서론은 대부분 제국 재편기의 이데올로기라는 측면이 있다는 사실을 깨달았다. 또한 좌익 지식인이 가졌던 복지에 대한 관심과 사회연대론이 이러한 계층적 공간 속에서 미묘한 공명 현상을 일으키는 메커니즘을 파악하는 것이 중요하다고 생각을 갖게 되었다. 사회민주주의자의 국제질서론을 다룬 제3장과 무정부주의자의 국제질서론을 다룬 제4장은 이러한 문제들을 풀어나가는 과정에서 작성된 것이다. 그리하여 제5장에서 논했듯이 국제관계를 파악하는 학술지學術知*에는 수평적인 주권국가간 관계를 다루는 국제법·외교사와, 수직적인 제국질서를 다루는 식민정책학이라는 두 계보가 있으며, 이들 두 계보가 전중기戰中期에 융합되어 가는 경위를 파악하는 작업이 '국제관계론'의 계보적 이해를 위해 필요하다는 결론에 도달했다. 이을 알기 쉽게 설명하는 일이 더러 있는데, 이것이 근대 일본의 국제질서론의 구성을 이론적으로 파악하는 데 도움이 되었던 것 같다.

이 책의 토대가 된 논문들은 일본이 '대학 개혁'을 외치던 시기에 집필되었다. 현실에 소용이 되는 정책 연구가 장려되고, 역사와 사상은 배워도 의미가 없다는 태도가 눈에 띄게 늘었다. 하지만 이러한 시기이기에 현대 일본의 심층에 있는 문제군을 되도록 우원迂遠한 접근 방식으로 포착해 보여 주겠다는 의욕이 강렬했다. 그래서 우선 국제질서론에서 말하는 '이상주의'와 '현실주의'의 사상사적 배경을 전간기戰間期 주권론의 위상을 통해 밝혀내고, 전후 일본에서 평화주의가 형성되는 과정을 살펴보자는 생각이 들었다. 여기에는 전후 일본의 평화론의 저류에 흐르는 슈미트적 계기를 규명한다는 목표도 당연히 있었다. 또한 '미국 국제정치학' 형성에 내재하는 독일적 계기를 재확인함으로써 국제관계론의 연구 방법에 대해서도 재고해 보고 싶었다.

제1장의 토대가 된 논문을 집필한 뒤 저자는 '대동아공영권'을 국제질서론으로서 어떻게 파악해야만 할까라는 생각이 들었다.

만, 이처럼 일견 명쾌해 보이는 대립 구도의 근저에 실로 복잡한 지적 계보가 숨어 있는 것은 아닐까. '전후의 종언'이란 시점에서 일본 현대사를 서술하려면 켜켜이 얽힌 사상적 맥락을 캐내는 일부터 출발해야 하는 것은 아닐까.

이런 생각을 갖게 된 무렵, 도쿄대학 교양학부 국제관계 전공의 조교수로 자리를 옮기게 되었다. 저자는 정치학 중에서도 일본 정치외교사를 전공했었는데, 이제는 자신의 연구가 국제관계론으로서 어떤 의미를 갖는지를 스스로에게 묻고 남에게도 설명해야 하는 입장이 되었다. 한국도 사정이 별반 다르지 않겠지만, 현대 일본에서 국제관계론은 미국적인 과학주의의 학문이라는 이미지가 강하다. 일본의 정치학은 원래 역사와 사상을 중시해 왔는데, 어떤 의미에서 그 반대쪽에 있는 국제관계론 학도들을, 저자처럼 역사와 사상을 중시하는 '인문주의적 사회과학자'는 어떤 태도로 마주해야만 할까. 잔뜩 긴장되면서도 보람 있는 날들이 찾아왔다. 이 책에 수록된 논문들은 모두 도쿄대학 대학원의 국제관계론 세미나에서 가진 토론을 토대로 집필되었다. 도쿄대학 교양학부 고마바駒場 캠퍼스에는 문화적 배경이 다른 유학생이 많아 이들에게 근대 일본의 경험

한국어판 서문

자신의 책이 외국어로 번역된다는 것은 명예이면서도 약간 긴장감이 따르는 일이다. 특히 이 책처럼 근린 지역의 운명에 관계했던 역사를 다룬 책일 경우 그러한 느낌이 강하다. 미지의 독자를 만나는 황홀함과 불안을 가슴에 간직하면서, 한국의 독자들에게 저자의 문제의식을 간단히 설명하기 위해 이 책의 토대가 된 논문들이 어떤 배경에서 씌어졌는지를 밝히고자 한다.

『근대 일본의 국제질서론』이라는 표제를 붙인 이 책은 냉전 종식과 '전후'의 종언이라는 사태를 배경에 두고 있다. 이 책을 구상하게 된 계기는 걸프전쟁 발발이었다. 걸프전쟁은 저자에게 충격적이었는데, 전쟁의 전개 과정 그 자체가 아니라 걸프전쟁 당시에 일본의 지식인들이 보여 준 복잡한 반응 때문이었다. 특히 전쟁 포기를 선언한 일본국 헌법 9조를 중시하는 호헌파護憲派 공법학자가 카를 슈미트Carl Schmitt의 정전正戰 비판을 원용하면서 걸프전쟁에 반대하는 주장을 폈는데, 이에 깊은 감동을 느꼈다. 저자는 이때 전후 일본의 평화주의의 심층에 있는 문제군의 소재를 직감했다. 전후 일본에서는 미·일 안보조약에 의거하는 '현실주의자'와 일본국 헌법 9조에 기대는 '이상주의자'가 오랫동안 논쟁을 되풀이해 왔지

근대 일본의 국제질서론

사카이 데쓰야 지음

장인성 옮김

연암서가

서장

국제질서론과 근대 일본 연구

머리말

어느 시대나 사람들에게는 자신의 시대를 '전환기'로 부르고 싶어 하는 충동이 있다. "한 몸이면서 두 삶"이라는 후쿠자와 유키치福澤諭吉*의 유명한 말은 막말 유신기를 체험한 지식인들에게는 특히 실감나게 다가왔을 것이다. 하지만 사람들은 격동기라 할 수 없는 시대에도 과거와 아주 다른 풍경을 마주했을 때 같은 감개에 빠지는 일이 많다. 자신은 어디에서 어디로 향하고 있는 것일까. 사람들의 역사 의식 속에는 이러한 물음에 답함으로써 '현재(지금)'를 자리매김하고 싶어 하는 욕구가 그 근원에 존재한다.

이 책은 『근대 일본의 국제질서론』이라는 제목을 달았다. 냉전 종언과 이에 따른 '전후'의 종식을 배경으로 하고 있음은 말할 나위 없다. 이 책은 이러한 '현재(지금)'를 응시하면서 근대 일본에 영위된 국제질서론의 계보를 새롭게 추적하고, 전전·전중에서 전후로 전환했을 때 갖는 의미에 대해 생각해 보는 데 궁극

---

* 후쿠자와 유키치(福澤諭吉, 1835-1901): 메이지 일본을 대표하는 사상가·교육가. 부젠 나카쓰(豊前中津, 현 오이타현(大分縣)) 번사(藩士) 출신. 오가타 고안(緒方洪庵)으로부터 난학을 배웠고, 요코하마에서 영학(英學)으로 바꾸었다. 에도에서 양학숙(洋學塾)을 열었고, 게이오기주쿠(慶應義塾)를 창설하였다.

적인 목표가 있다. 이 최종 목표에 도달하기 전에 국제질서론과 근대 일본 연구는 어떤 형태로 접점을 가질 수 있을지 생각할 필요가 있다. 우선 최소한의 연구사적 위상을 설정해 두고자 한다.

●

1. 이 책의 목적

●

냉전 이후에 수행된 국제관계론 연구를 얼핏 보기만 해도 어떤 의미에서건 국제질서론에 대한 관심이 고조되어 있음을 알 수 있다. 역사와 규범을 중시하면서 '국제사회'의 양태에 관심을 기울여 온 영국학파에 대한 재평가나 국제관계의 간주관적 구성을 강조하는 구성주의constructivism의 등장이 일례다.[1] 국제관계사・외교사 연구에서도 국제법학과 국제정치의 접점을 다룬 저작이나 국제관계론적 시점에서 제국 법제를 분석한 업적도 많이 나오고 있다.[2] 정치사상사 연구에서도 전통적으로는 사회 계약설과 국가론이 주요 대상이 되고 국제관계에 관한 문제군은 주변화되었는데, 최근에

---

[1] 최근의 다양한 국제관계 사상 연구의 개요에 관해서는 大賀哲, 「國際關係思想硏究にむけて―國際政治學からの視座」, 『創文』第491號(2006年 10月).

[2] 小林啓治, 『國際秩序の形成と近代日本』, (吉川弘文館, 2002); 篠原初枝, 『戰爭の法から平和の法へ―戰間期のアメリカ國際法學者』(東京大學出版會, 2003); 淺野豊美・松田利彦編, 『植民地帝國日本の法的展開』(信山社, 2004) 등.

는 지구화에 맞추어 연구 영역 확장이 의식되고 있다. '정치사상과 국제정치의 교착'을 생각하는 시도로는 저자 자신도 참여한 『사상』의 특집 「제국·전쟁·평화」를 들 수 있다.[3] 이들 업적은 논자에 따라 뉘앙스가 달라 단순히 하나로 묶는 일은 피해야겠지만, 느슨하나마 국제질서론의 역사적·사상적 접근에 대한 관심을 공유하고 있다.

그런데 이러한 경향은 근대 일본 연구, 특히 일본 외교사 연구에서 어떤 의미를 가질까. 국제관계론 연구자들은 일본 외교사 저작을 읽을 때 흔히 예상되는 외교사 이미지와 격차가 있음에 자주 놀라게 된다. 일반적으로 외교사는 현실주의 국제정치론과 친화적인 분야이며, 마땅히 '내정'과 '외교'의 준별을 전제로 서술한다고 생각한다. 하지만 적어도 전전기를 다룬 일본 외교사는 이러한 고전적 시각에 의한 연구(전형적으로는 양국간 외교 교섭사)가 의외로 적다. 가장 연구가 많은 정책 결정 관련 분야에서는 군부와 외무성의 이중 외교와 같은 익숙한 주제에서 시작해서 나아가 거시적 구도에서 대륙 정책과 정당정치의 확립 과정, 국제 협조주의와 민주제의 붕괴에 나타난 내정과 외교의 상호 작용을 해명하는 시각이 뒤따른다. 또한 대외 태도나 대외 인식에 대한 관심도 지속적으로 보이는데, 탈아론과 아시아주의까지 포

---

[3] 『思想』第945號(岩波書店, 2003년 1월), 特集「帝國·戰爭·平和」.

함시켜 생각한다면 사상사 연구가 가진 무게도 무시할 수 없다. 여기서 일본 외교사 연구는 일반적인 외교사 이미지와 다소 어긋난 지점에 연구사가 형성되어 있다는 사실에 입각하여 논의될 필요가 있다.

이러한 일본 외교사 연구의 '특수성'을 반드시 마이너스 이미지로 보아서는 안 된다. 저자는 오히려 그 배경에 근대 일본의 주권국가 체계상像이 본질적 불안정을 보였다는 근본 문제가 있으며, 이 점에서 국제질서론에 근대 일본 연구의 중요성이 있다고 생각한다. 여기서 우선 근대 일본의 대표적인 국제질서론으로서 국수주의 정론가로 알려진 구가 가쓰난陸羯南*이 1893년(明治 26)에 출판한 『국제론』을 살펴보기로 한다.⁴ 당시 일본 정부는 구미와 맺은 불평등 조약을 개정하기 위한 교섭을 추진하고 있었고, 이를 위해 구화歐化주의, 즉 유럽 문화를 모방하는 정책을 펴고 있었다. 구가는 이러한 조류를 염두에 두고 『국제론』에서 '낭탄狼吞absorption'과 '잠식蠶食elimination'이란 유형을 제시하였다. '낭탄'은 영토 병합 등 국가에 의한 직접적인 정치

---

4 陸羯南, 『陸羯南全集』 제1권(みすず書房, 1968).

* 구가 가쓰난(陸羯南, 1857-1907): 메이지 중기에 신문 『일본』을 발행하였고, 이를 통해 '국민주의'를 제창한 저널리스트·정론가. 특히 관료주의와 번벌 정치 전제를 비판하였다. 미야케 세쓰레이(三宅雪嶺), 스기우라 시게타케(杉浦重剛), 하세가와 뇨제칸(長谷川如是閑), 마사오카 시키(正岡子規) 등 메이지 후기를 대표하는 사상가, 언론인들이 『일본』을 중심으로 근대 저널리즘의 초석을 쌓았다.

적 지배를, '잠식'은 민간인이 자본·상품·문화의 이입을 통해 영향력을 행사하는 것을 가리킨다. 구가는 명백한 침략 행위로 이해되는 '낭탄'보다 사인私人의 활동으로 간과되기 쉬운 '잠식'이 국민적 독립에 위험하다는 까닭을 말했던 것이다. 정부의 구화주의에 대응하는 구가의 문화 방위론적 내셔널리즘 논리가 엿보인다.

구가의 이러한 의론이 일본의 국제질서론에서 흥미로운 까닭은 다음과 같은 점에서다. 구가의 주장은 구화주의에 대해 일본 고유의 문화의 자립성을 주장한 점에서는 분명 내셔널리즘론이지만, 동시에 앞에서 말한 '잠식' 개념에서 보듯이 자본·상품·문화의 이입을 통한 민간인의 영향력 행사, 즉 국제관계에서 비국가 주체의 활동에 착목한 것임을 알 수 있다. 국제관계론 연구에서는 일반적으로 국가와 국가의 권력 게임으로서 국제관계를 보는 접근 방법이 주류이며, 이에 대해 국경을 넘는 비국가 주체의 활동이 갖는 중요성을 강조하는 초국가 관계transnational relations론이 대두하였다는 연구사의 흐름이 있다. 지금부터 100여 년 전에 출판된 구가의 『국제론』은 이러한 초국가 관계론을 선점한 측면이 있다. 이를테면 '조숙한 트랜스내셔널리즘transnationalism'이라는 성격이 있었던 것이다.

여기서 '조숙한'이란 형용사를 붙인 까닭이 있다. 국제관계론에서는 흔히 초국가주의가 자유주의 주장과 결부되는 일이 많지만, 근대 일본사에서는 꼭 그렇게만 말할 수 없는 문제가 있기 때문이다. 구가 주변에는 아시아주의자로서 중국 대륙에서 활약한 민간인들이 많았는데, 이들은 일본 대륙 진출의 에이전트였다. 근대 일본 외교의 주요 무대였던 중국은 외교관들이 행하는 공식적인 외교 관계와 더불어 다양한 비공식적 행위자들이 뒤섞여 활동하는 장이었다. 일본 외교사에서 '내정'과 '외교'의 준별을 전제로 한 고전 외교의 준칙이 꼭 준거 기준이 될 수 없는 까닭이다.

와타나베 아키오渡邊昭夫는 동아시아 국제 환경의 이러한 특성을 "국가 없는 국제관계"란 말로 표현하였다.[5] 유럽에서는 유럽 내부에 있는 무정부 사회Anarchical Society로서의 '국제질서'와 유럽 외부에 있는 '제국질서'는 일단 별개의 것으로 이해할 수 있는 데 대해, 동아시아에서는 '국제질서'와 '제국질서'가 중첩되어 있었고 일본 외교에서 '제국질서'는 외부화할 수 없는 영역이었다고 말할 수 있다. 앞서 말했듯이 근대 일본에서 안정된 주권국가 체계상을 갖기 곤란했던 데는 이러한 사정이 배경에 있었다.

'제국질서'와 '국제질서'의 이러한 중층적 성격은 근대 일본의 국제질서론에서 다양한 형태로 표출되고 있다. 전전기 일본

---

5 渡邊昭夫, 「近代日本における對外關係の諸特徵」, 中村隆英・伊藤隆編, 『近代日本硏究入門』(東京大學出版會, 1977), 136쪽.

에서 국제 현상을 다루는 학술지學術知는 크게 나누면 주권국가 간 관계를 다루는 국제법·외교사(및 그 발전 형태인 국제정치학)와 제국내 관계를 다루는 식민 정책학의 두 계열이 존재했는데, 두 계열은 무관하게 병존한 것이 아니라 밀접한 관계인 경우가 많았다. 구미권의 국제정치학사에서 식민 정책학의 계보는 거의 완전히 잊혀졌지만, '제국질서'를 외부화할 수 없었던 일본 국제관계론의 계보학적 이해에서는, 전전기 식민 정책학과 전후 국제관계론을 매개한 야나이하라 다다오矢內原忠雄*의 존재를 생각하면 분명하듯이, 상대적으로 이러한 편견에서 벗어나 있다. 이러한 의미에서 일본의 사례를 토대로 국제질서론을 파악하고 시야를 확대하려는 시도는 국제관계론 연구의 중요한 과제가 될 것이다.

국제관계론 교과서는 현실주의-이상주의 패러다임의 대립 구도에서 시작하며 그 기원으로서 전간기의 논의를 소개하는 것이 통례다. 하지만 전간기 주권론의 여러 모습을 밝혀냄으로써 국제질서론을 구성하고자 하는 관점이 아주 희박했던 것은 아닐까. 전간기의 주권론을 장식한 켈젠Hans Kelsen*, 슈미트Carl Schmitt*, 라스키Harold Laski*의 이름은 정치사상사, 국제법학

---

* 야나이하라 다다오(矢內原忠雄, 1893-1961): 일본의 경제학자. 제국기 식민 정책론·국제경제론의 권위자. 1937년 중·일 전쟁을 비판하여 도쿄대학 교수를 사직하였고, 전후에 도쿄대학 총장을 역임하였다.

사 교과서에 꼭 등장하지만 국제관계론 교과서에서 언급되는 일은 없었다. 국제질서론 연구는 이를 이상히 여기는 데서 출발해야 한다. 국제관계론을 배운 사람이라면 누구나 아는 모겐소 Hans Morgenthau*와 카E.H.Carr*의 저작들이 실제로는 사상 형성 과정에 입각해서 읽히지 않는 것도 고전 읽기에 흔한 일이라는 숙명론으로 치부할 수만 없는 문제를 안고 있다.

제1차 세계대전 후 일본에서 주권론을 둘러싼 논의는 다양한 형태로 '사회' 개념을 구성함으로써 국가 주권의 절대성을 부정

---

* 켈젠(Hans Kelsen, 1881-1973): 오스트리아 출신의 공법학자·국제법학자. 빈 학파의 지도자. 신칸트학파의 입장에서 순수법학을 제창하였고 규범 개념에 의한 법단계설을 수립하였다. 제2차 세계대전 후에는 평화주의·국제주의·국제법 우위설의 입장에서 국제법을 연구하였다.
* 슈미트(Carl Schmitt, 1888-1985): 독일의 법학자·정치학자. 법과 정치질서는 주권적 권위자의 결단에 의해 정당화된다는 결단주의를 주장하였다. 베를린대학 교수를 지냈고, 프로이센 상원의원으로 입법에 참여했으며, 나치를 지지하였다. 전후에 투옥되었다가 학계로 복귀하였다.
* 라스키(Harold Joseph Laski, 1893-1950): 다원국가론을 주장한 영국의 정치학자. 1912년 페이비언협회를 통해 노동당에 입당했고, 1934년 소련 방문 후 마르크시즘에 경도되었다. 전후 런던정경대 정치학과에 재직하였다.
* 모겐소(Hans Joachim Morgenthau, 1904-1980): 독일 출신의 국제정치학자. 시카고대학 교수. 국제정치를 권력 투쟁으로 이해한 대표적인 현실주의자. 주저 *Politics among Nations* 등이 있다.
* 카(Edward Hallett Carr, 1892-1982): 영국 역사가·정치학자·외교관. 1916년 외무성에 들어가 제2차 세계대전 중에는 정보성 외교부장, 『타임스』 논설위원을 역임했다. 웨일스대학 국제정치학 교수(1936-1946)를 지냈고, 『역사란 무엇인가』 『20년간의 위기』 『평화의 조건』 등의 저작을 남겼다.

하는, '사회의 발견'이라 부를 수 있는 시대 사조에 편승해 있었다. 당시 일본의 국제정치학·식민 정책학에도 이러한 조류가 파급되어 있었다. 대표적인 예가 로야마 마사미치蠟山政道*와 야나이하라 다다오였다. 로야마는 페이비언주의자*이자 다원국가론의 영향을 강하게 받은 정치학자였다. 로야마는 영국 페이비언협회의 국제문제 전문가였던 레너드 울프Leonard Woolf*의 저서에 촉발되어 1920년대 중반부터 기능주의 국제 통합론을 전개하였다. 로야마는 비국가 주체가 엮어내는 국제정치 모습을 아시아 태평양의 상황에 적용하여 이론과 현실의 쌍방에서 검증하였고 높은 완성도를 보였다.

한편 식민 정책학자였던 야나이하라는 영국의 연방Commonwealth을 염두에 두면서 식민지 의회를 설치하는 등 식민지에 자치권을 부여하고 일본 제국을 자유주의적으로 재편해야 한다는 주장을 폈다. 또한 국가의 식민지 통치 정책이라는 성격이 강했

---

* 로야마 마사미치(蠟山政道, 1895-1980): 일본의 정치학자·행정학자·정치가. 일본 행정학 연구의 선구자이며, 민주사회주의를 제창하였다.
* 페이비언주의(Febianism): 19세기 후반 영국에서 출현한 사회주의. 주로 신중간층 출신의 지식인으로부터 구성되어 조사·연구·교육·선전 단체인 협회가 발전시킨, 의회주의와 점진주의를 기반으로 하는 계획적인 사회주의 및 정책. 복지국가의 기초 구축에 크게 기여하였고 마르크시즘 방식이 아닌 영국식 사회주의의 대명사가 되었다.
* 레너드 울프(Leonard Woolf, 1880-1969): 영국의 정치 이론가·작가·출판인. 노동당과 페이비언협회 등에서 활동했으며, 세계 평화를 주창하는 *International Government*를 저술하였다. 작가 버지니아 울프의 남편으로도 유명하다.

던 기존의 식민 정책학을 비판하는 한편, 학문의 대상을 사회 집단의 광역 이동에 따른 상호 작용을 해명하는 데까지 확대시켰다. 야나이하라의 식민 정책학은 오늘날 외국인 노동자 문제와 같은 지구화된 사회 문제에 대응하는 영역을 다루고 있었다. 이처럼 1920년대 일본에서는 일단 앞에서 말한 '조숙한 트랜스내셔널리즘'의 '성숙을 향한 길'이 열린 것처럼 생각되었다.

그런데 전전기 일본의 국제질서론을 생각할 때 성가신 문제가 있다. 제1차 세계대전 후 국가 주권의 절대성을 비판했던 많은 사람들이 동시에 1930년대 광역질서론을 이론적으로 지탱하는 언설을 준비하고 있었다는 점이다. 물론 여기에는 권력에 의한 강제라는 외적 요인도 있다. 하지만 1930년대 국제질서론을 재검토해 보면 이론 장치 대부분이 제1차 세계대전 후의 국가 주권 개념 비판과 내셔널리즘 비판이란 요소를 계승하고 있음을 알 수 있다.

1930년대 일본의 국제질서론은 한마디로 말하면 '패권주의적인 지역주의론'이란 성격을 지닌다. 여기에는 일본을 맹주로 상정한 관계가 전제된다는 점에서 말 그대로 패권주의적 성격이 있지만, 동시에 내셔널리즘과 국가 주권의 절대성을 넘어선 원리로서 지역주의적 레토릭이 많이 사용되고 있다. 또한 지역주의적인 레토릭은 흔히 무정부주의anarchism적인 사회 연대론과 지역주의적인 복지정책의 논리로 정당화되곤 한다. 이러한 의미에서 1930년대 일본의 국제질서론은 근대 일본의 '조숙한 트랜스내셔널리즘'이 자유주의적인 국제주의로 '성숙'하기 전에 '제국질서'로 회수된 사례라 하겠다.

그렇지만 전중기 일본에서도 전후 국제질서론의 맹아가 싹트고 있었던 점 역시 주의할 필요가 있다. 태평양 전쟁이 발발하면서 유럽 종주국은 퇴장하였고 이에 따라 동남아의 탈식민지화 쟁점이 부상하였다. 해군과 대동아성은 '아시아 해방'이란 명분과는 정반대로 일본의 주도국 지위를 고집했고 동남아 국가들에게 독립을 부여하는 데 소극적이었다. 반면 시게미쓰 마모루重光葵* 외상을 중심으로 한 외무성은 형식적으로는 일본과 아시아 국가들 사이에 대등한 국가 관계를 설정하고 보편적 이념을 내세운 지역 평화 기구를 설립함으로써 아시아 외교의 주도권을 되찾고자 했다. 이러한 정부내 정치는 이론적으로는 광역질서론에서 국가 평등 개념의 위상을 둘러싼 논쟁으로 나타났다. 전후 일본의 국제질서론은 이 시기의 논쟁을 암묵적 전제로 삼아 출발했다는 것을 잊어서는 안 된다. 이것은 바로 '제국질서'를 둘러싼 학술지學術知와 '국제질서'를 둘러싼 학술지가 '국제관계론'으로 단일화되고, 전후 국제관계론 연구의 주요 동기인 '제국

---

* 시게미쓰 마모루(重光葵, 1887-1957): 외교관·정치가. 도조 히데키(東條英機) 내각에서 외상을 역임. 패전 후 A급 전범으로서 복역하였고, 훗날 하토야마 내각의 외상을 역임하였다.

주의와 민족'이란 시각이 태동하는 과정이었다.

전후 일본의 국제질서론은 주권 개념과 내셔널리즘이 이처럼 굴절된 의론들의 계보를 전제로 한다. 하지만 일정 시기까지 이들 대부분은 전후의 논자들이 암묵적인 전제로 의식은 하면서도 명시적으로 말하는 경우가 꼭 많지는 않았다. 전후의 언설 공간은 말하자면 숨은 '가요 모작模作'의 세계이며, 따라서 그 깊이를 추체험하려면 일단 쇼와 10년대에 불려진 노래들을 알아야만 한다. 최근 일본 사상사 연구에서는 전전·전중과 전후의 연속성을 강조하는 논의들이 많은데, 전후를 둘러싼 논의의 빈틈을 간파한 것임은 분명하다.[6] 이 책이 전전·전중에서 전후로 이어지는 국제질서론의 계승 관계를 집요하게 묻는 것도 이 때문이다.

다만 이러한 분석 시각이 단지 전후의 논의를 폄하하기 위해 전개되어서는 안 될 것이다. 더구나 전전·전중부터 전후에 걸쳐 계승관계가 존재하는 것을 일본에 특수한 현상인 것처럼 여겨서도 안 될 것이다. 오히려 근대 일본의 국제질서론은 20세기 국제 관계에서 공유된 보편적 역학 속에 위치한다는 것을 재확인하는 일이 중요하다. 이 책에서는 근대 일본 국제질서론의 계보를 분석하면서 끊임없이 동시대 구미의 논의들을 참조하는데, 구미의 '첨단적' 주장들이 일본에 어떻게 '수용'되었는지를 문제 삼으

---

[6] 대표적인 성과로 山之內靖·ヴィクター·コシュマン·成田龍一編,『總力戰と現代化』(柏書房, 1995)가 있다.

려는 것이 아니라 오히려 국제질서론의 계보를 추적하는 일반적 의의를 생각하고 싶기 때문이다. 이를 통해 일본 근대사·정치사상사·국제관계론의 삼자가 교착하는 영역을 얼마간이나마 개척할 수 있다면 이 책의 목적은 달성되었다고 볼 수 있다.

2. 이 책의 구성

이러한 연구사적 전제에 입각해서 간략히 각 장의 내용을 소개하고 본론의 구성에 대해 설명하고자 한다. 제1장 「전후 외교론의 형성: '이상주의'와 '현실주의'의 계보학적 고찰」은 흔히 국제관계론의 패러다임으로 불리는 '이상주의'와 '현실주의'의 계보학적 고찰을 시도한 것으로서 국제질서론에서의 전전·전중과 전후의 계승 관계를 분석한 글이다. 전후 일본의 외교론을 논할 때 미일 안보 조약에 의거한 '현실주의'와 일본국 헌법에 의거한 '이상주의'의 대치 구도로 이해하는 시각이 기본이다. 그리고 '이상주의'와 '현실주의'는 뭔가 전간기 국제관계론의 패러다임 논쟁에 직결되는 듯한 인상을 주는 것 같다. 그렇지만 이러한 문제 설정은 이중의 의미에서 의문을 남긴다. 첫째, '전후'를 둘러싼 많은 논의들이 그랬듯이 전후 외교론에서도 '이상주의'와

'현실주의'의 대치 구도에 관한 이해는 실제 1960년 안보기에 성립한 보혁 대립의 이미지가 역투영된 측면이 강하다. 둘째, 일본뿐 아니라 구미의 전간기 국제관계론에서 '이상주의'와 '현실주의'의 양상이 사상사적 맥락에 기초해서 내재적으로 이해되어 왔다고 보기 힘들다. 이 장에서는 전간기 현실주의 국제정치론을 사상사적 관점에서 검토함으로써 이중적 의미에서 이러한 문제에 내재된 비틀림을 밝혀내고, 현실주의 사유가 전중기 일본의 광역질서론과 가졌던 미묘한 공명 관계를 지적하는 한편, 전후 논의의 장이 이것들을 비판적으로 계승한 형태로 설정되고 있었음을 논할 것이다. 이 장에는 '전후' 사상의 형성을 1960년 안보기 보혁 대립의 고정된 이미지를 소급시켜 파악하지 않고 실시간으로 포착하려는 저자의 관심이 담겨 있다.[7] 또한 정치사상과 국제정치가 교착하는 영역을 문제화하려는 이 책의 기본 시각을 제시한 것이다.

제2장 「고전 외교론자와 전간기 국제질서: 시노부 준페이信夫淳平*의 경우」는 다이쇼大正기를 대표하는 국제법학자·외교사가 시노부 준페이의 언설을 대상으로 제1차 세계대전 이전에 고

---

[7] '전후'에 대한 이러한 접근 방법을 보다 철저히 한 연구로는 졸고, 「國際政治論のなかの丸山眞男: 大正平和論と戰後現實主義のあいだ」, 『思想』 제988호(岩波書店, 2006년 8월) 特集 「丸山眞男を讀み直す」가 있다. '전후'에 관한 의론 자체를 직접 다루는 일은 다음 기회로 미룬다.

전외교의 실천과 규범을 중시한 고전 외교론자가 전간기 국제질서를 어떤 분석 틀로 바라보고 있었는지를 논한 것이다. 시노부에게 전시 국제법으로 대표되는 '고전 외교'의 정신은 부동의 가치였으며, 1930년대 현실주의자들처럼 아이러니의 감각을 갖고 선택된 것은 아니었다. 이 장에서는 광역질서론이 석권한 1930년대 일본 논단에서 고전 외교에 대한 부동의 신념 때문에 소수자의 지위에 내몰릴 수밖에 없었던 시노부의 위상을 묘사하고 있다. 이것은 제1장에서 다룬 현실주의적 사유를 광역질서론 속에 읽어 들인, 시노부보다 젊은 세대의 국제법학자가 처한 위치를 다른 쪽에서 확인하는 것이 될 것이다.

제3장 「'동아협동체론'에서 '근대화론'으로: 로야마 마사미치蠟山政道에서의 지역·개발·내셔널리즘론의 위상」은 일본 국제정치학의 초석을 놓은 로야마 마사미치의 전전·전중·전후의 궤적을 좇아가면서 페이비언주의Fabianism로 연결되는 지역 복지에 대한 관심이 일본에서 어떻게 전개되는지를 논한 것이다. 1920년대 로야마는 다원국가론의 영향을 받으면서 아시아·태평양 지역에서 기능적 통합론을 전개하고 있었다. 하지만 극히

---

* 시노부 준페이(信夫淳平, 1871-1962): 일본의 법학자. 전시 국제법의 권위자. 1890년 와세다대학 전신인 도쿄전문학교 영어보통과 졸업. 1897년 외무성에 들어가 인천 이사관 및 캘커타 총영사 등을 거쳤고, 1917년부터 와세다대학 강사를 거쳐 와세다대학 교수를 역임하였다.

현대적인 이러한 문제 설정은 제국질서가 잔존하고 국민국가가 형성되지 못한 이 지역에서는 항상 이념과 현실의 긴장 관계를 안고 있었다. 이러한 이데올로기성은 1930년대 들어 패권 지역 질서에서의 개발론으로 표출된다. 그럼에도 불구하고 로야마가 기능적 통합과 지역 개발 계획에 대해 보인 관심은 전후에 보다 단적인 형태로 전개되었다. 이 장은 로야마가 보였던 이러한 지속적 관심의 연장선상에 1960년 안보기安保期의 이른바 '근대화론'의 전개를 자리매김하고 있다. 아울러 국경을 넘는 사회민주주의에 대한 관심과 제국질서 사이의 미묘한 공명을 다룸으로써 20세기 중반 국제관계 사상의 한 측면을 재검토하고 있다.

제3장이 사회민주주의와 국제질서론의 연관을 보여 준 사례를 다루었다고 한다면, 제4장 「아나키즘적 상상력과 국제질서: 다치바나 시라키橘樸*의 경우」는 무정부주의anarchism와 국제질서론의 관련을 분석한 것이다. 다치바나 시라키는 전전기를 대표하는 중국 연구자였고, 다치바나의 중국론에 관한 논고는 기왕에 많이 있었다. 다치바나는 '톈진天津의 뇨제칸如是閑'이라 불렸는데, 이 장에서는 다치바나가 무정부주의적 다이쇼 사회주의자로서 하세카와 뇨제칸長谷川如是閑*과 공유했던 발상의 원

---

* 다치바나 시라키(橘樸, 1881-1945): 언론인, 중국 연구자. 오이타(大分)현 출생. 1906년 만주철도 촉탁. 31년 『만주평론』 창간, 왕도국가론 등 만주국 이념을 주창하기도 했다.

형을 확인하고, 다치바나의 중국 사회론과 아시아주의론 속에 어떻게 표출되었는지를 분석한다. 메이지明治기에 근대화 능력을 결여한 것으로 이해된 중국 사회의 특질이 다이쇼기에게는 길드 사회주의적 관심을 통과하면서 반대로 무정부주의적 상상력을 해방시키는 장치로 기능했는데, 이 장에서는 그것이 갖는 동시대적인 의의와 한계를 묘사한다. 동시에 국경을 넘는 사회 연대의 논리가 시사하는 현재적 의의에 관해서도 모색한다. 마르크스주의와 시민사회론을 기조로 하는 전후 일본의 사상은 여러 의미에서 다이쇼 무정부주의의 문제 의식을 주변화함으로써 성립한 측면이 있다.[8] 이러한 의미에서 이 장은 다른 방식으로 전후 사상의 존재 방식을 묻는 것이기도 하다.

제5장「'제국질서'와 '국제질서': 식민 정책학에서의 매개의 논리」는 로야마 마사미치와 다치바나 시라키를 통해 다이쇼기 사회 개념의 석출析出 상황과 국제질서론과의 관련성을 분석한 앞의 두 장을 전제로 삼으면서 사회 개념의 위상을 보다 거시적으로 식민 정책학의 '제국질서'와 '국제질서'를 매개하는 논리 속에 읽어 들인 것이다. '제국주의'와 '국제주의'는 대립적으로

---

8 졸고, 「國際政治論のなかの丸山眞男」, 13-16쪽.

* 하세카와 뇨제칸(長谷川如是閑, 1875-1969): 문명비평가 · 평론가. 메이지 · 다이쇼 · 쇼와 삼대에 걸쳐, 신문 기사 · 평론 · 에세이 · 희곡 · 소설 · 기행 등 3천여 작품을 남겼다. 오야마 이쿠오(大山郁夫) 등과 함께 잡지 『我等』(후에 『批判』)을 창간하였다. 다이쇼 데모크라시 시대의 대표적 논객의 한 사람.

보기 쉽지만, 실제로는 양자는 종종 동일 인격 속에 공존한다. 이러한 공존을 가능하게 한 것은 '사회' 개념의 위상과 밀접하게 관련된 초국가적transnational 이론 장치이며, 이 장치를 구사함으로써 주권국가간 관계로 구성되는 '국제질서'와 제국내 관계로 구성되는 '제국질서'를 매개하는 식민 정책학자의 언설이 성립된다. 본 장에서는 종래 망각되어 온 국제관계론의 지적 계보 속에 식민 정책학을 위치지우는 한편, '미국의 세기'인 20세기에 '제국'의 학술지로서 식민 정책학이 갖는 의미를 재고할 것을 촉구한다.

마지막으로 종장 「일본 외교사의 '낡음'과 '새로움': 오카 요시타케岡義武 『국민적 독립과 국가 이성』 재론」은 앞 장들과는 달리 사학사적 고찰로 볼 수 있다. 여기서는 1961년(昭和36)에 간행된 오카 요시타케*의 고전적 논문 「국민적 독립과 국가 이성」을 이후 발표된 그의 연구와 대비시키면서 일본 외교사에서 '전통'이란 무엇인가라는 문제를 고찰하고 있다. 서장 제1절에서도 말했듯이 일본 외교사 연구는 근대 일본에 나타난 주권국가 체계상像의 불안정을 반영하여 외교사로는 얼마간 특수한 전개를 보여 왔다. 대체로 일본 외교사는 '특수성' 때문에 일반적

---

* 오카 요시타케(岡義武, 1902-1990): 정치학자로서 일본 정치사 전공. 요시노 사쿠조의 강좌를 이어받아 도쿄대학 법학부에서 일본 정치사를 담당하였다.

인 외교사학에서는 주변화되기 쉬운 문제군群에 민감하게 반응해 왔다. 이 장은 일본 외교사 연구의 이러한 '전통'에 대한 저자의 이해를 전제로 한다. 역사 의식의 근원이 '전통'의 끊임없는 재해석을 통해 '현재(지금)'를 정위定位하려는 욕구에 있다면, '낡은' 연구는 그 "낡음" 때문에 가치를 상실하는 것이 아니다. '낡은' 텍스트 속에 있는 다양한 세대의 경험·기억·희망이 켜켜이 중첩된 층을 새로운 문제 의식을 갖고 읽어내는 것이야말로 역사가의 과제일 것이다. 이 책을 감히 고전 연구에 대한 주석이라 말하는 까닭이다.

맺음말

이 책은 저자 나름의 일관된 관심을 갖고 묶은 것이다. 다만 각 장은 각기 다른 기회에 다른 형태로 발표된 것이라 개별 논문으로 읽어도 된다. 집필 순서로 말하면, 전후 외교론에서 이상주의와 현실주의의 기원을 탐색한 제1장이 제일 먼저 작성되었고, 여기서 다루어진 광역질서론을 내재적으로 이해하기 위해 다이쇼기 사회 개념의 석출 상황과 국제질서론의 연관에 관한 고찰, 그리고 제국질서가 국제질서론에서 갖는 의의가 두 개의 연구 대상으로서 재발견되었다. 이 책이 성립된 과정은 이와 같다. 이 책의 간행을 계기로 해서 여러 형태로 일본 근대사·정치사상사·국제관계론에 관심이 있는 독자를 만날 수 있다면, 저자로서는 더할 나위 없는 행운이다.

1

전후 외교론의 형성

'이상주의'와 '현실주의'의
계보학적 고찰

머리말

이 장에서는 1930년대부터 1950년대 초반까지 일본 국제정치론의 변용을 사상사적 배경에 유의하면서 검토하고, 전후 외교 인식 틀의 형성 과정을 파악하는 하나의 시각을 제공하고자 한다.[1] 전후 외교론은 단지 학술적 주제일 뿐 아니라 오랫동안 논단과 운동체가 연루된 쟁점이었다. 따라서 이에 관해서는 지금까지 많은 논의가 있어왔다. 전후 외교론에서는 일본국 헌법의 평화주의 규정에 의거한 이상주의와 미일 안보조약의 유효성에 기초한 현실주의의 갈등을 중심으로 전후 외교 논쟁을 정리하는 것이 일반적이었다. 이 견해에 따르면, 이상주의와 현실주의의 이러한 대치 구도는 냉전 심화와 강화講和 논쟁 속에서 형성되었고 1950년대 후반 개헌 논쟁을 거쳐 정착하였다. 보수 세력은 1960년 안보투쟁을 교훈 삼아 개헌 노선을 실질적으로 포기했지만,

---

[1] 이 장과 관련된 졸고에는「戰後外交論における理想主義と現實主義」,『國際問題』제432호(1996년 3월);「國際關係論の成立と國際法學: 日本近代史硏究からの一考察」,『世界法學會・世界法年報』제22호(2003); "Idealism and Realism in the Post-War Foreign Policy Debate in Japan," B.S. Chimni et al., eds., *Asian Yearbook of International Law*, Volume 9, 2000(Leiden: Martinus Nijhoff Publishers, 2004)(Translated by Miki Tanigawa)가 있다.

논단에서는 1960년대 이후 미국의 현실주의 국제정치론을 도입한 현실주의자들이 등장하면서 이상주의와 현실주의의 대립이 오히려 강해졌다. 전후 외교론을 이상주의와 현실주의의 대립 구도로 파악하는 도식은 논자의 입장을 불문하고 논의의 자명한 전제가 되었다.

이러한 도식이 현실의 정치 과정과 이에 상응하는 지식인들의 언설 배치 상황을 상당히 정확히 포착하고 있음은 부정할 수 없다. 하지만 이 분석 틀로는 충분히 잡아내기 힘든 문제점도 여전히 남아 있다. 우선 첫번째로 지적할 것은 동시대 국제정치론과 비교하는 관점이 부족하다는 점이다. 기존 연구에서는 논자의 입장을 불문하고 전후 일본 외교론의 특수성을 강조하는 경향이 지배적이었고, 따라서 전후 일본 외교론의 일반성과 특수성을 동시대 다른 나라의 국제정치론과 비교 검토하는 관점이 약했다. 비교할 때 준거 기준으로 삼아야 할 국제정치학사에 대한 이해, 특히 현실주의 국제정치론의 사상사적 배경에 관한 이해가 기존 연구에서는 반드시 충분하지는 않았기에 더 그랬던 것 같다. 이 장에서는 좀 우회적이긴 하지만 국제정치론에서의 이상주의와 현실주의의 원형을 전간기의 사상사적 맥락에까지 소급해서 검토함으로써 보다 넓은 시각에서 전후 일본의 외교론을 재설정하고자 한다.

두번째 문제점은 전전·전중·전후 국제정치론의 역사적 계승과 연관된다. 종래 전후 외교론은 암묵적으로 1960년 안보기의 당파 대립 이미지를 전후 외교론 형성기에 역투영시키는 식으로 서술되었다. 전후의 논의들이 전전·전중기 국제정치론에서 어떤 영향을 받았는지에 관한 내재적 성찰은 거의 결여되어 있었다. 물론 이것은 1960년 안보기의 평화론이 '역코스'*라는 표어에 상징되듯이 전전과의 단절을 스스로의 발판으로 삼은 것과 밀접히 관련된다. 그러나 얼핏 전전의 그것과 관계없어 보이는 전후 국제정치론도 주의 깊게 검토해 보면 선행 시기의 논의들이 전제되어 있음은 부정할 수 없을 것이다. 따라서 이 장에서는 지금까지 별로 주목받지 못했던 일본 국제정치론의 전전과 전후의 연속성 내지 단절성이란 문제에 대해서도 하나의 해답을 제공하게 될 것이다.

이 장에서는 개별 쟁점을 다루는 정책론 차원보다는 그 배후를 이루는 사유 양식 차원에서 전후 외교론을 파악할 것이다. 흔히 외교에서는 개별 사건에 대한 구체적 판단이 결정적인 의의를 가지며, 이러한 의미에서 외교가 어디까지 원리적 사고에 친숙한 행위인지를 신중하게 고려할 필요가 있다. 하지만 그렇다고 외교에 관한 인식 틀을 자각적으로 검토하는 작업이 의미가

---

* 역코스: 1949년 이후 냉전이 시작되면서 '일본의 민주화·비군사화'에 역행하는 현상이 일본의 정치·경제·사회 제 분야에서 나타난 것을 지칭함. 『요미우리 신문』이 1951년 11월 2일부터 연재된 특집 기사에서 유래한 명칭.

없지는 않을 것이다. 국제정치의 기본 개념인 주권·권력정치·내셔널리즘 등 어느 것이건 각 시대에 고유한 사상 조류와의 밀접한 관련 속에서 의미를 부여받으며, 외교론도 궁극적으로 이러한 사상적 배경과 무관할 수 없기 때문이다. 이 장은 그 동안 연구 축적이 빈약했던 국제정치 영역에서 전후 사상이 형성되는 과정을 고찰하는 시도이기도 하다.

이상의 문제점을 염두에 두면서 아래 서술에서는 편의상 고찰 대상을 전전기·전중기·전후 초기의 세 시기로 구분하고, 각 시기에 국제정치론이 보였던 특징을 드러내면서 전후 외교론의 지적 계보를 밝히고자 한다.

●

1. '전전'의 맥락 : 보편주의에서 지역주의로

●

대체로 질서의 타당성을 의식적으로 따지는 일이 없는 안정기에는 질서 일반에 관한 사고가 윤곽을 갖추는 일이 적다. 이러한 의미에서 기존 질서가 자명성을 상실하되 새로운 질서가 아직 형성 과정에 있는 시대에 정치 이론은 진정한 존재 이유를 찾아내기 마련이다. 국제질서에 대한 문제 제기도 예외가 아니다. 전통적 외교사·국제법학과 구별되는 국제정치학은 제1차 세계대전 후 국제 기구가 창설되면서 탄생했는데, 종래 국제정치의 준거 틀이었던 세력 균형 원리에 기초한 서구 국가 체계가 자명성을 상실하게 된 상황과 밀접히 연관되어 있었다. 이러한 상황이 반영되어 전간기 국제정치론은 세계관적 기초까지 따지면서 국제 체계를 파악하려는 원리적 성격이 짙었다. 이 장에서 전간기 국제정치론에 주목하는 이유의 하나도 이 점에 있다.

제1차 세계대전 후 구미 지식세계를 먼저 석권한 것은 새로 창설된 국제 기구를 중심으로 한 보편주의 국제정치관이었다. 다이쇼 데모크라시*의 이데올로그였던 요시노 사쿠조吉野作造의 국제정치론은 당시 일본에서 가장 대표적인 보편주의 국제정치관이었다.[2] 요시노는 20세기 국제정치의 특색이 19세기에 개인에 적용되는 데 머물렀던 자유 평등 원칙이 국제관계에까지 확대 적용된 데 있다고 보았다. '제국주의'에서 '국제민주주의'로 바뀐 것으로 이해되었다. 미·소 양국은 교전국의 이해 조정이 중심이었던 종래의 강화講和 대신에 비병합·무배상·민족 자결을 표방하는 추상적 원칙에 입각한 강화를 제창하였다. 이것은 전후 국제정치가 자유 평등이라는 보편적 원칙에 기초해서

---

[2] 제1차 세계대전 후 요시노의 국제정치론에 관해서는 졸고, 「吉野作造の國際民主主義論」, 『吉野作造選集』 제6권(岩波書店, 1996), 解說.

* 다이쇼 데모크라시: 다이쇼기(1912-1926)에 전개된 민주주의 및 자유주의적 분위기를 총칭하는 용어. 정치적으로는 민주주의를 지향하는 헌정 옹호 운동, 보통선거 운동 등이 전개되었고, 사상적으로는 자유주의와 사회주의 사상이 부상하였다.

구축될 것이라는 예상을 낳았다. 요시노는 이러한 관점에서 국내정치에서 민본주의의 필연성을 변증하는 한편, 일본의 대외정책이 국제민주주의의 전제들을 충족시켜야 한다고 주장했다.[3] 그가 워싱턴 체제를 지지하고 중국 내셔널리즘에 깊이 공감한 것도 이러한 보편주의적 국제정치관에서 나온 것이었다.

요시노의 주장은 노먼 에인절Norman Angel*의 주장을 원용한 데서 보듯이[4] 동시대 영미권에 풍미했던 법률주의적 평화론의 영향을 현저히 받았다는 특징이 있다. 요시노는 국제연맹 설립으로 여태껏 약소국의 주장에 불과했던 국제법 강제 조직이 실현되었다고 보고 여기에서 국제 정의를 확립하는 의의를 찾았다. 국제사회에서 상호 의존의 확대는 구성원이 공통의 규범하에 놓이고 국내 사회의 경우처럼 국제사회에도 점차 통일적 제재력이 미치는 것을 뜻한다. 국제법 공동체의 이러한 진화가 통일적 제재력을 보장하는 기구인 국제연맹 설립을 초래했던 것이다. 요시노는 미국의 대독對獨 참전도 국제 제재력의 행사로 보고 아주 긍정적으로 받아들였다.[5] 여기서 요시노의 정전正戰론을 읽어낼 수 있다. 주지하듯이 만년의 요시노는 메이지 문화 연

---

3 吉野作造, 「帝國主義より國際民主主義へ」, 『吉野作造選集』 제6권, 37-40쪽.

4 吉野作造, 「國際聯盟は可能なり」, 『吉野作造選集』 제6권, 10쪽.

* 노먼 에인절(Ralph Norman Angell, 1872-1967): 저널리스트·작가·평화 사상가. 영국 노동당 의원. 1933년 노벨 평화상 수상. 주저 『위대한 환상(The Great Illusion)』이 유명하다.

구에 전념했고 시사 논설의 집필을 삼갔는데, 이러한 관심은 이후에도 유지되었던 것 같다. 요시노의 메이지 문화 연구를 집대성한 『우리 나라 근대사에서의 정치 의식의 발생』은 도쿠가와 말기·유신기의 '공도公道' 관념, 즉 보편적 규범 관념의 형성을 다룬 것이었다.[6] 도쿠가와 말기의 만국공법 수용을 분명하게 자리매김한 논문으로, 제1차 세계대전 후 요시노가 국제법 전환에 보였던 관심의 연장선상에서 저술된 것임이 분명하다.

모든 정치 이론이 그렇지만 요시노의 보편주의도 그 근저에 깔린 요시노의 인간관과 깊이 연관되어 있었다. 요시노는 "철저한 평화 사상은 인간의 본성을 이상주의적 방면에 설정하는 인생관에서만 나오는 법이다. 사람의 본성은 무한히 발달하는 것, 서로 믿고 서로 도울 수 있는 것이라 보지 않는 한, 진정한 평화를 앞날에 기대할 수는 없다"고 말하고 있다.[7] 여기에는 인격의 성장 가능성이나 상호 부조적 공동 사회성에 기초한 이상주의적 인간관과 요시노의 평화론이 불가분의 관계에 있음이 드러난다. 대체로 다이쇼기 자유주의자들은 인간의 선험적인 사회적 지향성을 전제로 하는 낙관적 인간관을 공유하였다.[8] 요시노의 경우도 성선설적 인간관이 체질화되어 있었기에 윌슨주의의 지적 전

---

5 吉野作造, 『吉野作造選集』 제6권, 11-12쪽.
6 吉野作造, 『吉野作造選集』 제11권(岩波書店, 1995), 233-290쪽.
7 吉野作造, 「平和思想徹底の機正に熟せり」, 『吉野作造選集』 제6권, 230-231쪽.

제였던 개인의 완성 능력perfectibility을 상정하는 자유주의 국제 정치관을 쉽게 수용할 수 있었을 것이다. 여기에는 신칸트파*의 영향을 받은 다이쇼기의 인격주의*도 매개되었다. 이러한 의미에서 요시노가 많은 영향을 받은 자유신학에 대해 원죄적 인간관과 종말론적 재림설의 관점에서 비판적이었던 우치무라 간조 內村鑑三*가 동시대 일본에서 가장 과격한 윌슨주의 비판자였다는 점[9]은 매우 흥미로운 일이다. 윌슨주의에 대한 대응은 이처럼

---

8 이 점에 관해서는 坂井雄吉,「明治憲法と傳統的國家觀: 立憲主義者の國體觀をめぐって」, 石井紫郎 編,『日本近代法史講義』(靑林書院新社, 1972), 89-90쪽 및 長尾龍一,「美濃部達吉の法哲學」, 長尾龍一,『日本法思想史硏究』(創文社, 1981), 212-215쪽 참조. 또한 전후의 소위 시민사회파 지식인들이 다이쇼기 자유주의자들과는 대조적으로 흔히 인간 존재의 근본적 문제성과 정치 이론의 상호 관계를 강조하고 있는 점 (이를테면 丸山眞男,「人間と政治」,『丸山眞男集』제3권, 岩波書店, 1995, 210-212쪽) 에 보다 주의할 필요가 있다. 이 점은 후술하는 전후 시민사회파에서의 현실주의적 사유의 위치와 무관하지 않다. 또한 笹倉秀夫,『丸山眞男論ノート』(みすず書房, 1988), 159-162쪽도 참조.

* 신칸트파: 법실증주의 및 유물론적 법·국가·정치사상을 칸트 철학을 재활용함으로써 극복하려고 나타난 19세기 말 독일의 이상주의적 철학 및 법사상의 학파. 실증주의나 유물론은 있어야 할 것(당위)과 있는 것(존재)을 분리하지 않고 경험적 존재 일변도의 과오를 범하였다 하여, 양자를 엄격히 구별하는 칸트의 이원론에 의한 극복이 시도되었다.

* 인격주의: 자각적이고 자율적인 인격에 절대적인 가치를 고정하며, 이것과 관련시켜 다른 여러 가치의 서열을 정하려고 하는 윤리적인 입장.

* 우치무라 간조(內村鑑三, 1861-1930): 종교가·평론가. 삿포로농업학교 출신. 메이지·다이쇼기를 대표하는 기독교 목사로서 무교회주의를 제창했다. 교육칙어에 대한 경례를 거절한 이른바 불경 사건으로 알려져 있다. 청일 전쟁·러일 전쟁을 비판한 대표적인 비전(非戰)론자.

존재론적 대립에도 규정받으면서 제1차 세계대전 후 일본의 국제정치론을 형성해갔다고 말할 수 있다.

그런데 만주사변의 발발은 요시노가 다이쇼 데모크라시의 기초로 삼았던 보편주의 국제정치관에 대한 도전이었다. 만주사변과 일본의 국제연맹 탈퇴는 보편적 국제 기구에 기초한 안전 보장 체제의 결함을 드러냈다. 일본 정부는 만주사변이 발발하자 현지 주둔 일본군의 행동을 자위권 행사로 정당화했고 부전조약不戰條約 적용을 회피하는 법적 접근을 취함으로써 현행 국제법 질서와의 조정을 꾀했지만,[10] 이는 사태를 호도하는 시도에 불과했다. 요시노와 더불어 만주사변을 정면으로 비판했던 소수의 지식인들 가운데 한 사람이 한스 켈젠의 영향을 받아 규범주의 국제법학을 전개한 요코타 기사부로橫田喜三郞*였다는 사실은[11] 만주사변이 기존 국제법 질서에 미친 충격을 시사하는 것이라 하겠다. 일본의 지식인들은 만주사변으로 인

---

9 松澤弘陽,「近代日本と內村鑑三」, 松澤弘陽 編,『日本の名著38　內村鑑三』(中央公論社, 1971), 58-62쪽; 三谷太一郎,「大正デモクラシーとアメリカ」, 三谷太一郎,『新版・大正デモクラシー論』(東京大學出版會, 1995), 83-84쪽. 요시노의 원초적 인간관의 희박함과 그 문제성에 관해서는 飯田泰三,「吉野作造の哲學と生き方」,『吉野作造選集』제12권(岩波書店, 1995), 解說, 368쪽.

10 三谷太一郎,「國際環境の變動と日本の知識人」, 三谷太一郎,『大正デモクラシー論』[舊版](中央公論社, 1974), 232-234쪽.

* 요코다 기사부로(橫田喜三郎, 1896-1993): 국제법 학자・재판관. 최고재판소 장관을 역임했다.

해 보편주의 국제정치관의 동요를 경험하였고 새로운 국제정치관을 제시해야만 했다.

보편주의 국제정치관이 동요하면서 그 전제인 국제법 공동체의 점진적 발전에 대한 낙관주의는 깨졌다. 요시노의 후임으로 도쿄제국대학 법학부에서 정치사 강좌를 맡은 오카 요시타케는 1935년(昭和10) 처녀 논문인 「메이지 초기 자유 민권론자의 눈에 비친 당시의 국제 정세」를 발표한 바 있다. 오카는 이 논문에서 자유 민권론자들이 모두 국제관계의 본질을 '약육강식'으로 파악했다고 강조하였다. 그는 "만국공법은 본래 사수도법死守徒法으로 만국을 통제할 힘이 없고, 곡직曲直을 판별하고 승패를 결정하는 것은 오로지 병력의 강약에 의존한다. 만국공법 따위는

---

11 三谷太一郎, 『大正デモクラシー論』[舊版], 234-236쪽; 竹中佳彦, 『日本政治史の中の知識人』(上)(木鐸社, 1995), 128-142쪽. 마루야마 마사오는 학생 시절 익명으로 집필한 논설 「法學部 三敎授 批判」에서 요코타 기사부로(橫田喜三郎)를 "미노베 박사나 요시다 박사의 형(型)을 현재에 이어받은 유일한 상속인"으로 규정한 뒤, "강의도 아주 직설적이고 간명했으며, 만주사변과 국제연맹의 관계 등을 얘기할 때는 오히려 듣는 쪽에서 조마조마할 정도였다… 곡학아세가 많이 나오는 요즘에 보기 드문 산적 무사 같은 믿음직스러움을 갖춘 사람이다"라고 말하고 있다(『丸山眞男集』第1卷, 岩波書店, 1996년, 39쪽). 이 논설은 요코타 외에 미야자와 도시요시(宮澤俊義)와 와가즈마 사카에(我妻榮)도 논하고 있는데, 단지 인물평에 그친 것은 아니었다. 흥미롭게도 이 논설은 당시 마루야마의 주요 관심사가 일체의 사회 현상이 정치화하는 1930년대에 존재와 당위를 준별한 신칸트파 인식론에 입각한 순수법학이 어떠한 세계관적 기초에 의해 지탱할 수 있었는지, 또한 자유주의의 철학적 기초설정에 어떤 의미를 가졌는지를 따지는 데 있었음을 알려준다.

겨우 강대국이 입을 빌어 약소국을 협박하는 데 편리한 이법利法일 뿐"이라는 미노우라 가쓴도箕浦勝人*의 논평을 인용하면서, 이에 대해 "이러한 주장이 제시된 것은—주장의 옳고 그름을 떠나—국제사회 현실을 아주 명확하게 인식하고 있었음을 증명하는 것"이라 평하고 있다.[12] 앞에서 말했듯이 요시노는 메이지 문화 연구를 통해 막말 유신기의 만국공법 수용을 적극적으로 파악하고 거기에서 보편주의 국제정치관에 기초한 실천적 과제를 읽어냈는데, 이와 달리 오카의 경우는 보편주의 국제정치관의 와해에 따른 환멸관을 자유민권론자의 말을 빌려 말했다고 볼 수 있다.[13] 오카는 메이지 초기에도 국제관계에서 정의의 지배를 주장하는 언설이 '드물게' 존재했다는 사실은 인정하면서도 "이는 아마도 국제정세에 대한 앞 시대의 몰이해가 아직 완전히 청산되지 않았음을 말해 주는 것으로 봐야 할 것이다"[14]라고 생각했다.

그러나 역사가 오카 요시타케가 표명한 보편주의 국제정치관

---

[12] 岡義武, 『岡義武著作集』 제6권(岩波書店, 1993), 87쪽. 다만 인용문에 구두점을 붙였다.

[13] 같은 책에 실린 사카이 유키치(坂井雄吉)의 「해설」은 이 점을 명쾌하게 지적한다(『岡義武著作集』 제6권, 310-311쪽).

[14] 岡義武, 『岡義武著作集』 제6권, 89쪽.

* 미노우라 기쓴도(箕浦勝人, 1854-1929): 언론인·정치가. 게이오기주쿠(慶應義塾)를 졸업한 뒤 호치(報知)신문사에서 활동하였고 자유 민권 운동을 전개했다.

에 대한 회의를 누구보다 심각하게 받아들인 사람들은 젊은 세대의 국제법 학자들이었다. 제1차 세계대전 당시 국제법 학계의 지배적인 조류는 신칸트파의 인식론에 기초한 규범주의 국제법학이었는데, 이러한 회의가 들면서 이들의 관심은 존재와 당위의 준별을 전제로 하는 순수법학이 사상捨象했던, 법 규범의 사회적·정치적 기초에 관한 고찰로 바뀌었다. 이 세대의 국제법 학자로서 일본의 동부와 서부를 대표했던 야스이 가오루安井郁*와 다바타 시게지로田畑茂二郎*의 학문상의 궤적은 규범주의 국제법학 비판이 꽃을 피우는 과정이었다.

만주사변 발발과 거의 같은 시기에 출판된 야스이의 처녀 논문 「국제법 우위 이론의 현대적 의의」[15]는 국제법 우위 이론의 창시자인 페르드로스Alfred Verdross*의 학설이 변천하는 과정을 추적한 것이다. 야스이는 페르드로스의 학설이 제1차 세계대

---

15 安井郁, 「國際法優位理論の現代的意義: フェアドロス學說の研究」, 『國際法外交雜誌』 제30권 제7호 및 제30권 제9호(1931). 安井郁, 『國際法學と辨證法』(法政大學出版局, 1970)에 수록됨.

* 야스이 가오루(安井郁, 1907-1980): 전전기에는 모겐소의 영향을 받았고, 제2차 세계대전 중에는 도쿄제국대학 법학부 교수로서 다바타 시게지로(교토제국대학)와 더불어 '대동아 국제법'을 제창하였다. 이로 인해 전후에 공직 추방을 당했다. 가나카와(神奈川)대학 교수와 호세이(法政)대학 교수를 역임했다. 만년에는 북한의 주체 사상에 관한 연구도 했다.

* 다바타 시게지로(田畑茂二郎, 1911-2001): 국제법 학자. 1934년 교토제국대학 법학부 졸업. 동 대학 법학부장 역임.

전을 계기로 국내법 우위 구성에서 국제법 우위 구성으로 전환하는 과정을 그리는 한편, 페르드로스가 본래 순수법학도로서 국제법 근본 규범을 오로지 과학적 가설로 파악했었는데 국제법 우위 구성의 완성기에는 자연법 이론에 접근함으로써 단순한 가설을 넘어선 국제법 근본 규범의 가치적 타당성을 변증하게 되는 과정을 묘사하고 있다. 이 논문은 "국제법 우위의 이론은 오랫동안 문제로서 논의되었다. 최근에는 바야흐로 입장으로까지 전개되려 한다"[16]〔방점 원문〕라는 말로 시작된다. 분명 논문의 함의는 순수법학파의 국제법 이론이 제1차 세계대전 후의 정치 동향, 특히 국제연맹 운동과 결합하면서 주창자 켈젠이 엄격히 유지했던 순수법학의 과학적 이론과 세계관의 구별이 상실되었고, 일견 가치 중립적인 이 학파의 주장에 '보편적 정의'라는 세계관적 계기가 혼입되었다는 것, 이러한 의미에서 순수법학이 전후의 시대 사조와 밀접히 결부된 역사적 제약성을 갖는다는 점을 지적하는 데 있었다. "만일 이러한 제약이 무시되고 한계가 극복되었다면, 그것은 이미 이론의 정당한 전개가 아니라 부당한 확대다. 이론에 대한 이러한 덫은 문제에서 입장으로 이행하려 할

---

16 安井郁, 『國際法學と辨證法』, 151쪽.

* 페르드로스(Alfred Verdross, 1890-1980): 오스트리아 공법학자・법철학자. 빈 대학 교수. 켈젠 문하였지만 가톨릭 자연법론을 전개했고, 국제법 분야에서 실정 국제법의 통일적인 체계에 관한 업적을 남겼다. 국내법의 효력 범위는 국제법이 정하는 바에 의한다는 국제법 우위론을 주장하였다.

때 가장 잘 놓이게 된다"[17]라는 표현에서 이데올로기로 추락한 규범주의 국제법학에 대한 야스이의 비판적 자세를 읽어낼 수 있다.

똑같은 자세는 야스이 논문보다 4년 늦게 발표된 다바타 시게지로의 처녀 논문 「국제재판에서 정치적 분쟁의 제외에 관하여」[18]에서도 보인다. 다바타는 국제재판에서 정치적 분쟁의 제외[19]라는 문제를 단지 추상적 내지 규범적 측면이 아니라 "그것이 왜 그렇지 않으면 안 되는가의 구체적 근거, 즉 그 바탕에 깔린 현실적·사실적 기초와의 연관"에서 파악해야 한다고 주장한다.[20] 다바타는 최신 학설에 의거하면서 국제 대립을 '분쟁'과 '긴박관계'의 두 형식으로 나눈다. 대립이 '분쟁'의 형식으로 나타나려면 분쟁의 목적이 합리적으로 형성되고 한정되어야 하고, 또한 실정 국제법이나 일반적으로 적용되는 어떤 다른 규범 체계

---

17 安井郁, 『國際法學と辨證法』, 152쪽.
18 田畑茂二郎, 「國際裁判に於ける政治的紛爭の除外について: その現實的意味の考察」, 『法學論叢』 제33권 제5호(1935).
19 일반적으로 국제재판에 관한 조약에서 재판은 법률적 분쟁에만 한정되며, 그 외의 분쟁은 재판에 부칠 수 없는 것으로 간주된다. 재판 가능하다고 간주되는 분쟁이 조약상의 용어에 따라 '법률적 분쟁'으로 불리는 것과 달리, 이러한 분쟁은 통상 '정치적 분쟁'으로 불린다. 따라서 국제재판에서의 정치적 분쟁의 제외라는 현상은 국제사회의 현실에서 법에 의한 분쟁 해결을 어느 정도까지 의무적인 것으로 할 수 있을지 생각하는 지표가 될 수 있다(田畑茂二郎, 「國際裁判に於ける政治的紛爭の除外について」, 804쪽).
20 田畑茂二郎, 「國際裁判に於ける政治的紛爭の除外について」, 805쪽.

에 의해 해결할 가능성이 있어야 한다. 그런데 '긴박 관계'는 이러한 조건을 결여한 것이며, 당사국 의사에 의해 현실의 권력과 법 상태 사이에 존재한다고 생각되는 모순을 가리키는 국제 대립이다.[21] 모든 국제관계의 바탕에는 이러한 '긴박 관계'가 가로놓여 있다. 이는 주권국가가 병렬적으로 대치하는 국제사회의 본질을 보여 준다. 본질적으로 정태적인 국제법 질서는 본질적으로 동태적인 정치와 모순되며 상극을 초래한다. 여기서 국제재판에서 정치적 분쟁의 제외는 그 현실적·사실적 관련에서 국제사회의 본질을 이루는 '긴박 관계'에 의해 필연적으로 요청되는 것으로 이해되었다.[22]

이리하여 만주사변에 따른 보편주의 국제정치관의 동요는 국제정치에 대한 현실주의적 시각을 초래하였다. 그렇다면 현실주의 국제정치론은 전간기의 사상사 맥락에서 어떠한 위치를 차지하고 있었을까. 현실주의 국제정치론의 창설자로 알려진 한스 모겐소와 E.H. 카를 사례로 이 점에 관해 잠시 생각해 보았으면 한다. 모겐소는 제2차 세계대전 후에 미국 현실주의 국제정치학의 창시자로 알려져 있지만, 원래 망명 전에는 국제법 학자였고 켈젠주의에 비판적이었던 전간기 독일국법학의 맥락에서 자신의 학문을 형성한 인물이었다.[23] 모겐소는 1929년에 출판한 처

---

21 田畑茂二郎, 「國際裁判に於ける政治的紛爭の除外について」, 828-829쪽.
22 田畑茂二郎, 「國際裁判に於ける政治的紛爭の除外について」, 832-837쪽.

녀작 『국제재판: 본질과 한계』[24]에서 법의 결여에 따른 국제재판의 객관적 한계성과 국제 분쟁에 내재하는 '긴박 관계'에 의한 주관적 한계성으로 나눠 국제 분쟁의 재판 가능성을 고찰하였고, '긴박 관계'가 지배하는 영역에서 국제재판이 갖는 한계를 지적하였다. 다음으로 순수법학의 인식론적 기초를 제공한 신칸

---

[23] 최근까지도 망명 전의 모겐소의 지적 활동에 관한 언급은 거의 없다. 모겐소의 국제정치론에 관한 가장 포괄적인 연구인 Greg Russell, *Hans J. Morgenthau and the Ethics of American Statecraft* (LA: Louisiana State University Press, 1990)도 이 점에 관해 아무런 기술도 하고 있지 않다. 필자가 아는 한 겨우 Russell Anthony Hamilton, "An Inquiry into the Political Thought of Hans J. Morgenthau" (Ph.D. Dissertation, University of Virginia, 1991), pp.61-74, 80-92; Alfons Sollner, "German Conservatism in America: Morgenthau's Poilitical Realism," Telos, No.72 (Summer, 1987), pp.161-162에 초기 저작에 관해 아주 간단한 (전자에 관해서는 다소 문제가 있는) 서술이 있지만 눈에 띌 정도였다. 이러한 연구 상황을 타개한 것이 프라이의 전기적 연구다. Christoph Frei, *Hans J. Morgenthau, Eine intellektuelle Biographie*, 2. Aufl. (Bern: Haupt, 1994); Christoph Frei, *Hans J. Morgenthau, An Intellectual Biography* (LA: Louisiana State University Press, 2001). 프라이의 연구에 촉발된 연구로는 長尾龍一, 「國際法から國際政治へ一: H. J. モーゲンソーのドイツ的背景」, 『日本法學』 제67권 제3호(2001)가 있고, 모겐소 문서를 섭렵한 귀중한 연구로 宮下豊, 「モーゲンソーにおける'政治的なるもの'の概念の成立(1929-1933)」, 『六甲臺論集 法學政治學篇』 제47권 제2호(2000)가 있다. 많은 망명 지식인들이 그랬듯이 모겐소의 정치사상도 망명 전 독일 사상권에서 차지한 위치를 검토하지 않고서는 진정한 이해는 불가능하다. 본 장은 이러한 연구의 빈 틈을 부분적으로 보완하는 것이지만, 향후 모겐소의 정치사상, 특히 주저 『국제정치』의 형성 과정에 관한 본격적인 검토가 기대된다.

[24] Hans J. Morgenthau, *Die internationale Rechtspflege, ihr Wesen und ihre Grenzen*(Leipzig: Robert Noske, 1929). 이 책에 관해서는 국제분쟁의 사법적 해결에 관해 모겐소와 대조적인 입장을 보였던 라우터팩트의 서평이 있다. *The British Year Book of International Law*, 1931, pp.229-230.

트파의 법철학을 검토하고, 규범 특히 법 규범의 현실성을 탐구하는 연구를 수행하였다. 처녀작 발표 5년 뒤에 출판된 『규범의 현실성』[25]은 법 규범과 다른 습속 규범·도덕 규범의 상호 관계, 그리고 법 규범과 비규범적 사회력의 관련을 분석함으로써 순수법학이 시야 밖에 두었던 법 규범의 현실성을 고찰한 저작이다. 이 저작은 매우 착종된 구성을 보이고 있어 결코 성공작이라 말하기는 어렵다. 하지만 모겐소의 관심이 켈젠이 시도했던 법 현상의 인식적 통일에 촉발되면서도 다른 한편 규범의 현실성을 문제시함으로써 기능주의 국제법학을 수립하기 위한 방법론을 모색하는 데 있었음을 분명히 읽어낼 수 있다.

모겐소는 1932년 제네바대학 강사 취임 강연[26]에서 '국가의 현실성'을 체계적으로 파악하려는 관점에서 옐리네크 이후의 독일 국법학 역사를 개관하고 있다. 모겐소는 스멘트Rudolf Smend*와 슈미트Carl Schmitt가 '정치적인 것'을 탐구했던 시도를 계승하되 아직 단편적 수준에 머물렀던 이들의 발견을 체계

---

[25] Hans J. Morgenthau, *La réalité des normes, en particulier des normes du droit international* (Paris: Librairie Felix Alcan, 1934). 이 책에 대한 신랄한 서평은 田畑茂二郎, 「モルゲント·『規範特に國際法規範の現實性』」, 『法學論叢』 제34권 제2호(1936).
[26] *Der Kampf der deutschen Staatslehre um die Wirklichkeit des Staates* (Hans J. Morgenthau Papers, Box 110, Library of Congress). 모겐소는 이 강연에서 슈미트가 국제관계에서의 국가의 현실성을 파악하고자 시도한 점을 높이 평가하고 자기 저작에 미친 영향을 지적한 반면(*Die internationale Rechtspflege*, S.59 ff, insb. S.69), 슈미트가 체계성을 결여하고 있다고 비판하고 있다.

적 고찰의 수준으로 끌어올리는 것을 자신이 국법학에서 수행할 과제로 삼았다. 이러한 자기 규정에서 보이듯이 모겐소의 지적 관심은 기본적으로 바이마르기 공법학의 정치적 수법을 국제법학에 도입함으로써 순수법학으로 포착하기 어려운 국제사회 규범 구조의 현실적 기초를 분석하는 데 있었다.

원래 모겐소의 문제 의식은 먼저 법 규범의 현실성을 인식론적으로 검토하고, 국제법 규범의 현실성을 고찰하며, 국제사회에서 규범과 사회력의 관계를 사회학적으로 분석하는 것이었다. 그리고 이러한 분석을 토대로 규범과 현실의 괴리를 보완하는 것이었다. 즉 동적인 규범 창설의 문제를 평화적 변경의 문제로서 제시했다고 할 수 있다.[27] 주지하듯이 모겐소는 미국으로 망명했는데, 망명 이후 모겐소의 국제정치론은 당시 미국에 뿌리 깊었던 법률주의 세계정부론과 논쟁하는 맥락에 놓이면서 법학적 구성이 아주 엷어졌고 권력 정치 개념을 중시하는 사회학적 구성이 전면에 드러났기 때문에 본래의 문제 의식을 찾아보기는

---

27 동적 규범 창설을 통한 '긴박 관계' 해소의 가능성에 관해서는 ebenda, S.148-152를 참조.

* 스멘트(Rudolf Smend, 1882-1975): 독일의 헌법 학자·교회법 학자. 바이마르기와 제2차 세계대전 후의 국법 학계에 큰 영향을 주었다. 켈젠류의 규범적 헌법 이론과 슈미트류의 결단주의 헌법 이론을 반대하며 통합 이론을 주창하였다. 통합 이론은 개별 주체 혹은 국가들이 주권이나 독립적 결정권을 유지하기보다 힘과 의사의 융합을 기반으로 하는 새로운 공동체의 형성을 모색한다.

힘들다. 하지만 앞에서 말한 초기 모겐소의 관심을 염두에 두고 텍스트를 정독한다면 이러한 문제 의식을 읽어내는 일이 꼭 어렵지만은 않다.

이 점은 우선 모겐소의 대표작 『국제정치Politics among Nations』[28]를 읽으면 분명해진다. 이 책은 시작 부분에서 권력 현상의 편재성遍在性을 지적하고 있어 자칫 홉스적 국제사회의 무정부성과 권력 정치의 필연성을 주장한 책으로 읽히기 쉽다. 그런데 모겐소의 사상 형성 과정에 주목해서 본다면 이 책은 앞머리부터 씌어진 것이 아니다. 모겐소의 사고 과정은 흔히 간과되지만, 초판을 보면 제13장 「힘의 억제 요인으로서의 윤리·습속·법」이나 제16장 「국제법의 주요 문제」 등 국제법 규범의 현실성에 관한 고찰부터 시작하고, 규범과 비규범적 사회력에 관한 이러한 분석이 비대화되는 형태로 유명한 권력 정치 분석이 전개되고 있다. 그리고 이러한 사회학적 분석의 토대 위에서 국제법 공동체의 점진적 발전을 모색하고 있다. 모겐소는 자신의 뜻과는 달리 마키아벨리즘의 사도로 비난받는 일이 많은데, 이는 모겐소 자신의 논쟁적 표현이나 태도를 제외한다면 대체로 독일 국법학의 지적 문맥에 어두운 미국 독자들이 모겐소의 정치적 사고에 존재하는 켈젠=슈미트 문제의 중요성을 읽어내지

---

[28] Hans J. Morgenthau, *Politics among Nations* (N.Y.: Alfred A. Knopf, 1948).

못했기 때문이라 생각된다. 모겐소는 만년의 작품인 『진리와 권력』을 켈젠에게 헌정했는데,[29] 적어도 사상사적 문맥에서는 독일 국법학의 켈젠=슈미트 문제가 미국 정치학에 이식된다는 점에서 모겐소를 재검토할 필요가 있다.[30]

모겐소가 보수주의적 관심에서 현실주의 국제정치론에 도달했다면, E. H. 카는 사회주의적 관심[31]을 가지고 이 문제에 접근한 학자였다. 학설사에서 카의 『위기의 20년』은 이상주의 Utopianism 평화론을 통렬히 비판한 것 때문에 현실주의 국제정치론의 고전으로 평가받고 있다. 하지만 지금까지 카의 국제정치론이 어떠한 지적 문맥에서 생겨났고 어떠한 역사 의식을 내

---

29 책머리에 "그의 실례를 통해 진리와 권리를 어떻게 말할지를 가르쳐준 한스 켈젠에게"라는 헌사가 실려 있다. Hans J. Morgenthau, *Truth and Power*(N.Y.: Praeger Publishers, 1970). 켈젠에게 받은 영향에 관해서는 *La réalité des normes*, pp.1-9. 또한 ルドルフ・アラダール・メタル, 井口大介・原秀男 譯, 『ハンス・ケルゼン』(成文堂, 1971), 106쪽 참조.

30 또한 John G. Gunnell, *The Descent of Political Theory: The Genealogy of an American Vocation*(Chicago: The University of Chicago Press, 1993) p.168. 이 책은 국제정치학에 관해 언급하는 곳은 적지만, 바이마르기의 지적 문맥이 망명 지식인을 매개로 미국 정치학에 이식되는 과정을 면밀히 분석하고 있어 현실주의 국제정치학의 성립 과정을 고찰하는 데 유용한 문헌이다.

31 카는 『역사란 무엇인가』에서 전간기 영국 최고의 역사가로 루이스 네이미어(Lewis Bernstein Namier)를 들면서 "제1차 세계대전과 공허했던 평화가 자유주의의 파산을 분명하게 한 뒤에 반동은 두 형태 중 하나—사회주의인가 보수주의인가—로 나타날 수밖에 없었다"(E.H. カー, 清水幾太郎 譯, 『歷史とは何か』, 岩波書店, 1962, 52쪽)고 말하고 있다.

포하는지를 밝히려는 내재적 분석은 별로 없었다. 한마디로 말해 카의 국제정치론은 사회주의적 관심에서 나온 자유방임주의 비판을 국제정치론에 투영시킨 것이었다. 카는 윌슨주의를 이른바 '뒤늦은 벤덤주의'로 보았다. 즉 윌슨주의는 제1차 세계대전을 겪은 유럽 국가들이 이미 극복의 와중에 있던 자유 방임주의와 이익의 자동 조절이란 신화를 지금껏 자유주의 관념의 바깥에 있던 국제정치 영역으로 끌어들였다는 것이다. 이러한 의미에서 카가 국제사회의 평화적 변경과 가장 비슷한 예로 국내 사회에서의 노사 협의 체제의 제도화 과정을 든 것은[32] 상징적이다. 카의 현실주의는 방법과 대상에서 '가진 나라'가 주도하는 국제질서에 대한 이데올로기 비판과 불가분하게 결부되어 있음을 우선 염두에 둘 필요가 있다.

그렇다면 카가 신봉했던 사회주의에 대한 전망은 자신의 국제정치론에 어떻게 자리매김되었을까. 카의 의론에는 총력전이 갖는 사회 변혁 작용에 관심이 높다는 특징이 있다. 제1차 세계대전기에 통제 경제를 경험하면서 자유방임주의는 필연적으로 수정될 수밖에 없었는데, 영·미 양국이 설계한 전후의 국제질서는 이러한 비가역적인 과정을 막으려는 수구적인 것에 지나지 않았다. 그리하여 파탄한 고전적 자유주의 질서를 대신할 선택지를

---

[32] E. H. カー, 井上茂譯, 『危機の二十年』(岩波書店, 1952), 279-282쪽.

제시한 나라는 추축국과 소련이었다. 1930년대에 이들 국가가 매력을 가진 이유는 바로 이 점에 있었다. 서방 국가들이 추축국과 소련의 '신질서' 제창에 어떻게 대응할지는 제2차 세계대전의 귀추를 결정하는 열쇠가 되었다. 서방 국가들은 세계대전이 초래한 사회 변동을 반영하는 틀을 제시할 필요가 있었다.[33]

카는 이러한 전제 위에서 전후에도 전시 체제하에서 추진된 계획 경제와 완전 고용을 유지하고자 했다. 그는 계획 경제를 실현하기 위해서도 전후에 금본위제와 자유무역 체제로 복귀하는 것을 막아야 하며, 오히려 전시하에서 국민국가를 횡단한 지역 경제 협력에 기초하여 국제경제 체제를 수립해야 한다고 주장했다.[34] 카는 『위기의 20년』에서 현실주의와 이상주의의 상호 보완성을 강조했는데, 이는 단지 추상적 발언이 아니었다. 카의 유토피아는 전시의 통제 경제와 지역주의를 토대로 한 사회주의 건설이었으며, 이는 형해화한 자유주의 질서에 대한 현실주의적 비판과 표리일체의 관계에 있었다.

---

[33] 이러한 인식을 가장 단적으로 말하고 있는 예로서는 E. H. Carr, *Conditions of Peace* (N.Y.: Macmillan, 1943) 서장을 참조(1942년 출판된 초판은 참조할 수 없었다. 이하의 인용은 미국에서 출판된 1943년판에 의함). 카의 총력 전쟁관에 관해서는 三谷太一郎, 「戰時體制と戰後體制」, 『岩波講座 近代日本と植民地』 제8권(岩波書店, 1993), 315-318쪽.

[34] Carr, *Conditions of Peace*, ch.10. 이러한 국민국가 시대의 종언이라는 의론은 전후의 E. H. Carr, *Nationalism and After* (London: Macmillan, 1945)에서 보다 전면적으로 전개되고 있다.

전간기의 현실주의 국제정치론을 사상사 문맥에서 도식화하여 살펴본다면 켈젠-슈미트-마르크스로 구성되는 삼각 구도 Triade에서 국제사회에서의 규범과 현실의 관련을 생각하는 문제 구성을 지녔다고 할 수 있다. 일반적으로 현실주의 국제정치론은 국제사회를 홉스적 무정부 상태로 간주하는 것이 핵심이며, 때문에 역사적 전망을 결여한 정태적 이론으로 비판받는 일이 많다. 하지만 전간기의 사상사 문맥에 한정해서 말한다면 반드시 적확한 지적은 아니다.[35] 오히려 전간기의 현실주의자들은 국제사회를 동태적으로 파악하고 있다는 자부심을 보였다. 그들은 법실증주의와 대항 전선을 형성하면서 법실증주의가 옹호하는 보편주의가 역사의 특정 시점에서 형성된 규범을 고수하고

---

[35] 이는 냉전기에 모습을 갖춘 현실주의 국제정치론이 무정부적 구성으로 집약되어 간 것 자체를 부정하는 것은 아니다. 그러나 주(68)에서 언급하듯이, 냉전 초기 모겐소의 의론이 이른바 권력 정치적 측면으로 기울어진 하나의 이유는 역시 현실주의자들이 냉전을 일종의 종교전쟁으로 파악했기 때문에 국제정치의 세속적 측면이 강조될 수밖에 없었기 때문일 것이다. 본래 현실주의적 사유란 "뭔가에 대항하여 생각하는(think against)" 것이며(Raymond Aron, *Peace and War: A Theory of International Relations*, trans. by Richard Howard and Annette Baker Fox, Fla.: Robert E. Krieger Publishing Company, 1966, p.596. 다만 아롱이 말하고 있는 문맥과 본고의 그것과는 반드시 같은 것은 아니다), 그러한 의미에서 현실주의 국제정치론은 '대항 언설'의 성격을 갖는다는 것을 잊어서는 안 될 것이다. 따라서 한마디로 무정부적 구성이라 해도 무엇과의 대항 관계에 있느냐에 따라, 적어도 사상사적으로 보았을 때, 함의는 상당한 차이를 보일 수 있다는 것을 알아야 한다. 본고의 관점에서 중요한 것은 현실주의 국제정치론의 핵심을 비역사적인 무정부 가정에 등치시키는 것이 아니라 오히려 현실주의 국제정치론에 내재하는 역사 의식을 읽어내는 일이다.

있다고 비판하였다. 모겐소와 카의 전간기 국제정치론은 기본가치에 대한 관심이 상당히 달랐고 양자를 동일시할 수는 없지만, 공통점을 찾는다면 무정부 가정假定보다는 규범주의 비판과 이에 기초한 평화적 변경의 문제였다.

그런데 전간기 현실주의 국제정치론이 놓여진 지적 문맥은 동시대 일본의 지적 동향과 무관하지 않았다. 켈젠-슈미트-마르크스의 삼각 구도로 구성된 문제 영역은 1930년대 일본 정치사상사의 주요 문제였기 때문이다. 1930년대는 다이쇼 데모크라시의 철학적 지주였던 신칸트파가 마르크스와 슈미트를 근거로 내세운 논자들로부터 규범의 사회적·정치적 현실성을 강하게 비판받던 때였다. 당시 켈젠주의를 표방한 요코타 기사부로橫田喜三郎의 최대 비판자였던 야스이 가오루安井郁가 소비에트 국제법학과 슈미트 사이에서 망설였던 것은**36** 이러한 시대 사조를 전형적으로 나타낸 것이었다. 당시 청춘을 맞이한 세대는 입장 차이를 떠나 이러한 신칸트파 비판을 사고의 출발점으로 삼았다. 그

---

36 安井郁,「マルクス主義國際法學の序論: コローヴィンの『過渡期國際法論』の檢討」,『法學協會雜誌』제51권 제4호(1933); 安井郁,「ソヴィエト國際法理論の展開: パシュカーニスの『ソヴィエト國際法概論』の檢討」,『法學協會雜誌』제55권 제9호(1937), 安井郁,『歐州廣域國際法の基礎理念』(有斐閣, 1942). 전간기 사상사 문맥에서 마르크스와 슈미트는 상호 호환적으로 읽힐 수 있는 텍스트이며, 양자에 대한 강렬한 관심이 동일 인격 속에 공존한 예는 적지 않다. 예컨대, 초기의 오토 키르히하이머(Otto Kirchheimer)에 대한 Gunnell, *The Descent of Political Theory: The Genealogy of an American Vocation*, pp.170-171의 지적을 참조.

중 한 사람이 청년 마루야마 마사오丸山眞男*였다.**37**

여기서 모겐소와 카가 놓여 있었던 지적 문맥은 동시대 일본의 그것과 흡사했다는 점에 주의할 필요가 있다. 실제 두 사람의 저작은 쇼와 10년대 일본 사상계에서 공감을 얻고 있었다. 예를 들면, 앞에서 말한 다바타 시게지로田畑茂二郎의 처녀 논문은 국제재판의 한계와 분쟁 종별론을 다룬 모겐소의 처녀작과 두번째 저작**38**을 토대로 작성된 것이다. 다바타가 논문에서 의거했던 최신 학설은 바로 모겐소의 학설이었다.**39** 만주사변 후 규범주의

---

37 예컨대, 학생 시절인 1936년에 발표한 논문 「정치학에서의 국가 개념」에서 마루야마 마사오는 시민적 국가관의 추상성·형식성이 존재와 당위를 준별하는 신칸트파적 이원론으로 정점에 달했고, "혼란과 동요의 말기 사회에서 가장 유력하게 서로 다투는" 보수 이론과 혁명 이론의 도전으로 바야흐로 그 한계를 노정하고 있음을 강조하고 있다. 이 논문은 마루야마 자신이 "어떠한 사고 방식을, 말하자면 '소여'로서, 내가 연구자 생활에 들어왔는지를 보여 주는" 것으로 생각했는데, 파시즘적인 "오늘날의 전체주의"와 구별되는 "변증법적인 전체주의"로써 근대 시민사회의 한계를 극복한다는, 당시 전형적인 좌익의 신칸트파 비판과 중복되는 관점을 갖고 있었다(『丸山眞男集』 제1권, 23-24쪽, 31-32쪽).

38 Hans J. Morgenthau, *La notion du "politique" et la théorie des differends internationaux* (Paris: Recueil Sirey, 1933).

39 田畑茂二郎, 「國際裁判に於ける政治的紛爭の除外について」, 114-116쪽, 118-121쪽; Morgenthau, *Die internationale Rechtspflege*, S.72-84; Morgenthau, *La notion du "politique"*, pp.65-85.

* 마루야마 마사오(丸山眞男, 1914-1996): 정치학자, 사상사가. 일본 정치사상을 학문으로서 확립하였고, 전후 일본의 민주주의 사상을 주도하였다. 주저 『일본 정치사상사 연구』는 전후 일본의 사상사 연구에 지대한 영향을 주었다. 그의 학문은 '마루야마 정치학', '마루야마 정치사상사학'으로 불리기도 한다.

국제법학이 흔들리는 가운데 새로운 방법론을 찾고 있던 다바타는 모겐소의 저작을 아주 계발적인 시도로 받아들였다. 다바타는 훗날 이 시기를 회상하면서 "주지하듯이 모겐소는 그 후 점차 국제정치 쪽으로 옮겨가는데, 그에게는 현실주의적이라고 할까, 기능적으로 파악하려는 데가 있어 아주 친근감을 느꼈다"[40]고 말하고 있다. 또한 야스이 가오루의 연구 대상은 앞서 말했듯이 자유주의 국제법 사상에서 소비에트 국제법학을 거쳐 슈미트로 대표되는 유럽 광역권 국제법 사상으로 발전해갔는데, 그 다음에 주목한 사람이 모겐소였다.[41] 모겐소는 미국 망명 직후 미국의 현실주의 법학을 받아들이려고 노력했는데,[42] 야스이는 이러한 동향도 시야에 두면서 모겐소의 기능주의 국제법 이론을 "국제법을 그 현실 기반과의 관계에서 제대로 파악하는 방법의 확립"[43]을 위한 시도로서 높이 평가하였다.

또한 카의 국제정치론, 특히 태평양 전쟁 발발 이듬해에 출판

---

[40] 田畑茂二郎, 『國際社會の新しい流れの中で: 國際法學徒の軌跡』(東信堂, 1988), 23쪽.

[41] 安井郁, 『歐州廣域國際法の基礎理念』(有斐閣, 1942), 110쪽, 114-115쪽; 安井郁, 「國際法學における實證主義と機能主義: モーゲンソーの國際法學方法論の檢討」, 『法學協會雜誌』제61권 제2호, 제5호(1943). 『國際法學と辨證法』에 수록됨.

[42] Hans J. Morgenthau, "Positivism, Functionalism and International Law," *The American Journal of International Law*, vol.34, 1940, pp. 273-274. 특히 르웰린(Karl Llwellyn), 파운드(Roscoe Pound) 등의 업적이 언급되어 있다.

[43] 安井郁, 『國際法學と辨證法』, 143쪽.

된 『평화의 조건』은 태평양 전쟁 동안에 널리 읽힌 손꼽히는 양서의 하나였다.**44** 이를테면, 고노에 후미마로近衛文麿*와 해군성 조사과 브레인이었던 정치학자 야베 데이지矢部貞治*는 전중기에 카의 국제정치론을 높이 평가했다. 야베는 1943년(昭和18) 정월 초하룻날 『평화의 조건』을 읽기 시작했는데, 일기에 이런 감상을 남기고 있다. "7시 넘어 기상. 따스하고 평온한 설이다. 대동아 결전의 새해… 신문을 보고 나서 책상에 앉아 카를 읽다… 카의 책은 영국인에게서 보기 드문 탁견을 보여 준다. 내가 몇 년 전부터 말해 온 것과 같은 것을 논하고 있다."**45** 또한 1월 4일 일기에는 "카를 더 읽었다. 아주 탁월한 책이다. 영국인도 여기까지 생각하는데 일본의 지식인들은 아직 멀었다."**46**

야베는 카의 무엇에 감명을 받았고 카의 어떤 부분이 "내가 말

---

44 波多野澄雄, 『太平洋戰爭とアジア外交』(東京大學出版會, 1996), 1쪽. 또한 丸山眞男, 「海賊版漫筆」, 『丸山眞男集』 제12권(1996), 67-74쪽; 田畑茂二郎, 『國際社會の新しい流れの中で』, 60-61쪽.

45 矢部貞治, 『矢部貞治日記 銀杏の卷』(讀賣新聞社, 1974), 583쪽.

46 矢部貞治, 『矢部貞治日記 銀杏の卷』, 583쪽.

* 고노에 후미마로(近衛文麿, 1891-1945): 귀족 정치가. 1917년 교토대학 법학부를 졸업한 후 내무성에 들어감. 제5대 귀족원 의장. 제34, 38, 39대 총리대신을 지냄. 총리 시절 중국과의 화평과 대미 교섭 등이 군부의 반대로 실패, 총리직을 사임. 패전 후 전범으로서 구인 직전에 자살.

* 야베 데이지(矢部貞治, 1902-1967): 정치학자·평론가. 도쿄제국대학 법학부 교수, 다쿠쇼쿠(拓殖)대학 총장 등 역임. 고노에 후미마로의 브레인으로 활동했고, 현실 정치에 관여하였다.

해 온 것과 같은 걸 논하고 있다"고 생각했던 것일까. 먼저 총력전의 사회 변혁 작용에 관한 인식을 들 수 있다. 카는 『평화의 조건』 첫머리에서 총력전과 사회 혁명의 불가분성을 논하면서 히틀러와 볼셰비키 혁명의 관계를 나폴레옹과 프랑스 혁명의 관계에 대비시켰다.**47** 나폴레옹 전쟁이 프랑스 혁명 이념을 유럽 전역에 실현시킨 계기가 되었듯이, 히틀러는 19세기 자본주의 체제를 전복하고자 했던 마르크스와 레닌의 시도를 완성했다는 말이다. 제2차 세계대전은 이러한 거스를 수 없는 혁명 과정의 일부이자 신질서를 둘러싼 항쟁이었던 셈이다. 카는 '신질서'를 향한 추축국의 도전을 중시했고 영미 국가들이 이러한 도전에 답할 건설적인 질서 구상을 제시해야 한다고 주장하였다. 야베의 귀에는 카의 주장이 마치 추축국의 전쟁 목적을 내재적으로 잘 이해하는 "분별 있는 영미인"**48**의 성원처럼 들렸다.**49**

둘째로 주의할 점은 카의 자유방임주의 비판이다. 이미 말했듯이 카는 통제 경제와 자급 경제Autarkie에 호의적이었다. 『위기의 20년』에서도 제국은행Reichsbank 총재 샤흐트Hjalmar

---

47 Carr, *Conditions of Peace*, pp.8-20.
48 矢部貞治, 『新秩序の研究』(弘文堂, 1945), 115쪽.
49 矢部貞治, 『新秩序の研究』, 112-115쪽. 마루야마 마사오에 의하면, 카의 논적이었던 이사야 벌린(Isaiah Berlin)은 마루야마와 잡담하는 중에 읽기에 따라서는 추축국 측에 "이적 행위"가 될 수도 있는 『평화의 조건』의 이러한 측면을 노골적은 아니었지만 비난조로 얘기했다고 한다(『丸山眞男集』 第12卷, 68쪽).

Schacht*의 자유무역주의 비판을 공감하면서 인용하고 있다.[50] 실제로 카는 나치 경제를 대체로 높게 평가했다. 주지하듯이 카는 『위기의 20년』 서문에서 자신에게 시사를 준 책으로 카를 만하임Karl Mannheim*의 『이데올로기와 유토피아』, 라인홀드 니버Reinhold Niebuhr*의 『도덕적 인간과 비도덕적 사회』와 더불어 피터 드러커Peter Drucker*의 『경제인의 종언』을 들고 있다.[51] 망명 신세였던 드러커가 쓴 『경제인의 종언』은 완전 고용 실현 등 나치 경제가 이룩한 성과를 인정하는 한편, 이러한 성과가 능동적 허무주의nihilism에 기초한 대외 전쟁의 자기 목적화 때문에 파탄하지 않을 수 없다는 극히 비관적인 색조를 띤 저작이었

---

50 カー, 『危機の二十年』, 78쪽.

51 カー, 『危機の二十年』, vi쪽.

* 샤흐트(Horace Greeley Hjalmar Schacht, 1877-1970): 바이마르 공화국과 나치 독일에서 활약한 재정가, 정치가. 독일제국은행 총재, 경제 장관을 역임하였다.

* 카를 만하임(Karl Mannheim, 1893-1947): 헝가리 유태인 사회학자. 지식 사회학의 제창자. 1929년 프랑크푸르트대학 교수가 되지만, 1933년 히틀러가 정권을 장악하면서 영국에 망명하여, 런던대학 교수로 재직.

* 라인홀드 니버(Reinhold Niebuhr, 1892-1971): 20세기를 대표하는 프로테스탄트 신학자, 목사, 정치학자. 예일대학에서 신학을 전공했으며, 집단적 악에 대한 문제 제기를 통해 기독교 현실주의를 주창.

* 피터 드러커(Peter Ferdinand Drucker, 1909-2005): 오스트리아 빈 출신의 미국인으로 작가이자 경영학자. 스스로는 '사회 생태학자'라 불렸다. 그의 저작들은 20세기 후반의 많은 변화들을 예측하였는데, 이를테면 민영화와 분권화, 일본 경제의 발전, 사업에서의 마케팅의 중요성, 정보화 사회의 발현과 평생 교육의 필요성들에 대해 역설하였다.

다.[52] 반면 카는 전시 체제에서 자유방임주의가 초극되어 가는 필연성을 변증하는 측면에서만 나치 경제를 논하고 있다.[53] 카는 독일의 광역 경제권 사상에 들어있는 패권주의를 비판하면서도, 전시하의 국민국가를 횡단하는 지역 경제 협력을 토대로 전후 유럽의 경제 건설이 이룩되어야 한다고 역설하였다. 나아가 자유방임주의가 아니라 계획 경제에 의해 경제 재건을 이룩하려면 관리 통화 제도와 구상求償주의 성격의 교역 제도가 필요하다고 주장하였다.[54] 야베는 카의 지역주의 경제론을 포착하여 "무엇보다 그가 중시한 것은 민족자결에서 출발해서 국제 조직에 이르는 것이 아니라 처음부터 광역 단위로 생각하는 것이었다. 여기에서 새로운 사회 경제 원리는 거의 나치 독일의 그것에 접근해 있다"[55]고 보았다.

이와 관련하여 셋째로 들 수 있는 것은 카의 민족자결주의 비판이다. 카는 20세기 국제정치의 기본 동향이 군사 기술의 고도화와 경제적 상호 의존의 발달로 소국의 자립성이 의미를 상실

---

[52] P. F. ドラッカー, 岩根忠譯, 『經濟人の終わり』(東洋經濟新報社, 1963), 제7장. 『경제인의 종언』에서 "전체주의 나라에서 진정 심원한 사상을 가진 단 한 사람의 독일 철학자"로 에른스트 융거(Ernst Jünger)가 거명되는 것은 드러커의 나치즘상을 나타내는 것으로 흥미롭다(ドラッカー, 『經濟人の終わり』, 184쪽).

[53] Carr, Conditions of Peace, pp. 97-98.

[54] Carr, Conditions of Peace, pp. 262-275.

[55] 矢部貞治, 『新秩序の硏究』, 170쪽.

하고 국제정치의 기본 단위가 국민국가보다 "더 큰 단위"로 이행한 데 있다고 보았고,[56] 이러한 관점에서 19세기적 원리인 민족자결주의를 신랄하게 비판하였다. 민족자결주의는 프랑스 혁명 후 유럽에서 민주주의와 내셔널리즘이 결합하면서 형성되었는데, 민족이라는 사회적 사실과 자결이라는 주관적 권리를 혼동하는 문제를 내포하고 있었다.[57] 이 문제는 베르사유 체제의 창설자가 민족이라는 사회적 사실과 자결이라는 주관적 권리가 일치하지 않는 동유럽·중유럽 지역에 민족자결 원리를 절대화시켜 적용하면서 더욱 두드러졌다.[58] 말할 나위 없이 카의 이러한 비판은 민족자결주의·자유방임주의·고전적 자유민주주의라는 19세기적 관념을 고집한 것으로 이해된 윌슨주의에 대한 비판과 밀접히 결부되어 있었다. 야베는 카의 민족자결주의 비판을 광역권의 필연성을 변증한 주장으로 원용할 수 있었다.[59]

마지막으로, 야베의 의론에 꼭 명시된 것은 아니지만,『평화의 조건』전체를 관통하는 카의 협동체 윤리론이 전중기 일본의 국민 협동체론과 중첩된다는 점도 야베가 카에 공감한 하나의 요인이었을 것이다. 카는 현대의 도덕적 위기가 19세기 이래 공

---

[56] Carr, *Conditions of Peace*, pp. 63-69.
[57] Carr, *Conditions of Peace*, pp. 40-42.
[58] Carr, *Conditions of Peace*, pp. 46-49.
[59] 矢部貞治,『新秩序の研究』, 35-38쪽, 43쪽.

리주의적 관점에서 '덕virtue'을 '계발된 자기 이익enlightened self-interest'과 등치시킨 자유주의 윤리 체계[60]가 파탄한 데서 비롯되었다고 보았고, 이러한 이윤 동기를 초월한 공동선을 위한 자기 희생을 강조하였다.[61] 또한 국내 자원의 가장 효율적인 이용을 요구하는 총력전은 필연적으로 이윤 동기를 초극하는 계기를 내포하며, 이러한 의미에서 공동체 안의 모든 계급에 공통적인 자기 희생심을 함양하고 불평등을 시정하는 도덕적 효과를 준다고 보았다.[62] 『평화의 조건』 전반부는 전시에 배양된 협동체 윤리가 서구 정신사에서 기독교 윤리에 비견되는 의의를 지닌 현대 코뮤니즘에 윤리적 기초를 제공한다는 확신으로 끝맺고 있다.[63] 공익 원리로 이윤 동기를 억제하고, 권리 개념의 추상성을 비판하며, 개인의 권리보다 공동선을 추구하는 의무가 우월하다고 보는 일련의 주장은 말할 것도 없이 쇼와 10년대 일본에서 영위된 국민 협동체론의 구성 요소이기도 했다.[64] 총력전의 도덕적 효과를 호소하는 카의 의론은 생산력 담당자인 민중의 주체성에 의해 지탱되는 새로운 경제 윤리의 확립을 주장한 전시의 오코우치 가즈오大河內一男*, 오쓰카 히사오大塚久雄* 등의 주장[65]과

---

[60] Carr, *Conditions of Peace*, p.105.
[61] Carr, *Conditions of Peace*, p.115.
[62] Carr, *Conditions of Peace*, pp.76-77, p.119.
[63] Carr, *Conditions of Peace*, pp.119-121.
[64] 예컨대, 矢部貞治, 『新秩序の研究』, 77-88쪽.

가까운 입장에 있었다.

이렇듯 모겐소와 카의 주장은 쇼와 10년대 일본의 지적 세계에서는 지역주의 문맥에서 읽혔고 이용되었다. 규범주의의 추상성에 대한 비판에서 출발한 현실주의 사유는 1930년대 일본에서 일단 지역주의 국제정치관에 흡수되었던 것이다. 원래 규범주의 비판 자체는 국제 협조주의와 언제나 상반되는 것은 아니다. 바이마르기에 모겐소가 "동태적 국제법학"을 제창한 것[66]은 슈트레제만Gustav Stresemann * 외교에 거는 기대와 밀접히 결부되어 있었다. 모겐소는 1929년에 발표한 슈트레제만론에서 슈트레제

---

65 이를테면, 大河內一男, 「統制經濟における倫理と論理」, 『大河內一男著作集』 제4권, 靑林書院新社, 1969); 大塚久雄, 「最高度 "自發性"の發揚: 經濟倫理としての生産責任について」, 「經濟倫理の問題的視点: 工業力・充の要請にふれて」, 『大塚久雄著作集』 제8권, 1969). 전중기의 오코우치와 오쓰카의 의론에 관해서는 山之內靖, 「參加と動員」(山之內靖, 『システム社會の現代的位相』(岩波書店, 1996), 126-148쪽, J. Victor Koschmann, *Revolution and Subjectivity in Postwar Japan* (Chicago: The University of Chicago Press, 1996) pp.167-170.

* 오코우치 가즈오(大河內一男, 1905-1984): 경제학자. 전공은 사회 정책. 도쿄대학 총장 역임.

* 오쓰카 히사오(大塚久雄, 1907-1996): 경제사학자. 1930년 도쿄대학 경제학부 졸업, 1933년부터 동대학 법정대학 교수로 재직. 유럽 자본주의 확립기에 관한 연구를 통해 '근대'를 해명하는 데 진력했고, '오쓰카 사학'을 구축하였다. 마루야마 마사오와 함께 전후 민주주의를 대표하는 학자.

* 슈트레제만(Gustav Stresemann, 1878-1929): 독일 바이마르 공화정기 정치가. 수상과 외무 장관을 역임. 전승국과 협조하여 독일의 국력을 회복시키는 정책을 폈고 로카르노 조약을 맺어 국제연맹에 가입하였다. 로카르노 조약 체결에 진력한 공로로 프랑스 외무 장관 브리앙과 함께 노벨 평화상 수상.

만이 독일-프랑스 화해를 축으로 유럽의 일체성을 실현시키고 독일의 법적 지위를 회복시킨 것을 높이 평가하였다. 슈트레제만이 슈미트가 "국제연맹의 근본 문제"로 명명한 과제를 달성했다고 보았던 것이다.[67] 당시 모겐소가 베르사유 체제의 평화적 변경을 아주 낙관적으로 전망하고 있었음을 엿볼 수 있다. 하지만 평화적 변경에 대한 이러한 낙관주의가 무너졌을 때, 국제정치에서 수정주의에 친화적인 이 개념 장치는 문제를 드러내지 않을 수 없었다. 1930년대에 정치적 공법학이 겪었던 난관은 바로 이 점에 있었다. 모겐소의 선택은 망명지에서 스스로 의거했던 개념 장치의 정치적 의미를 재고하는 일이었다. 주저『국제정치』는 이러한 사색의 결실이었다.[68] 하지만 일본 지식인들은 지나치게 권력과 지적 세계가 교착하는 장에 몸을 두고 있었기 때문에 그들 대부분 이 개념 장치를 지렛대로 삼아 국제질서의 현상 타파를 요구하는 쪽에 몸을 맡겼던 것이다.

이러한 경향은 당시 지적 감수성이 가장 예민했던 국제법 학자들에게 집중적으로 나타났다. 중·일 전쟁의 장기화가 확실해진 1938년(昭和13) 9월 야스이 가오루安井郁는 이렇게 적고 있다. "동아공동체 건설이 기존의 국제 기구와 그것이 형태화된 국

---

66 Morgenthau, *Die internationale Rechtspflege*, S. 150-152.
67 Hans J. Morgenthau, Stresemann als Schopfer der deutschen Volkerrechtspolitik, in *Die Justiz*, Band Ⅴ, Heft 3. 1929.

68 슈미트의 『정치적인 것의 개념』에 관한 모겐소의 논평으로 Morgenthau, *La notion du "politique"*, pp.44-61를 참조. 여기에서는 우적 개념이 미추(美醜)·선악(善惡)과 같은 대(對)개념을 구성하는 것은 아니라 양자의 차이는 정도의 차이에 불과하다는 것, 또한 우적개념 설정은 일반적 형태로는 이루어질 수 없고 특정 가치를 둘러싼 특정 조건에서만 문제삼을 수 있다는 것 등을 이유로 우적 개념이 '정치적인 것'의 일의(一義)적인 영역 획정을 초래하지 않는다는 데 비판의 중점을 두고 있다. 그러나『국제정치』의 형성 과정을 생각할 때 더 중요한 일은 1930년대 후반에 슈미트가 쓴 일련의 국제법론, 특히 1938년에 출판한『차별 전쟁 개념으로의 전환』이 모겐소의 국제정치론에 미친 영향일 것이다.

모겐소는 슈미트가 나치에 가담한 사실이 분명해진 뒤, 필자가 알고 있는 한 만년의 회상에서 초기 작품이 슈미트의 영향을 받았다는 것을 인정할 때까지(Hans J. Morgenthau, "Fragment of an Intellectual Autobiography: 1904-1932," Kenneth Thompson and Robert J. Myers eds., *Truth and Tragedy: A Tribute to Hans J. Morgenthau*, N.Y.: Transaction Books, 1984, pp.15-16), 단 한 번의 예외를 빼고 슈미트를 언급한 적이 없었기에 텍스트에서 이러한 영향 관계를 엄밀하게 입증하기란 곤란하다. 하지만 모겐소의 냉전 비판이 일종의 정전론(正戰論) 비판의 색채를 띠는 것은 부정하기 어렵고, 바이마르기 모겐소의 관심을 감안한다면 망명 후의 모겐소가 슈미트의 동시대 저작을 접하지 않았다는 생각이 오히려 부자연스런 해석일 것이다. 모겐소에 의한 슈미트의 비판적 수용을 거의 동 시기에 출판된 모겐소의『국제정치』와 슈미트의『대지의 노모스』의 형성 과정을 비교하면서 재검토하는 작업은 현실주의 국제정치론의 형성사를 연구하는 데 있어 향후의 과제가 되어야 할 것이다. 모겐소가 슈미트를 언급한 단 한 번의 예외는 1948년에 발표된 카의『위기의 20년』에 대한 서평이다. 여기서는 아담 슐러, 카를 슈미트를 인용하면서 카의 윤리적 상대주의가 카의 유화정책 가담을 초래한 것이 논란되고 있다(Hans J. Morgenthau, "The Surrender to the Immanence of Power: E. H. Carr," Hans J. Morgenthau, *Dilemmas of Politics*, Chicago: The University of Chicago Press, 1958, pp.357). 슈미트의 기회 원인론에 대한 칼 레비트(Karl Löwith)의 비판을 상기시키는,『정치적 낭만주의』를 염두에 둔 이 서평 자체가 슈미트에 대한 모겐소의 굴절된 의식을 말해 주는 흥미로운 사료다. 카의 유화정책에 대한 태도에 관해서는 Michael Joseph Smith, *Realist Thought from Weber to Kissinger* (LA: Lousiana State University Press, 1986), pp.83-87.

제법 질서에 꼭 적합한 것은 아니다. 특히 현상 유지를 기조로 하는 정태적 평화 기구와는 결정적으로 모순된다. 이 점에서 지나사변은 기존 국제정치 및 국제법의 입장에서 보았을 때 만주사변과 더불어 파괴적 측면을 갖는 것은 부정할 수 없다. 우리는 이 사실을 솔직하게 긍정하고 동시에 그러한 파괴가 새로운 건설의 전제가 될 수 있도록 해야 한다. 최근 구미 각국의 이론가와 실제가 사이에 소위 '평화적 변경peaceful change' 문제가 한창 논의되고 있다. 여기에는 본질적 결함이 내포된 정태적 평화 기구가 사태의 역사적 추이에 따라 합리적 변경을 기조로 하는 동태적 평화 기구로 변증법적 발전을 한다는 암시가 있다. 지나사변은 이러한 발전을 촉구하는 가장 강렬한 자극이다."[69] 야스이는 중·일 전쟁 이후의 일본 외교를 새로운 국제질서를 창설하는 시도로서 자리매김했고, 그 이론적 지주를 슈미트가 제창한 광역 국제법에서 찾았다.

1942년(昭和17) 말에 출판된 『유럽 광역 국제법의 기초 이념』은 처녀작 이래 야스이의 전간기 국제법 사상 연구에서 정점을 이룬 대단히 수준 높은 저작이다. 이 책은 "법학적 사유의 세 양식"의 검토부터 시작하는데 동시대 슈미트 연구로서 특히 두드러진 명석한 것임은 의심할 여지가 없다. 야스이는 순수법학 비

---

[69] 安井郁,「若い日本の一つの動向」,「道」刊行會編, 『道: 安井郁生の軌跡』(法政大學出版局, 1983), 17쪽.

판에서 규범의 현실성 탐구로 사색을 진전시켰고, 슈미트의 "구체적 질서" 관념을 매개로 삼아 보편주의에서 지역주의로 이행해야 할 필연성을 기초지웠다. 이렇게 자리잡은 지역주의는 보편주의적 국제 기구와 개별 국가의 원자론적 병렬을 비판하는 동시에, 기존 국제질서를 영미의 제국주의 지배와 등치시키면서 동아 신질서를 구미의 제국주의 지배를 초극하는 것으로 정당화하였다. 다수의 마르크스주의자들도 '제국주의 비판'의 관점에서 신질서 건설에 참여하기 시작했다.[70]

야스이는 유럽 광역 국제법의 세계사적 의의를 논하면서 "영 제국의 보편주의에 대립하는 것으로 제기된" 광역 국제법 사상이 "유럽 국제법의 세계 지배 종언을 내부에서 촉진시킨" 점을 환기시켰다.[71] 독일은 더 이상 영 제국을 대신하여 유럽의 세계 지배를 계속할 수 없다. 유럽 광역권의 주도국으로서 새로운 세계 질서의 일부를 구성하는 데 그칠 뿐이다. 슈미트는 윌슨주의와 볼셰비즘의 협공을 받은 전간기 유럽 세계에 대해 "유럽 공법학 시대"의 종언이라는 문명사적 위상을 부여했지만, 서구 국가 체계의 외연에 있었던 일본 지식인들은 이러한 현상이 서구 근대 세계의 몰락과 세계사의 다원적 구성을 뜻한다고 보았다.[72] 그렇다면 마르크스와 슈미트가 메아리치고 '근대의 초극'이 절

---

[70] 三谷太一郎, 『大正デモクラシー論』[舊版], 252-253쪽, 257-260쪽.
[71] 安井郁, 『歐州廣域國際法の基礎理念』, 111-112쪽.

규되는 전중기 정신 세계에서 전후 외교론은 과연 언제, 어떤 형태로 서광을 비추게 된 것일까.

●

2. '전중'의 맥락 : 지역주의 속의 내셔널리즘

●

'근대의 초극'론에 의해 세계사적 의의를 부여받은 지역주의 국제정치론의 아킬레스건은 내셔널리즘을 지역주의 속에 자리매김하는 일이었다. 중·일 전쟁 후 주창된 동아협동체론은 중일간의 대립과 상극을 지양하기 위해 내셔널리즘의 논리를 초극하는 위상을 설정해야만 했다. 고노에 후미마로近衛文麿의 브레인들이 모인 쇼와昭和연구회*의 지도적 이론가였던 미키 기요시三木淸*는 저간의 사정을 이렇게 말하고 있다. "지나사변을 계기로 일본의 사상도 비약적인 발전을 요구받고 있다고 본다. 그 두드

---

72 高坂正顯·西谷啓治·高山岩男·鈴木成高,『世界史的立場と日本』(中央公論社, 1943), 4쪽. 야스이가 교토학파에 관해 언급한 대목은 安井郁,『歐州廣域國際法の基礎理念』, 111쪽, 116-117쪽.

* 쇼와연구회: 고노에 후미마로(近衛文麿) 수상이 고토 류노스케(後藤隆之助), 아리마 요리야스(有馬賴寧), 가자미 아키라(風見章) 등 신관료와 혁신학자들을 모아 만든 단체. 이 연구회를 통해 '신체제 운동'이라는 대중 조직을 기초로 국민을 통합하고 군부의 움직임을 억제하여 근대적·합리적인 사회 체제를 건설하려 했다.

러진 것이 종래 이른바 일본주의의 발전이다. 일본주의는 사변 전에 대두했고, 이러한 의미에서 사변 전의 사상이라 말할 수 있다. 일본주의는 민족주의로서 자기를 주장한 것이지만, 사변이 발전하면서 단순한 민족주의에 그칠 수 없게 되었다. 오늘날 요구되는 것은 일·지日支 두 민족을 묶는 사상이다. 사변의 발전은 지나에서 민족주의 강화를 가져왔고, 삼민주의도 특히 민족주의 요소를 전면에 내세우게 되었다. 필요한 것은 민족주의를 초극할 수 있는 사상이며, 이른바 동아협동체 이념도 이러한 것이라 생각된다."[73]

내셔널리즘에 대한 동아협동체론의 부정적 평가는 당시의 시대 사조와 겹치면서 근대주의 비판 논리에 의해 더욱 보강되었다. 미키가 쓴 쇼와연구회의 강령적 문서인「신일본의 사상 원리」는 근대 비판으로서의 동아협동체론을 다음과 같이 위치지우고 있다. "세계사적으로 본다면 근대적 세계는 중세의 가톨릭 문화가 다종의 국민적 문화로 분할 형성되면서 시작되었다. 중세적 세계주의에 대한 비판으로서 출현한 국민주의는 동시에 자기 속에 세계적 원리를 포함하고 있었다. 자유주의, 개인주의, 합리

---

[73] 三木淸,「日支を結ぶ思想」,『三木淸全集』제14권 (岩波書店, 1967), 185쪽.

* 미키 기요시(三木淸, 1897-1945): 교토학파를 대표하는 마르크스주의 철학자. 독일에 유학, 하이데거의 영향을 받았고 귀국 후 호세이(法政)대학 교수. 제2차 세계대전 말기에 반전 혐의로 체포되어 옥사하였다.

주의 등이 그것이다. 이러한 원리에 입각한 근대주의는 발전해 가면서 마침내 추상적인 세계주의에 빠졌으며, 현대에는 추상적인 세계주의가 비판받고 있다. 오늘날 민족주의 내지 국민주의는 근대적 세계주의에 대한 비판이라는 의의를 가지며, 추상적인 세계주의를 극복하는 계기로서 중요성을 지닌다. 그러나 오늘날의 세계는 더 이상 단순한 민족주의에 머무를 수 없으며, 근대적 세계주의의 극복은 하나의 민족을 넘어선 더 큰 단위로 세계를 분할 형성하여 나타나야만 한다. 동아협동체는 그러한 세계 신질서의 지표가 되어야 한다."[74] 따라서 국내 사회에서 개인에 기초한 계약적 사회 구성이 추상성 때문에 길이 막히고 이제는 구체적 사회성을 가진 협동체적 사회 구성으로 치환되려 하고 있는 것처럼, 국제관계에서도 근대의 소산인 국민국가의 원자론적 구성에 의한 국제질서와 이를 전제로 한 국제연맹의 추상적 세계주의는 지양되어야만 한다. 여기서 동아협동체는 "게젤샤프트를 지양하는 전혀 새로운 하나의 게마인샤프트"[75]로서 그 성격이 규정된다. 이러한 성격 규정은 미키뿐 아니라 철학자 고야마 이와오高山岩男*, 정치학자 로야마 마사미치蠟山政道, 야베 데이지矢部貞治 등에도 공통적으로 보였던,[76] 당시 지식인들에게 널리 공유된 인식이었다. 한편 미노다 무네키蓑田胸喜* 등

---

74 三木淸, 「新日本の思想原理」, 『三木淸全集』 제17권(岩波書店, 1968), 512쪽.
75 三木淸, 『三木淸全集』第17卷, 526쪽.

국수주의적 우익들은, 지적 계보로서는 전혀 가당치 않은 비판이었지만, 동아협동체론이 켈젠주의를 계승한 '국제법 상위론'이며 '비국민'적 의론이라 공격하는 일이 잦았다.[77] 이는 서구 사상으로 이론 무장한 동아협동체론에 체질적으로 반발한 것이기도 했지만, 그것이 국민국가를 초월한 높은 차원의 게마인샤프트적 구성을 긍정한다는 점에 국체의 지고성에 저촉할 수 있는 이론적 가능성을 읽어냈기 때문이다.

이러한 국민국가 비판의 당연한 결과지만 동아협동체론은 민족자결 원리에 대해서도 아주 부정적으로 평가했다. 동아협동체론 주창자의 한 사람이었던 로야마 마사미치는 유럽 대전이 발발하자 그 원인을 베르사유 체제의 과오에서, 특히 민족자결 원리의 동유럽 적용이 파탄했다는 사실에서 찾았다. 동유럽과 특

---

76 高山岩男, 『世界史の哲學』(岩波書店, 1942), 457-458쪽; 蠟山政道, 『東亞と世界』(改造社, 1941), 3-40쪽; 矢部貞治, 『新秩序の硏究』, 6-13쪽; 廣松涉, 『'近代の超克'論: 昭和思想史への一視角』(講談社, 1989), 73-79쪽.

77 矢部貞治, 『矢部貞治日記 銀杏の卷』, 昭和 12年 10月 9日條, 37쪽; 岡義武, 「國民的獨立と國家理性」, 『岡義武著作集』 제6권, 303-304쪽.

* 고야마 이와오(高山岩男, 1905-1993): 교토제국대학 철학과 졸업. 니시다 기타로(西田幾多郎), 하타노 세이이치(波多野精一), 다나베 하지메(田辺元), 와쓰지 데쓰로(和辻哲郎) 등 이른바 교토학파의 전성기에 교토대학에서 철학을 배웠고, 특히 다나베의 영향을 크게 받았다. 고사카 마사아키(高坂正顯), 니시타니 게이지(西谷啓治), 스즈키 시게타카(鈴木成高)와 함께 '교토학파 사천왕'이라 불리기도 했다.

* 미노다 무네키(蓑田胸喜, 1894-1946): 우익 사상가. 원리일본사(原理日本社) 주재. 천황 기관설로부터 시작된 대학숙청 운동의 이론적 지도자.

별한 경제 관계에 있었던 독일·오스트리아·소련은 패전국 내지 혁명국으로서 전후 유럽 정치에서 어떠한 발언권도 부여받지 못했고, 아울러 자결 원리의 기계적 적용은 이 지역에 존재했던 지역적 일체성을 파괴하였다. 19세기 전반까지 민족주의는 초기 자본주의의 요구와 합치된 건전한 사회질서를 형성했는데, 이와 달리 동유럽의 민족주의는 언어와 종족을 계기로 삼아 기존 질서의 분립을 초래했고 끊임없이 소수민족의 분리화를 부추겼다. 로야마는 이러한 민족주의 원리와 지역 경제 협력의 모순이 제2차 세계대전을 초래했다고 보았다.[78]

물론 동아협동체론이 내셔널리즘과 민족자결 원리에 비판적 태도를 취했던 까닭은 그것들이 중·일 전쟁 이후 중국 내셔널리즘과 전면적으로 대치하게 된 일본의 대외 정책을 도의적으로 정당화하는 역할을 해주었기 때문이다. 동아협동체론이 민족주의 운동을 초극할 가능성을 지나치게 낙관한다는 비판[79]에 대해, 로야마는 "동아협동체 이론을 제창하게 된 근본 동기는 지나에서의 '민족적 통일' 또는 '민족주의 운동'의 존재가 어떠한 의미에서도 경시하고 무시할 수 없다는 인식에서 출발하고 있다. 이는 모든 동아협동체론자의 일치된 바라 할 수 있다"[80]고 단언한

---

[78] 蠟山政道, 『東亞と世界』, 84-89쪽, 262-269쪽.
[79] 高田保馬, 「支那の民族問題」, 『文藝春秋』 1939년 3월호, 37-38쪽.
[80] 蠟山政道, 『東亞と世界』, 161쪽.

다. 로야마 자신이 중국의 강렬한 항일 내셔널리즘을 자각하였던 만큼 내셔널리즘을 초월하는 높은 차원의 목표를 설정함으로써 중국 내셔널리즘을 포섭할 수 있는 논리 구성을 취했다고 하겠다. 따라서 동아협동체론자 전부가 중국, 나아가 아시아 국가 전체에 팽배한 반제국주의 내셔널리즘의 존재에 완전히 둔감했다는 것은 아마 맞지 않는 말일 것이다. 미키도 "동아협동체가 진정 성립되려면 지나가 민족적 통일을 통해 독자성을 획득하는 것이 필요하다"[81]고 말했다.

그렇지만 근대 국민국가가 형성되지 않은 아시아 세계에서 근대주의 비판과 근대 국민국가의 역사적 한계를 말하는 것은 어떤 의미가 있는 것일까. 동아협동체론은 이에 대한 답을 준비하지 않았던 건 아니다. "동아의 통일은 봉건적인 것을 존속하게 하거나 봉건적인 것으로 돌아감으로써 달성될 수 있는 것은 아니다. 오히려 지나의 근대화는 동아 통일의 전제이며, 일본은 지나의 근대화를 조성해야만 한다."[82] 중국의 봉건적 성격을 극복하는 것, 즉 근대화는 오히려 동아협동체의 전제 조건이다. 그러면 여기서 상정되는 중국의 '근대화'란 무엇인가. 이 점에 관해서는 논자들의 견해가 꼭 일치하는 것 같지 않다. 로야마는 일본의 대륙 발전을 "국방 경제와 이와 밀접히 관련된 경제 개발 계

---

[81] 三木淸, 『三木淸全集』 제17권, 518쪽.
[82] 三木淸, 『三木淸全集』 제17권, 510쪽.

획을 수반하는 지역적 협동 경제"로 규정하고, 자본주의가 추동하는 서구 제국주의와의 질적 차이를 강조하고 있다.[83] 동아협동체론은 이처럼 아시아의 개발 모델로서 어떤 모델을 상정할 것인가라는 물음을 내포하고 있었다. 로야마는 점령지에서 쟝제스蔣介石 정권의 영국 자본과 결부된 "부자연스런 근대화"를 넘어서는 합리적인 경제 건설 계획을 시행할 것을 강조하는 한편, 우한武漢 함락 후 급속히 지반을 구축하는 중국 공산당에 대항하기 위해서도 개발 계획을 설계할 것을 요청했는데,[84] 제3장에서 다룰 전후 로야마의 의론을 함께 생각한다면 흥미로운 일이다. 여기서는 이 문제에 더 깊이 들어갈 수는 없지만, 예컨대 항일 통일 민족 전선이 추구한 중국 사회의 "반半봉건성"과 "반半식민지성"을 극복할 수 있도록 동아 신질서를 형성해야만 한다고 주장한 오자키 호쓰미尾崎秀實* 등의 의론[85]과 로야마의 그것을 비교 검토한다면 동아협동체론 내부에 존재했던 잠재적 대립 관계는

---

83 蠟山政道, 『東亞と世界』, 19쪽.

84 蠟山政道, 『東亞と世界』, 117쪽.

85 尾崎秀實, 「『東亞協同體』の理念とその成立の客觀的基礎」, 『尾崎秀美著作集』 제2권, (勁草書房, 1977); 三谷太一郎, 『大正デモクラシー論』[舊版], 257-258쪽.

* 오자키 호쓰미(尾崎秀實, 1901-1944): 평론가·저널리스트·공산주의자. 아사히신문 기자, 내각 촉탁, 만주철도조사부 촉탁 조사원. 고노에 후미마로 정권의 브레인으로서 정계·언론계에서 중요한 지위를 차지했다. 군부와 독자적인 관계를 유지했고 중·일 전쟁 이후 태평양 전쟁 직전까지 최상층부와 접촉해 국정에 영향을 주었다. 소련 첩보 사건인 '조르게 사건'에 연루되어 처형되었다.

저절로 밝혀질 것이다.

이처럼 전중기 국제정치론에서 내셔널리즘에 대한 평가는 대체로 부정적이었다. 흔히 전중기는 내셔널리즘이 고양된 시기였고, 국제정치론에도 이러한 내셔널리즘이 즉각적으로 반영되어 있었다고 생각하기 쉽지만, 이와 반대로 지역주의의 논리적 귀결은 내셔널리즘 억제를 주장하는 구성을 취하지 않을 수 없었다. 만주국 건국과 화북 분리 공작을 일본 민족의 자결 원리로 정당화하기란 불가능했다. 만주사변 이후 일본 팽창주의의 성격은 '민족 협화協和'에 의거한 팽창을 정당화하지 않을 수 없었다.[86] 이러한 대외 정책에서 민족 개념에 대한 평가는 일본과 독일 사이에 미묘한 차이가 있었다. 독일의 경우는 우선 국경 바깥에 있는 독일 민족을 편입시키는 형태로 대외 확장 정책이 추진되었기에 보다 솔직하게 민족 개념을 외칠 수 있었다. 또한 일정 시기까지 대외 정책의 목적을 '민족자결'이란 수사로 위장하는 것도 불가능하지 않았다. 일본보다도 독일이 영국과 프랑스의 유화宥和를 쟁취할 수 있었던 하나의 이유는 민족자결 원리의 이러한 적용 가능성에 있었다.[87] 또한 쇼와 10년대 일본에서 전형

---

[86] 전전기 일본에서 단일 민족적 구성보다도 다민족적 구성을 채택하는 언설이 더 침략적이었음을 명쾌하게 지적한 연구로는 小熊英二, 『單一民族神話の起源: '日本人'の自畵像の系譜』(新曜社, 1995).

[87] Akira Iriye, *The Origin of the Second World War in Asia and Pacific*(N.Y.: Longman Inc., 1987) p.55, p.65.

적인 나치 비판은 나치 민족주의의 편협성을 지적하는 것이었는데, 이러한 '한계'를 극복한 동아협동체와 대동아 공영권이 더 우월하다는 주장도 제기되었다.[88] 당시 일본에서 나치 국제법학에 대한 비판도 대부분 이러한 논리 구성을 취하고 있었다.[89]

그렇다면 일본이 제창한 대동아 공영권은 어떠한 법적 구성으로 되어 있었을까. 대동아 공영권의 법적 구성에서 가장 큰 특징의 하나는 근대 국제법의 근본 원리인 국가 평등 관념을 부정한다는 점이다. 주지하듯이 근대 국제법에서 주권국가는 적어도 법적 주체로서는 대등한 관계에 있다고 보며, 여기에서 근대 국제법의 원자론적 성격이 도출된다. 그런데 공영권은 무엇보다도 원자론적 구성을 지양한 게마인샤프트로 파악되기 때문에, 여기서 기계적 평등·원자론적 자유는 근대 국제관계의 나쁜 속성으

---

88 三木清, 『三木清全集』 第17卷, 517쪽.
89 나치가 정권을 장악한 뒤 잠시 독일 국제법학계에서는 국제법의 인종적·민족적 제약을 강조하는 의론이 속출했고, 심한 경우에는 국제법의 독립적 존재를 인정하지 않고 '대외 국법(Außenstaatsrecht)'으로 보는 견해까지 나타났다. 초기의 이러한 나치 국제법학에 대해 일본 국제법 학계는 논자의 입장을 떠나 대체로 부정적인 태도를 보였다(이를테면, 立作太郎, 「『ナチス』國際法觀」, 『國際法外交雜誌』 제36권 제1호, 1937; 安井郁, 『歐州廣域國際法の基礎理念』, 7쪽, 42-43쪽). 나치 국제법학이 인종적·민족적 제약을 강조한 초기 입장에서 광역 국제법으로 전환한 것은 초기 나치 국제법학 의론의 한계를 극복하는 것으로 평가받았고 동아 국제법의 필연성을 뒷받침하는 것으로 대체로 환영받았다. 安井郁, 『歐州廣域國際法の基礎理念』, 107쪽; 田畑茂二郎, 「ナチス國際法學の轉回とその問題的意義」, 『外交時報』 제107권 제1호(1943), 14-17쪽.

로 부정된다. 쇼와 10년대에 전형적이었던 "각자 자리를 얻는다 各得其所"라는 용어에서 볼 수 있듯이 유기적 결합 관계는 공영권의 본질로 여겨졌다.[90]

또한 당연한 결과로서 공영권 내의 국가간 관계는 동맹이나 조약과 같은 계약 관계로는 규율하지 못한다고 보았다. 야베 데이지와 마찬가지로 해군성 조사과의 브레인이자 대동아 국제법론의 이론적 지도자였던 마쓰시타 마사토시松下正壽는 이렇게 말하고 있다. "대동아 공영권의 본질은 조약 이상의 것이어야만 한다. 만일 대동아 공영권의 법적 기초가 조약이라 한다면, 권내 국가는 수시로 주권을 발동하여 권외 국가와 공영권 자체를 해소하는 것까지도 가능하다. 영·일 동맹이 20년 뒤 소멸되었듯이, 또한 우리 나라가 국제연맹에서 이탈했듯이, 대동아 공영권도 개별 국가의 정치적 이해에 의해 해소될 수 있게 된다. 요컨대 첫번째 사고 방식〔공영권을 독립 주권국가의 결합으로 보는 견해―인용자〕은 자유주의 계약 사상에 기초하는 것이며, 우리들은 이러한 사상을 지양해야만 한다."[91]

대동아 국제법론에서 공영권은 유기체적 일체성을 갖는 것으

---

[90] 이를테면, 쇼와 17년 9월 1일자 松下正壽稿, 「大東亞共榮圈の法的理念」, 土井章 監修, 『昭和社會經濟史料集成』 제17권(巖南堂書店, 1992), 41-50쪽. 집필자의 추정에 관해서는 요네타니 히로부미(米谷匡史) 씨의 교시를 받았다. 이 자리를 빌어 사의를 표한다.
[91] 松下正壽稿, 「大東亞共榮圈の法的理念」, 42쪽.

로 간주된다. 이러한 일체성을 담보하는 것이 독일의 광역권 이론에서는 제국Reich, 일본에서는 "주도국" 내지 "지도국"이라 불렸던 공영권의 중심이다. 주도국은 광역권 외부로부터 간섭을 배제하고 권내의 실질적 평등을 내면적으로 매개하는 도의적 존재일 수 있다고 한다.[92] 하지만 주도국과 광역권의 관계에 관해서는 광역권이 존재하고 난 뒤 주도국이 존재한다고 통상 이해되는 것은 아니다. 오히려 광역권 개념이 주도국 개념에 종속된다는 이해가 전제되어 있다.[93] 야베 데이지가 말하듯이, "광역권이라는 일체적인 인격성이 처음부터 있고 그 위에 주동主動적 국가가 인정되거나 선택되는 것이 아니라, 주동적 국가가 있고 그것이 분립 내지 대립 상태에 있는 많은 자립 주체들을 하나의 광역권을 자각 형성하게 만드는 것이다. 광역권이 있고 나서 주도국이 있는 것이 아니라 주도국이 있고 비로소 광역권이 형성되는 것이다."[94] 이것은 결국 '도의성'을 주창했지만 대동아 국제법론에는 주도국의 존재가 지역 질서보다 우선한다는 논리가 내포되고 있었음을 뜻한다.[95] 따라서 공영권 구상은 전황이 악화되면 주도국의 '자존 자위'라는 논리와, 명분으로 제시된 동아시아 국가들의 '해방'이라는 논리 사이에 우선 관계나 논리 연관이 문

---

92 예를 들면, 矢部貞治, 『新秩序の研究』, 18-20쪽.
93 安井郁, 『歐州廣域國際法の基礎理念』, 77쪽.
94 矢部貞治, 『新秩序の研究』, 18쪽.

제될 수밖에 없는 구조였다.

실제 이러한 문제는 태평양 전쟁 과정에서 노정되었다. 태평양 전쟁 개전에 즈음하여 일본 정부 내에서는 전쟁 목적을 설정하는 문제를 둘러싸고 적지 않은 혼란이 있었다. 우선 개전 약 3개월 전에 육해군 군무국 스태프가 입안한 「대미영란對米英蘭 전쟁 지도 요강」에서는 전쟁 목적을 "자존 자위"에 한정하려는 해군측 주장과 "자존 자위"에 "대동아 신질서" 건설을 더해야 한다는 육군측 주장이 대립하였다. 양자의 대립은 남방을 확보하고 이를 토대로 장기 지구전을 상정하는 육군과 단기 결전을 상정하는 해군이 전쟁 지도관의 차이를 보였던 데서 비롯된 것이며, 태평양 전쟁 개전 후에도 쉽게 불식되지 못했다.[96] 또한 외무성은 태평양 전쟁이 시작되면 연합국에 대항하는 관점에서 '민족 해방'을 전쟁 목적으로 내세울 것을 주장하였다. 태평양 전쟁 개전은 한편으로는 만주사변 이래 외무성의 조락凋落이 정점에 이르게 되었음을 뜻하지만, 다른 한편으로는 외무성이 군부가 수

---

95 이른바 교토학파 철학자들도 지역 질서로서의 문화적 내지 역사적 일체성이 아시아 세계에서는 자명한 전제로 삼을 수 없기 때문에 대동아 공영권이라는 특수적 세계의 형성 원리는 아직 '창조' 과정에 있는 것으로 보았으며, 공영권 내 제 민족에게 민족 주체성을 자각시키는 일본의 '모랄리세 에네르기(Moralische Energie)'를 일방적으로 강조하는 논리 구성을 취했다. 坂本多加雄, 『日本は自らの來歷を語りうるか』(筑摩書房, 1994), 223-225쪽.

96 波多野澄雄, 『太平洋戰爭とアジア外交』, 7-10쪽.

행하기 어려운 전쟁의 이념적 측면을 맡아 지위 회복을 꾀할 수 있는 기회이기도 했다.[97]

일본 정부 내에서 전쟁 목적의 설정을 둘러싼 이 같은 문제를 가장 예민하게 자각했던 외교 지도자는 시게미쓰 마모루重光葵였다. 시게미쓰는 제1차 세계대전 후에 고조된 중국 내셔널리즘을 중국 현지에서 체험했고 이미 1920년대부터 아시아 내셔널리즘과 탈식민지화 문제에 민감한 반응을 보인 외교관이었다.[98] 태평양 전쟁 발발 직후 주중 대사에 취임한 시게미쓰는 중·일간의 불평등 조약 관계를 해소하는 '대지對支 신정책'을 주장했고 이를 채택하는 데 정력을 쏟았다.[99] 또한 1943년(昭和18) 4월 도조 히데키東條英機 내각의 개각 때 외상에 취임하자 '대지 신정책'을 아시아 전역으로 확대시킨 '대동아 신정책'을 제창하였다. 아시아 국가들의 독립을 적극 추진하여 공영권 내 국가들의 결합을 강화하고자 했던 것이다. 같은 해 11월 대동아회의에서 채택된 대동아공동선언은 후술하듯이 시게미쓰의 외교 이념이 완전히 표명된 것은 아니지만, 시게미쓰의 외교 지도 없이는 불가능

---

97 波多野澄雄, 『太平洋戰爭とアジア外交』, 2쪽. 이 책은 대동아성 설치 등에도 불구하고 태평양 전쟁 중에 외무성의 영향력은 상상할 정도로 낮은 것은 아니었음을 상세히 해명하고 있다.

98 1920년대 시게미쓰의 궤적에 관해서는 졸고, 「『英米協調』と『日中提携』」, 『年報·近代日本研究11協調政策の限界』(山川出版社, 1989).

99 波多野澄雄, 『太平洋戰爭とアジア外交』, 83-84쪽, 94-97쪽.

했다. 대동아공동선언은 시게미쓰 자신이 대서양헌장과 대비시킨 데서 알 수 있듯이[100] 연합국의 전쟁 목적을 강하게 의식한 것이었다. 시게미쓰는 영·미의 전쟁 목적과 비슷한 전쟁 목적을 제시함으로써 영·미와 일본 간의 정책상의 거리를 줄이고 사실상de facto 전쟁 종결을 준비하고자 했다.[101]

시게미쓰 외교는 대동아 공영권에 관한 의론에 미묘하지만 무시 못할 영향을 끼쳤다. 시게미쓰는 주도국 이념을 우선하는 종래의 공영권 구상에 비판적이었다. 시게미쓰의 '대동아 신정책' 구상은 적어도 형식상으로는 대동아 국가들이 대등한 입장에서 대동아 국제 기구를 창설하는 방식을 취했다.[102] 이 구상의 배경에는 민족자결을 고유 권리로 파악하는 시게미쓰의 자결권 이해가 있었다는 지적도 있다.[103] 시게미쓰는 외상 취임 직전에 기초

---

100 重光葵,「大西洋憲章と太平洋(大東亞)憲章」, 伊藤隆ほか編, 『重光葵手記』(中央公論社, 1986), 328-330쪽.

101 入江昭, 『日米戰爭』(中央公論社, 1978), 149-151쪽; 波多野澄雄, 『太平洋戰爭とアジア外交』, 280-281쪽; 졸고,「書評·『重光葵手記』」, 『年報·近代日本研究9 戰時經濟』(山川出版社, 1987), 323-324쪽. 또한 淺野豊美,「日本帝國最後の再編: 『アジア諸民族の解放』と臺灣·朝鮮統治」(早稻田大學社會科學研究所[アジア太平洋地域部會]研究シリーズ35 『戰間期のアジア太平洋地域: 國際關係とその展開』(早稻田大學社會科學研究所, 1996)는 전중기 시게미쓰의 조선·대만 정책에 관해 몇 가지 새로운 논점을 제시하고 있다(같은 책, 256-258쪽, 283-286쪽).

102 波多野澄雄, 『太平洋戰爭とアジア外交』, 131쪽.

103 波多野澄雄,「重光葵と大東亞共同宣言: 戰時外交と戰後構想」, 『國際政治·終戰外交と戰後構想』제109호(有斐閣, 1995), 39쪽.

한 「일화日華 동맹 조약안·대동아 헌장」[104]이란 제목의 문서에서 "종래의 용어 가운데 이를테면 도의에 기초한 신질서의 건설 또는…으로 하여금 각기 자리를 얻게 한다 운운과 같은, 상대방에게 의혹을 일으키게 하는 자구字句와 감념感念은 배제하는 것을 득책으로 삼았다"[방점 원문]고 말했다. 전시외교의 최고 지도자는 더 이상 단순히 종래의 공영권론이 전제로 삼았던 유기적 일체성을 유지할 수는 없다고 판단했던 것이다.

이러한 문맥에서 종래 대동아 국제법론에서 단적으로 부정된 국가 평등 관념에 대한 재평가를 촉구하는 문제 의식이 부상하였다. 1944년(昭和19)에 연재가 시작된 다바타 시게지로田畑茂二郎의 논문 「근대 국제법에서의 국가 평등 원칙에 관하여」[105]는 이러한 시도의 정점을 이루는 혼신의 작품이었다. 이 논문은 "새로운 국제질서의 태동이 절절히 느껴진다. 또한 국제질서의 규

---

104 外務省記錄 A7·0·0·9-41-2, 「大東亞戰爭關係一件 中華民國國民政府參戰關係 日華同盟條約關係」(外務省外交史料館 所藏).

105 田畑茂二郎, 「近代國際法に於ける國家平等の原則について」(1)(2)(3), 『法學論叢』 제50권 제3호, 제4호, 제5·6호, 1944). 연재는 그로티우스를 논한 부분에서 중단되었지만, 이후 시기까지 포함한 이 주제에 관한 다바타의 견해는 후술하듯이 종전 직후에 『국가 평등 관념의 전환』이라는 책으로 출판되었다. 또한 1944년(昭和19) 8월 다바타는 이 책의 개요를 논한 것으로 보이는 『국가 평등 이론의 전환』이란 저서를 일본 외정 협회 조사국 조서(調書)로서 출판했는데, 관계자용으로 적은 부수가 인쇄 배포되었다. 이 조서에 관한 야스이 이쿠오의 소개는 安井郁, 「紹介·田畑茂二郎 『國家平等理論の轉換』」, 『國際法外交雜誌』 제43권 제12호(1944).

율 원리인 국제법도 어떤 의미에서 변용을 요구받고 있다는 생각이 든다. 과거의 유럽적인 세력을 완전히 배제하고 새로운 지도 원리를 갖고 새롭게 형성하려는 동아 공영권 내에서 이러한 느낌은 특히 깊다"[106]라는 머리글로 시작되는데, 버마·필리핀 독립과 대동아회의 개최가 절정을 이루면서 전개된 시게미쓰 외교에 촉발되어 집필된 것임이 분명하다. 논문의 서문이 전중기 일본의 특유한 아시아주의적 어투를 띠고 있었음은 부정할 수 없다. 다바타 자신도 근대 국제법의 전환을 요구하는 신질서 이념에 부응한 "동아 공영권 국제법에의 길"[107]을 천명한 연구로 위치지우고 있었다.[108]

그러나 본고의 관점에서 볼 때 중요한 것은 당시 다바타의 의론이 공영권론 내부에 있었다는 사실 자체가 아니다. 오히려 유

---

[106] 『法學論叢』 제50권 제3호, 26-27쪽.

[107] 田畑茂二郎, 「東亞共榮圈國際法への道」, 『外交評論』 제23권 제12호(1943).

[108] 1944년(昭和 19) 3월 27일 다바타 시게지로가 동아국제법위원회에서 행한 「소위 『국제법의 전환』의 의미에 관하여」라는 보고는 이러한 관점에서 근대 국제법의 전환이 대동아 국제법에서 갖는 의미에 관해 논했던 것으로 보인다(『國際法外交雜誌』 제43권 제5호, 101쪽). 전중기 국제법학회의 동향에 관해서는 竹中佳彦, 「國際法學者の"戰後構想"」, 『國際政治・終戰外交と戰後構想』, 71-74쪽; 祖川武夫・松田竹男, 「戰間期における國際法學」, 『法律時報』 제50권 제13호, 臨時增刊 『昭和期の法と法學』, 1978, 63-66쪽)이 있다. 또한 이 장의 기초가 된 졸고, 「戰後外交論の形成」이 간행된 후 발표된 것으로 松井芳郎, 「グローバル化する世界における '普遍' と '地域': 『大東亞共榮圈』論における普遍主義批判の批判的檢討」, 『國際法外交雜誌』 제102권 제4호, 2004.

의할 것은 다바타가 대표적으로 제시한 문제 설정이 공영권론 내부에서 생겨나면서도 변질 내지 해체를 초래하는 계기를 내포하였고, 이를 통해 사실상 전후 외교론의 틀이 전중기 사상계에서 준비되고 있었다는 점이다. 이제 전중기 다바타의 의론을 좇아가면서 이 과정을 좀더 살펴보고자 한다.

전중기 다바타의 연구는 우선 국제법 질서의 다원적 구성을 변증하는 데서 시작하였다.[109] 익히 알려져 있듯이 국제법 질서의 통일적 구성을 가장 체계적으로 주장한 자는 빈 학파* 국제법 학자들이었다. 이들은 인식론상의 과학적 가설로서, 혹은 초법적인 객관적 가치로서, 국제법적 근본 규범의 존재와 이에 기초한 타당성의 연관에 의거한 국제법 질서의 통일을 상정하고 있었다.[110] 이에 대해 다바타는 국가 승인의 요건에 관한 규범과 조약 준수의 원칙 pacta sunt servanda*을 분석함으로써 국제법 질서의 통일적 구성을 부정하였다. 국가의 국제법 주체성은 모

---

109 田畑茂二郎,「國際法秩序の多元的構成」(1)(2)(3),『法學論叢』제47권 제3호, 제48권 제2호·제6호, 1941-1942. 이 연구는 대동아 국제법 총서 제11권으로 간행될 예정이었다(『國際法外交雜誌』제42권 제1호, 1943, 107쪽).

110 이러한 관점에서 국제법 질서의 통일적 구성을 논한 당시 일본의 대표적 연구로는 大澤章,『國際法秩序論』(岩波書店, 1931).

* 빈 학파: 1920~30년대 오스트리아 빈대학을 중심으로 생겨난 법학파. 신오스트리아학파. 켈젠을 대표로 한 순수법학에 현상학을 결합시킨 학파. 존재와 당위를 엄격히 구분하고, 법을 순수한 규범 세계에서만 파악하였으며, 법학의 대상을 실정법에 국한시켰다.

든 국가에 보편적으로 타당한 일반 국제법에 의해 주어진 것이 아니라 국가간에 이루어진 상호적인 원초적 합의나 기본적 계약에 의해 부여된 것이다. 그것은 국내법에서처럼 일반적으로 통하는 통일적인 법 주체성은 아니다. 이러한 의미에서 일반적인 규정으로 구성원 자격을 규정하고 타자를 배제하는 닫힌 국내법 질서와 달리, 국제법 질서는 모든 국가들이 국가 형태로 존재하는 한 국제법 관계를 형성할 수 있는, 바깥에 대해 자유롭게 열린, 통일적이며 한계를 모르는 질서인 것이다.[111] 또한 조약 준수의 원칙도 조약의 타당성을 현실적으로 제약하는 각자의 객관적 가치가 갖는 특수성을 사상捨象하고 조약 준수라는 공통면을 추상抽象한 것에 불과한 것이지, 그 자체가 실재적인 것이 아니며 국제법 관계의 성립을 현실적으로 제약할 수 있는 것도 아니다. 설령 조약은 조약이기 때문에 준수해야 한다는 의식이 근대 국제법에서 공통적으로 인정된다 해도, 이는 단지 근대 국제법의 형식적인 일반적 성격을 나타내는 것이지 근대 국제법 자체가 공통 가치에 기초한 하나의 질서로서 통일성을 갖는다는 의미는 전혀 아니다.[112]

---

[111] 『法學論叢』 제48권 제2호, 35-49쪽.
[112] 『法學論叢』 제48권 제6호, 64-72쪽.
* pacta sunt servanda: '약속은 지켜져야 한다'라는 뜻의 라틴어. 조약은 당사국을 구속하며, 당사국은 이러한 조약을 성실하게 이행해야 한다는 원칙.

이리하여 국제법 질서의 통일적 구성은 법의 현실적 기반을 무시한 추상론이라 해서 배척되고 국제법 질서의 다원적 구성이 채택된다. 이것이 갖는 동시대적 함의가 광역질서에 대한 변증임은 말할 나위 없다. 1943년(昭和18) 7월에 발표한 논문 「나치 국제법학의 전회와 그 문제적 의의」에서 다바타는 당시 다원적 구성을 택했던 대표적 논자였던 발츠Gustav Adolf Walz**113*** 가 제시한 목적 계약Zweckvertrag과 공동체 계약Gemeinschaftsvertrag의 구별에 의존하면서 조약은 설사 성립 형식이 동일해도 각 국가의 관계 여하에 따라 질적으로 다를 수 있음을 지적하였다. 그리고 개별 민족이라는 한정을 초월하여 진정 국가의 국제법적 결합을 가능하게 하는 객관적 계기를 개재시키는 광역질서의 의의에 대해 이렇고 말하고 있다. "〔인종·민족의 동류성이라는―인용자〕 단순한 자연적 소여를 넘어 보다 구체적으로 역사적·정치적인 의미 통일체로서 광역 개념이 의식되었다는 것, 그러한 의미 통일체

---

113 발츠에 관해서는 安井郁,「國際法と國內法との關係の再檢討」,『國家學會雜誌』 제48권 제8호·제9호·제10호(1934), 제49권 제12호(1935).「制限的國際法優位の多元的構成: ヴァルツの學說の硏究」로 제목을 바꿔 安井郁,『國際法學と辨證法』, 190-263쪽에 재수록됨.

* 발츠(Gustav Adolf Walz, 1897-1948): 원래 슈투트가르트 판사. 1927년 마르부르크 대학에서 학위(Habilitation) 취득. 피히테와 헤겔에 경도되었고 빈 학파와 분석적 해석에 비판적이었다. 나치에 관여하였고, 나치의 대외 정책을 국제법적으로 변호한 주저 『국제법 질서와 국가 사회주의(*Völkerrechtsordnung und Nationalsozialismus*)』를 남겼다.

에 의해 규정된 것으로서 제 민족의 결부를 생각했다는 것, 여기서 우리는 광역 국제법론에 의해 국제법 질서의 다원성을 정당하게 기초지우는 하나의 중요한 발걸음을 내딛었다는 것을 인정할 수 있지 않을까 생각한다."[114]

여기까지의 의론은 종래 대동아 국제법론에서 공유된 인식과 대체로 동일하다. 그러나 다바타의 광역질서 이해와 당시의 통설적 이해 사이에는 미묘한 차이가 있다. 광역질서 개념은 주도국, 광역, 권외 국가의 불간섭이라는 세 요소로 구성되는데, 앞에서도 말했듯이 통설에서는 광역 개념은 주도국 개념에 종속하는 것으로 이해하였다.[115] 이와 달리 다바타는 "광역이야말로 광역질서를 성립시키는 가장 기본적인 요소"로 보았다. 주도국의 지도는 전제 없이 행해지는 것이 아니라 "광역 내의 제 민족의 결합을 전제로 하고, 그 결합의 이념을 진정 자각적으로 체현하는 것"으로서 성립하며, 또한 권외 국가들의 불간섭도 그러한 "광역 내의 특수한 결합" 때문에 명분을 얻기 때문이다.[116] 즉 자연적 소여를 넘어선 의미 통일체인 광역 개념은 민족 상호의 규범 의식의 일치를 가져오는 객관적 가치를 정초定礎하는 것이며, 주도국도 이 이념의 구속을 받는 것이다.

---

[114] 『外交時報』 제107권 제1호, 17쪽.
[115] 安井郁, 『歐州廣域國際法の基礎理念』, 77쪽.
[116] 『外交時報』 제107권 제1호, 16쪽.

양자의 차이는 얼핏 사소하게 보일 수 있지만 동시대적 문맥을 고려하면 보다 선명해진다. 광역질서 개념을 둘러싼 이해가 서로 다른 배경에는 시게미쓰 외교나 대동아공동선언에 관한 평가를 둘러싼 대립이 있다. 1943년(昭和18) 8월 시게미쓰의 지시로 외무성에 설치된 전쟁목적연구회는 대동아공동선언의 입안을 시작했는데, 입안 당시 최대 문제는 종래 공영권론이 자명한 전제로 삼았던 주도국 개념과, 탈식민지화 쟁점이 부상하면서 문제가 된 권내 국가들의 독립 존중 및 평등·호혜 이념 사이에 나타나는 모순이었다. 전쟁목적연구회는 권내 국가들간의 "협력"이나 "공동"이라는, 일본이 지도할 여지를 함축한 용어를 사용함으로써 이러한 모순을 호도하려 했지만, 시게미쓰는 이에 비판적이었고 선언의 주요 부분에서 이러한 용어들을 쓰지 말도록 지시했다. 대동아공동선언은 일본의 전후 경영의 기본 원칙을 제시한 것으로서 당면한 전쟁을 수행하는 데 도움을 주기보다는 대서양 헌장보다 나은 "객관적으로 공정하고 타당한 원칙"을 제시할 필요가 있다고 시게미쓰는 생각했던 것이다. 이렇게 해서 작성된 외무성안案에 대해 대동아성과 해군은 부정적이었다. 대동아성과 해군은 평등 호혜 원칙은 전쟁을 수행하는 데 방해가 된다고 하면서 오히려 주도국 개념을 고집하였다. 이리하여 실제 채택된 대동아공동선언에서는 외무성 안에 의거한 본문과, 대동아성과 해군의 의향을 반영하여 영미 침략주의를 비판

하고 일본의 도의에 기초한 신질서 건설을 구가하는 전문前文이 병존하는 형태가 되었다.[117]

이렇게 볼 때 공영권 내 국가 평등을 재평가해야 한다고 촉구한 다바타의 의론이 권내 각국의 독립 존중과 호혜 평등을 주장한 시게미쓰 외교를 위한 원호 사격이었음은 분명해진다. 다바타는 광역 개념을 포기하지 않았지만 광역 개념이 민족들의 규범 의식을 서로 합치시키는 객관적 가치를 정초하는 것으로서 주도국 개념 위에 있고 주도국을 구속한다고 보았다. 이것은 보편적 이념을 구가하는 지역 기구를 창설하고 지역 헌장을 채택함으로써 주도국 개념을 억제하고자 한 시게미쓰 외교에 대한 법적 대응물이었다. 또한 전중기의 다바타는 전술한 신칸트파 비판을 받아들여 국가는 국가이기 때문에 평등하다는 형식적 국가 평등 관념을 그것이 추상적이라는 근거를 들어 배척하였다. 형식적 평등과 구별되는 실질적인 국가 평등이 공영권 안에서 진정 실현될 수 있다는 의론[118]도 전중기 일본의 특징인 게마인샤프트적 사유의 울림을 아직 남기고 있다. 하지만 국가의 자연적 자유가 방임된 결과 생기는 대국 지배에서 형식적 국가 평등 관념에 대한 비판의 근거를 찾으면서 국제질서 구성원 모두 신

---

117 波多野澄雄,『太平洋戰爭とアジア外交』, 161-173쪽.
118 田畑茂二郎,「東亞共榮圈國際法への道」, 22-23쪽; 安井郁,「紹介・田畑茂二郎『國家平等理論の轉換』」, 50쪽.

질서의 이념적 제약에 복종해야 한다는 주장**119**을 들을 때, 사소하나마 다바타가 대국의 지배 장치로서의 지역주의 질서에 비판적이었음을 읽어낼 수 있지 않을까. 이 생각은 종전이 가까워지면서 갈수록 다바타의 가슴 속에서 강해졌던 것이 아닐까. 대동아성과 해군의 브레인이었던 야베 데이지의 다음과 같은 의론과 비교해 보면 그 차이는 저절로 분명해질 것이다.

"대동아 구성 및 운영의 기본 원리로 첫째, 모두 대동아 전쟁

---

119 田畑茂二郎,「東亞共榮圈國際法への道」, 21쪽. 이 관점은 전후에 출판된 『국가 평등 관념의 전환』에서 더 강하게 주장되고 있다. 또한 전중기 다바타의 의론이 광역 국제법론 내부에 있었고 따라서 전중기의 다바타가 주도국 개념과 광역 개념 자체를 버렸던 것은 아니다. 주(105)에서 언급한 1944년(昭和19)에 간행된 조서 『국가 평등 이론의 전환』에서 다바타는 국가가 국가이므로 평등하다는 절대적 평등 관념을 국제 사회 조직화의 추세에 반하는 것이라 배척하였다. 그리고 "공영권 국가들에게 자발적 행동을 허용한다는 의미에서, 각자가 국제 합의의 당사자일 능력을 갖는 것은 물론 인정해야 하지만, 그러나 그러한 능력을 갖는 것이 모든 국가가 공영권 전체에 관한 법의 형성에 언제나 동일한 자격으로 참가하는 것을 의미하지는 않는다… 예를 들면 공영권 방위에 관한 법이 형성되는 경우, 군사능력이 있는 국가도, 없는 국가도, 모두 동일한 자격으로 발언한다는 것이 진정 공영권의 방위를 확보하는 까닭은 아닐 것이다" (같은 글, 61-62쪽)고 말하고 있다. 아마도 다바타의 입장은 이를테면 '대동아 평화 기구' 같은 국제 기구가 성립했을 경우, 신흥 독립 국가들은 형식적으로는 대등한 참가 자격을 갖지만(예컨대, 일만지 3국과 버마·필리핀 간에는 이 점에서는 차이를 두지 않지만), 대동아 경찰이나 대동아군(軍) 같은 기구가 설치되었을 경우, 그 구성과 지휘권에 관해서는 주도국인 일본이 중심이 되는 이론 구성을 생각하고 있었을 것이다. 하지만 이 경우에도 광역 개념을 주도국 개념 위에 놓는 구성을 취하는 이상, 다바타는 주도국의 역할은 주도국의 단순한 '자존자위'에 맡겨지는 것이 아니라 광역권의 이념을 정초한 대동아 헌장의 목적에 따라야 하지 결코 자의적으로 설정되어서는 안 된다는 이해를 보였다고 할 수 있다. 이 점이 다바타와 야베가 다른 점이다.

완수를 목표로 삼아야 한다는 것을 들지 않으면 안 된다. 관념적으로 말하면, 예컨대 모든 나라 민족들이 자주 독립의 기초 위에 평화와 복지와 발전을 최대한 향수할 수 있는 상태에 도달하는 것이 이상이라는 식으로 말할 수도 있다. 하지만 이러한 궁극의 이상을 표현할지 여부를 불문하고 최우선 선결 문제는 모든 나라 민족들이 미국·영국·네덜란드의 식민지 내지 반식민지 상태에서 해방되는 것이다. 이를 위해서는 대동아 전쟁에서 싸워 이기는 것이 불가결하다. 즉 대동아 전쟁의 주동적 수행자인 일본의 전력 증강에 모든 일을 집결시키는 것이 절대로 필요하다… 이리하여 대동아 전쟁 완수가 만사의 전제이고 대동아 국가들 민족들의 해방이 일본의 승리와 불가분하다는 것을 인식한다면, 모든 일의 일차적인 의의는 당연히 일본의 전력을 증강시키고 일본의 전쟁 수행에 전력을 바치는 데 있게 될 것이며, 이를테면 정치적 독립이나 주권 존중 등을 공식적으로 절대화하고 고집하는 일은 허용되지 않을 것이다."[120]

다바타와 야베의 차이는 태평양 전쟁 말기 일본의 지역주의 국제정치론에 생겨난 균열의 깊이를 말해 준다. 근대 비판과 게마인샤프트적 구성을 즉자적으로 중첩시킨 대동아 공영권론은 이제 탈식민지화 쟁점의 부상으로 아시아 내셔널리즘을 재평가

---

[120] 矢部貞治, 『新秩序の研究』, 260-261쪽.

하면서 분해되기 시작한 것이다. 여기부터 이미 종래 공영권론에서 부정된 민족자결 원리를 재평가하는 데까지 거리는 그리 멀지 않다. 자연권적 사유의 복권도 머지않아 일정에 오르게 될 것이다. 다바타의 이러한 족적은 동 세대의 많은 지식인들에게 공통된 것이었다. 많은 이들이 다이쇼 데모크라시 붕괴기에 신칸트파 비판을 일단 수용했고, 이 때문에 전중기 시국과 빈번히 미묘한 교섭을 하면서도 아래로부터의 내셔널리즘론을 매개로 거기에서 '전후적 세계'로 빠져나오고자 했다. 이것이 1944년(昭和19)부터 1945년(昭和20)까지 일본의 사상 상황이었다. 이러한 의미에서 전중기는 전후 시민사회론의 원축기原蓄期이기도 했다.

마루야마 마사오가 1944년 7월 징집으로 출발하는 날 아침까지 "유서"처럼 써내려갔다는[121] 「국민주의의 전기前期적 형성」이란 논문은 이러한 동시대적 각인을 깊이 남긴 작품이다. 이 논문은 에도 막부 말기 대외 위기로 인해 협의의 국방론인 해방海防론이 광의의 국방론인 부국 강병론으로 이행하고, 제후諸侯적 존양론에서 서생書生적 존양론으로 국민주의의 담당자가 아래로 이행해가는 과정을 묘사한 것이며,[122] 총동원 체제하에서 위로부터의 내셔널리즘에서 아래로부터의 내셔널리즘으로 이행하면

---

[121] 丸山眞男,「『日本政治思想史研究』英語版への著作序文」,『丸山眞男集』12권, 96쪽.

서 전중기의 게마인샤프트적 원리가 해체되고 자연권적 사유가 복권을 준비하는 과정에 위치하는 것이었다. 전중기 "가시밭길"을 거쳐 눈앞에 열린 세계가 바로 이러한 세계였다. 전후 외교론도 이러한 지적 전제 위에서 이윽고 활짝 꽃을 피웠다.

●

3. '전후'의 문맥 : 주권 개념의 안쪽에서

●

일본의 지식인들이 종전을 맞아 먼저 씨름했던 것은 전후 헌법 체제를 설계하는 문제였다. 몇몇 선행 연구들이 이미 지적했듯이[123] 이에 관한 논의는 전중기 정치·경제론의 연장이라는 측면이 있었다. 예를 들면, 와쓰지 데쓰로和辻哲郎*, 아베 요시시게安倍能成* 등이 주장한 문화 국가론은 전중기의 국민 협동체론을 계승하면서 전후의 상징 천황제를 정당화하려는 것이었다. 당시

---

122 丸山眞男, 『丸山眞男集』 제2권(岩波書店, 1996), 224-268쪽. 협의 국방론이라는 비유는 『丸山眞男集』 제2권, 249쪽에 볼 수 있다.

123 米谷匡史, 「象徵天皇制の思想史的考察」, 『情況』, 1990년 12월호; 三谷太一郎, 「戰後日本における野黨イデオロギーとしての自由主義」, 犬童一男·山口定·馬場康雄·高橋進編, 『戰後デモクラシーの成立』(岩波書店, 1988).

* 와쓰지 데쓰로(和辻哲郎, 1889-1960): 『고찰 순례』 『풍토』 등의 저작으로 유명한 일본의 윤리학자·문화사가·일본 사상사가. 일본적 자연관에 기초한 사상과 서양 철학과의 융합 혹은 지양을 추구한 철학자로 평가되고 있다.

좌익 지식인들은 전시 통제 경제의 경험이 전후 경제 재건의 초석이 된다는 판단을 널리 공유했다. 가타야마 데쓰片山哲* 내각의 경사傾斜 생산 방식을 비롯한 경제 재건 계획은 이러한 판단의 연장선상에 있었음은 말할 나위 없다. 이러한 의미에서 종전 직후의 지적 상황은 전중기 국민 협동체론에서 긴장을 배태하면서 공존했던 두 입장이 전후 사회 변동 속에서 점차 보수 자유주의와 사회주의로 분화·대립하기 시작한 상태였다고 할 수 있다. 제헌 당시의 쟁점은 천황제 문제와 사회 경제 문제로 집약되는데, 당시 지식인들의 관심이 충실히 반영된 것이기도 했다.

그러면 제헌 당시 어떠한 국제정치론이 전개되고 있었을까. 당시 논단에서는 점령 상황 때문인지 국제정치나 평화주의를 정면으로 다룬 논설이 의외로 적었다. 예외적 존재가 요코타 기사부로橫田喜三郎였다. 요코타는 신헌법의 전쟁 포기 규정을 제1차 세계대전 후 전쟁을 불법화하는 흐름을 잇는 것으로 보았고, 이전부터 주장했던 집단 안전 보장론의 틀에서 이를 정당화하였

---

* 아베 요시시게(安倍能成, 1883-1966): 철학자·교육자·정치가. 도쿄제국대학 재학 중 나쓰메 소세키(夏目漱石), 하타노 세이이치(波多野精一), 다카하마 교시(高浜虛子)의 영향을 받았다. 일관된 자유주의자로서 전전 군국주의뿐 아니라 전후 사회주의에 대해서도 비판적 태도를 보였다.

* 가타야마 데쓰(片山哲, 1887-1978): 정치가·변호사. 일본 사회당 위원장, 수상을 역임. 기독교적인 인권 사상과 사회민주주의의 융합(기독교 사회주의)을 실천한 정치가였다.

다. 신헌법의 평화주의는 일단 요코타가 말하는 "국제법의 혁명"으로 변증되었던 것이다.[124] 만주사변 이후 일본의 대외 정책을 비판한 탓에 전중기에 절대 소수자의 지위에 머무를 수밖에 없었던 요코타는 종전을 계기로 복권할 수 있었다. 세계 주권의 확립을 평화와 질서의 근본 기초로 보는 관점이 지나치게 법률적 세계관에 입각해 있어 더 근본적인 정치적·경제적 토대를 등한시했다는 비판에 대해, 요코타는 전쟁 원인이 될 수 있는 정치적 불공정과 경제적 불평등을 없애고 조절하기 위해서라도 세계 주권을 단지 법률상의 권능이 아니라 실제 모든 국가를 명령하고 강제하는 실력으로서 확립해야 한다고 말하고 있다.[125] 요코타가 원용한 국제정치론은 에머리 리브스Emery Reves*의 『평화의 해부』와 같은 이상주의 세계정부론이었다.[126] 종전 직후 일본에서는 이러한 이상주의 국제정치론이 정통적 지위를 차지하는

---

124 橫田喜三郎, 「國際民主生活の原理」, 『世界』, 1946년 1월호, 橫田喜三郎, 『戰爭の放棄』(國立書院, 1947), 114쪽, 167-168쪽. 종전 직후 요코타의 평화론에 관해서는 竹中佳彦, 『日本政治史の中の知識人』 下卷(木鐸社, 1995), 501-526쪽.

125 橫田喜三郎, 『世界國家の問題』(同文社, 1948), 20-24쪽.

126 橫田喜三郎, 『世界國家の問題』, 13쪽. 에머리 리브스에 관해서는 Wesley T. Wooley, *Alternatives to Anarchy: American Supranationalism Since World War II* (Indiana: Indiana University Press, 1988), pp.15-18.

* 에머리 리브스(Emery Reves, 1904-1981): 평화 운동가. 주저 『평화의 해부(*The Anatomy of Peace*)』(1945)에서 전쟁의 발생과 종결 메커니즘을 역사 법칙의 관점에서 고찰하였고, 전쟁 방지를 위한 세계 연방의 필요성을 제창하였다.

것으로 여겨졌다.

그런데 요코타의 국제정치론은 종전 직후에 직접 표명되지는 않았지만 동시대 지식인들에게 적지 않은 위화감을 주었던 것 같다. 실제 국제정치론에서 전전과 전후를 매개한 것은 요코타와는 다른 계보를 잇는 언설이었다. 종전 직후에 요코타의 규범주의 국제법학에 비판적 입장을 취했던 다바타 시게지로田畑茂二郎의 주장을 보면 분명해진다. 1946년(昭和21)에 출판된 다바타의 『국가 평등 관념의 전환』[127]은 전중기의 울적한 시대 상황에서 집필된 국제법학사의 고전적 명저이며, 전후 일본의 지식인들이 품었던 국제사회 이미지의 원형을 생각할 때도 시사하는 바가 큰 작품이다. 후기에서 "8월 15일 전쟁 종결의 대조大詔가 내려진 것은 마침 이 책의 초교가 대략 마무리된 때였다. 연합군의 본토 진주라는 어수선한 사태를 앞두고 과연 이 책을 내는 일이 가능할지 또한 적절할지 망설이지 않을 수 없었지만, 이 책에서 논한 것이 객관적 상황의 추이 여하에 따라 곧바로 개변될 성질의 것은 아니기에 출판사가 권유한 대로 약간 자구를 정정한 뒤 인쇄를 서두르기로 했다"[128]고 말하고 있듯이, 이 책은 태평

---

[127] 田畑茂二郎, 『國家平等觀念の轉換』(秋田屋, 1946).
[128] 田畑茂二郎, 『國家平等觀念の轉換』, 331쪽. 이 책의 성립 사정에 관한 다바타 자신의 회상은 田畑茂二郎, 『國際社會の新しい流れの中で: 國際法學徒の軌跡』, 57-63쪽.

양 전쟁에 관한 시사적 논평을 삭제한 것을 빼고는 기본적으로 전중기의 논의를 계승한 것이었다. 다바타는 어떠한 논리로써 전전과 전후의 국제질서론을 매개했던 것일까.

다바타는 근대 국제법에서 국가 평등 관념이 형성되는 과정을 추적하면서 우선 그로티우스가 근대 국제법 원칙들을 정립했다는 통념에 의문을 나타냈다. 그로티우스의 보편주의는 인간의 사회적 지향성을 태어나면서 얻은 것으로 선험적으로 받아들인 아리스토텔레스＝스콜라적 인간관에 기초하며, 그의 자연법론은 인간·신의 합목적적 판단을 넘어 그 자체에 있어 객관적으로 타당한 초월적 규범이며 중세적 잔재를 멈추게 한 것에 지나지 않는다는 것이다.[129] 이처럼 다바타가 형성한 '전근대적' 그로티우스 상像에는 제1차 세계대전 후 보편주의 국제법학에 나타난 그로티우스 부흥에 대한 비판이 내포되어 있었다는 사실에 우선 주의할 필요가 있다.

다바타는 근대 국제법 개념을 만들어낸 자로서 그로티우스보다 푸펜도르프*를 중시했다. 자연 상태에서의 인간 평등 관념을 국제사회에 유추 적용한 국가 평등 관념은 푸펜도르프에 이르러

---

[129] 田畑茂二郎, 『國家平等觀念の轉換』, 53-61쪽.

* 푸펜도르프(Samuel Pufendorf, 1632-1694): 근대 자연법학을 개척한 독일 법학자. 주저 『자연법과 국제법』(1672). 자연 상태인 국제사회에서 국제법을 자연법으로 보았고, 도덕과 구별되는 합리적 자연법을 제창하였다.

비로소 성립하였다. 푸펜도르프도 홉스와 마찬가지로 중세 보편사회가 해체된 것을 전제로 국가의 의인화擬人化에 의한 국제사회의 원자론적 구성을 상정하였다.[130] 그렇지만 푸펜도르프가 상정하는 자연 상태는 홉스처럼 자기 보존 충동에 빠진 개인들이 서로 벌이는 전투 상태가 아니다. 푸펜도르프의 경우 인간의 자연적 평등에 대한 승인은 누구도 타자를 해치지 않는다는 규범적 내용을 포함하며 홉스적인 힘의 평등관에 기초한 것은 아니었다.[131]

푸펜도르프의 국가 평등관은 인간의 자연적 자유 승인과 자연법상의 의무라는 양자를 포함하는 것이지만, 이 양자가 꼭 일치하지는 않는다. 실제 근대 국제법의 역사는 개인의 이성을 믿는 계몽기 낙관주의에 의해 통일되어 있었던 이러한 조화가 무너지고, 국제법이 실정법화하면서 국가 평등 관념이 국가의 자유·독립만을 뜻하는 형식적 국가 평등 관념으로 수렴되는 과정이었다.[132] 다바타는 그 원인의 하나를 계몽기 자연법론이 비역사적·비사회적인, 말하자면 '국가 일반'이라는 추상적 국제사회를 설정했기 때문에 현실 국제사회의 동태를 파악하는 틀을 제공하지 못했다는 점에서 찾았다.[133] 여기에는 전전부터 규범의 사회성·

---

[130] 田畑茂二郎, 『國家平等觀念の轉換』, 123-126쪽, 139-140쪽.
[131] 田畑茂二郎, 『國家平等觀念の轉換』, 131-136쪽, 151-157쪽.
[132] 田畑茂二郎, 『國家平等觀念の轉換』, 189-204쪽.

역사성을 중시한 다바타의 사고 방식이 잘 드러나 있다.

하지만 다바타는 자연권에 기초한 국가 평등 관념을 전적으로 배척하지는 않았다. 오히려 반대로 전후 다바타의 의론은 이러한 푸펜도르프론의 연장선상에 자연권적 사유를 복권시키는 점에 특색이 있었다. 다바타는 『국가 평등 관념의 전환』을 출판한 뒤 연구 범위를 더 넓혔다. 그는 제1차 세계대전 후 보편주의 국제법학에 의거하여 개별 주권의 절대성을 주창해서 원자론적 국제법의 개조開祖로 비판받은[134] 바텔Emmerich de Vattel*을 재평가해야 한다고 주장하였다. 바텔을 개별 국가에 대한 상위 규범을 일절 인정치 않는 절대 주권설의 대표로 보는 것은 헤겔 이후의 독일 국법학 이미지를 바텔에 투영한 것에 불과하다는 말이었다. 바텔의 경우 주권 개념은 진보적 의미를 지녔다. 바텔은 인민 주권에 기초한 국민국가 형성을 방해하는 절대주의 국가의 간섭을 배제하기 위해 특히 대외적 독립을 주장했던 것이지 단지 주권 개념을 자기 목적으로서 주장하지는 않았다. 바텔은 타국의 완전한 권리를 해치지 않는 한에서 주권 행사를 인정하며 그것의 남용은 경계한다. 주권 담당자의 성격에 따라 주권 개념

---

133 田畑茂二郞, 『國家平等觀念の轉換』, 305쪽.

134 田畑茂二郞, 『國家主權と國際法』(日本評論社, 1950), 26-27쪽.

* 바텔(Emmerich de Vattel, 1714-1767): 스위스의 철학자·외교관·법학자. 라이프니츠와 그로티우스의 영향을 받았고, 국제관계에 자연법 이론을 적용한 『국제법(Le Droit des gens)』을 저술하였다.

은 대국의 지배에 대한 대항 개념으로서 오늘날에도 진보적 역할을 할 수 있는 것이다.[135]

다바타의 의론은 대단히 금욕적인 학문 정신으로 일관되어 있고, 이 때문에 전후 지식인의 국제정치론을 사유 양식의 측면에서 포착할 때 아주 흥미로운 관점을 제공한다. 첫째, 여기에는 국제사회의 현실을 무시하는 추상적 규범의 설정을 비판하는 시각이 뒷받침하는, 보편주의 국제정치론에 대한 강한 회의가 있다. 이러한 회의는 주권 개념을 비판한 보편주의에 대한 반론으로서, 주권 개념의 유효성을 재평가하는 언설로서 표출되었다. 이러한 한에서 이 의론은 전간기의 보편주의 비판을 계승하며, 현실주의 국제정치론과 중복되는 내용과 지적 계보를 가졌다고 말할 수 있다.[136]

하지만 둘째, 주권 개념의 복권은 주권 담당자론을 매개항으로 하여 시민사회론적 관심에 접합되어 있다. 물론 바텔을 복권시킨다 하더라도 무차별 전쟁 개념의 정초자로서 위치지울지, 인민 주권론에 기초한 국제법론자로 위치지울지에 따라 큰 차이가 있다. 앞에서 말했듯이 『국가 평등 관념의 전환』에서 다바타의 푸펜도르프론은 인간의 자연적 평등을 국제사회에 유추 적용

---

135 田畑茂二郎, 「國家主權の現代的意義」, 『思想』 제312호(1950년 6월호); 田畑茂二郎, 『國家主權と國際法』, 24-33쪽.

136 田畑茂二郎, 『國家主權と國際法』, 71-74쪽에 나오는 모겐소에 관한 언급을 참조.

한 푸펜도르프의 획기성을 지적하면서도 계몽기 자연법의 추상성과 낙관주의를 강하게 비판하는 구성으로 되어 있었다. 바텔론에서도 이러한 관점이 완전히 불식되지는 않았지만,**137** 계몽기 자연법과 시민사회론의 내적 연관을 지적하는 쪽으로 역점이 바뀌었고, 바텔이 "계몽기 자연법 사상에서 큰 영향을 받아 인간의 자연적 자유 관념을 전제하고 그 아날로지로서 국가의 자유와 독립을 말하는"[방점 원문] 것을 긍정적으로 논했다.**138** 다바타는 "국가의 독립 요구는 국내 구조와 전혀 무관하게 제시되는 것이 아니라 민중의 정치 의식 성장과 정비례한다는 것, 근대적 국제사회가 성립한 이후 국가의 정치적 독립이 가장 강하게 주장된 시기는 시민 계급의 정치적 성장, 즉 인민 주권 사상의 전개에 수반하여 국민국가가 성립하고 있던 시기였다"**139**는 결론을 내렸다. 여기서 전후에 민주화에 대한 관심이 국제정치론에서 주권 개념의 복권을 수반하였음이 분명해질 것이다.

셋째, 대국의 지배에 대한 대항 개념으로서의 주권 개념은 탈식민지화를 주장하는 아시아·아프리카 국가들과의 연대에 친화적인 개념 장치였다. 이미 말했듯이 공영권이란 이름 하에 원자론적 국제정치론이 비판을 받는 전중기에 국가 평등 개념을 재

---

137 田畑茂二郎,「國家の獨立」,『思想』제330호(1951년 12월호), 7쪽.
138 田畑茂二郎,「國家主權の現代的意義」, 4-7쪽; 田畑茂二郎,「國家の獨立」, 4-5쪽.
139 田畑茂二郎,「國家の獨立」, 6쪽.

평가하도록 촉구한 문제 설정 자체는 설사 맹아적인 것이었다 해도 대국의 지배 장치로서의 지역주의에 대한 비판을 내포하고 있었다. 전후에 다바타는 카의 『평화의 조건』을 언급하면서 카의 민족자결주의 비판에 대한 재비판을 시도하는 일이 많았는데,[140] 명시적으로 말하진 않았지만, 전중기 일본에서 카가 읽혔던 방식을 염두에 두었다고 볼 수 있다. 탈식민지화 쟁점에 대한 카의 둔감한 반응을 비판하는 의론은 전중기에도 있었지만,[141] 전후에는 아시아·아프리카 국가들의 민족자결주의가 부상하면서 바야흐로 소국의 자립성을 재평가하도록 요구받았다. 이러한 의미에서 이 개념 장치에는 마르크스주의적 관심에 기초한 제국

---

[140] 田畑茂二郎,「國家の獨立」, 7-10쪽; 田畑茂二郎,「國際社會における國家主權」,『思想』제364호(1954년 10월호), 31쪽.

[141] 카는 제1차 세계대전 후의 민족자결주의가 유럽에만 적용되고 아시아·아프리카 국가들은 적용 대상이 아니었다는 비난에 맞서기 어렵다고 인정하면서도, 인도 같은 자치능력을 결여한 개도국을 본국과의 군사·경제적 유대로부터 떼어놓는 것은 사실상 반동적 시책이라 주장하고 있다(Carr, *Conditions of Peace*, p.68). 이에 대해 야베 데이지는 "그는 어쨌든 영제국이 갖가지 변모를 받아도 아직 존속한다고 생각했고, 유럽 국가들의 해외 식민지도 역시 존속하여 신유럽 건설 계획에 포섭되어야 한다고 말하고 있기 때문에… 그가 말하는 세계적 일대 변혁이라는 것은 유럽 이외에는 미치지 않는 것인가라는 생각이 든다. 이러한 점에서 그의 인식은 여전히 구질서에 속하고, '유럽'의 신질서이긴 해도 '세계'의 신질서일 수 없으며, 광역권 사상도 이러한 점에서 파행적이라 말하지 않을 수 없다"고 비판하였다(矢部貞治,『新秩序の硏究』, 170쪽). 다만 야베의 의론은 전체적으로 보면 광역권 사상을 변증하는 데 카의 민족 자결주의 비판을 이용했으며, 위에서 말한 의론은 다분히 대항 프로파간다적 성격이 있었다고 할 수 있다.

주의 비판과도 접합되는 점이 있었음을 잊어서는 안 될 것이다. 주권 개념에 원래 있었던 항의적 성격이 현 단계에서 갖는 의의를 논한 대목에서 소비에트 국제법학의 대가였던 코로빈E.A. Korovin*의 의론을 원용하고 있다는 사실¹⁴²이 이 점을 여실히 말해 준다. 전간기의 소비에트 국제법학에서 제창된 과도기 국제법론은 당시 서구 국제법 학계의 대세에 반하여 주권 개념의 재흥을 꾀하는 것이었다.¹⁴³

요코타 기사부로가 종전 직후의 논단에서 평화론을 독점하던 때에 많은 지식인들의 마음속에 생겨난 것은 이러한 국제정치론이었다. 냉전이 본격화되면서 이러한 잠재적인 대립 관계가 표출되었다. 요코타는 일찍부터 미·소 대립하에서는 중국·소련과 양호한 관계를 확립하는 것은 불가능하다는 입장을 분명히 밝히면서 전면 강화론을 비판하였다.¹⁴⁴ 또한 한국전쟁이 발발

---

142 田畑茂二郎,「國家主權の現代的意義」, 9쪽. 다만 다바타가 소비에트 국제법학이 주권론을 다루는 방식에 무비판적이지는 않았다. 이 점에 관해서는 田畑茂二郎, 『國際社會の新しい流れの中で』, 69-71쪽.

143 이 점에 관해서는 주(36)에서 언급한「マルクス主義國際法學の序論: コローヴィンの『過渡期國際法論』の檢討」및「ソヴィエト國際法理論の展開: パシュカーニスの『ソヴィエト國際法概論』の檢討」.

144 橫田喜三郎, 『日本の講和問題』(勁草書房, 1950), 37-69쪽.

＊ 코로빈(Evgeny Alexandrovich Korovin, 1892-1964): 소련 국제법 학자. 전환기의 국제법이 세계 혁명을 통해 국가간의 법에서 소비에트 간의 법으로 전환하며, 소비에트 간의 법이 전세계의 법이 될 것이라고 주장하였다.

하자, 이전부터 주장했던 집단 안전 보장론에 의거해서 국제연합의 북한 제재를 확고하게 지지하였고, 전면 강화론의 중립주의를 신랄히 비판하였다.**145** 요코타가 무조건 시국에 따랐던 것은 결코 아니다. 요코타는 강화 후의 일본 재군비에 아주 비판적이었다. 요코타는 강화 후 일본의 안전 보장을 검토하는 요시다 시게루吉田茂 수상의 사적 자문 기관의 일원이었다. 자문 기관 모임에서 요코타는 "일본이 군대를 보유할 것이라고 의심하는 국가들이 있다. 군대를 갖는다면 이것을 강하게 만들고자 하는 군국주의가 재현될 것이다. 일본은 군대 없이 가야만 한다"고 말하면서 "지금 재군비 찬성자에게는 그런 분자들이 많다"고 단언했고, 그의 의견은 다른 참가자들의 반발을 샀다.**146** 또한 윌슨주의의 영향을 받은 세계정부론자들은 냉전이 본격화되면서 반공 십자군으로 변해 갔는데, 이는 당시 요코타뿐 아니라 영·미권의 평화론자들에게 일반적인 현상이었다.**147** 요코타의 태도는 그 자신의 논리에 따르면 전전·전중·전후를 통해 일관성을 갖는 것이었다.

---

145 橫田喜三郎, 『朝鮮問題と日本の將來』(勁草書房, 1950). 강화 논쟁 전후의 요코타에 관해서는 竹中佳彦, 『日本政治史の中の知識人』下卷, 567-594쪽.

146 植村秀樹, 『再軍備と55年體制』(木鐸社, 1955), 44-45쪽.

147 Wooley, *Alternatives to Anarchy: American Supranationalism Since World War II*, pp.70-72, Harold Josephson, *James T. Shotwell and the Rise of Internationalism in America* (N.J.: Associated University Press, 1975), pp. 291-292.

하지만 그렇기 때문에 전후의 많은 지식인들은 요코타의 태도를 받아들이지 않았다. 그리고 냉전의 본격화를 계기로 평화론의 주도권은 요코타에서 요코타 비판자 쪽으로 옮겨갔다. 이러한 사태를 상징하듯이 1949년(昭和24) 6월호 『세계』에 다바타 시게지로가 쓴 「도쿄 재판의 법리」가 실렸다. 전면 강화론의 중심 모체가 된 평화문제담화회는, 여러 세대의 지식인들이 광범위하게 참여한 조직이었기에 쉽게 일반화하는 일은 삼가야겠지만, 핵심 구성원들 사이에는 암암리에 요코타와 요코타로 대표되는 집단 안전 보장론에 대한 회의가 감돌고 있었던 것은 아닐까.

1950년(昭和25) 12월 평화문제담화회가 발표한 유명한 「세번째 평화에 관하여」라는 성명도 이러한 지적 배경을 모르면 그 함의를 이해하기 어렵다. 이 성명은 사회학자 시미즈 이쿠타로淸水幾太郞가 전문前文을 작성하고 정치학자 마루야마 마사오丸山眞男, 헌법학자 우카이 노부시게鵜飼信成, 경제학자 쓰루 시게토都留重人가 본문을 분담 집필하였다.[148] 집필자들은 전공과 관심에 따라 역점을 두는 방식에 미묘한 차이를 보였는데, 이에 관한 상세한 검토는 다른 기회로 돌리고자 한다.

다만 한 가지 주의할 것이 있다. 이 성명에서 가장 유명한 마

---

148 平和問題談話會聲明,「三たび平和について」,『世界』1950년 12월호,『世界·臨時·刊·戰後平和論の源流』1985년 7월호, 59쪽. 이 성명의 배경에 관해서는 都築勉,『戰後日本の知識人: 丸山眞男とその時代』(世織書房, 1995), 149-177쪽.

루야마 마사오 집필 부분에 문맥상 전술한 요코타 기사부로의 집단 안전 보장론에 대한 비판이 포함되어 있다는 사실이다. 마루야마의 의론에는 지역적 군사 분쟁에 대한 국제연합의 개입이 바야흐로 대국에 대한 제재로 발전하고 제3차 세계대전을 초래하지 않을까 하는 위기감이 감돌고 있었다.[149] 마루야마는 다수결 원리의 기계적 적용으로 거부권을 제한하자는 주장을 거절했는데,[150] 국제연합이 「평화를 위한 단결 결의Uniting for Peace Resolution」처럼 총회 주도형 반공 십자군으로 기능하는 것을 우려했기 때문이다. 마루야마는 이 성명에서 실제 집단 안전 보장과 정전正戰을 결부시킬 때 생겨나는 근본 문제를 말하고 있었다.[151] 이리하여 냉전이 본격화되면서 아래로부터의 내셔널리즘

---

[149] 丸山眞男,「サンフランシスコ講和・朝鮮戰爭・60年安保」,『世界』,1995년11월호), 38-41쪽,『丸山眞男集』제15권(岩波書店, 1996), 30-32쪽.

[150] 丸山眞男,『丸山眞男集』제5권(岩波書店, 1995), 31쪽.

[151] 주지하듯이 「세번째 평화에 관하여」에서 마루야마 마사오 집필 부분은 전체전이 전쟁의 수단적 성격을 상실하게 만든 데서 평화론의 궁극적 근거를 찾았고, " '전쟁을 없애기 위한 전쟁' 이라는 낡아빠진 슬로건"의 허구성을 예리하게 추궁하는 것부터 시작하여 써내려가고 있다(『丸山眞男集』제5권, 7-8쪽). "낡아빠진 슬로건"은 윌슨주의에 기원을 갖는 것임은 말할 나위 없다. 대체로 「세번째 평화에 관하여」에서 마루야마가 의론을 세우는 방식에는, 현실주의 국제정치론을 하나의 분기 형태로서 갖는, 20세기 정치사상사에서의 전체전 비판의 계보가 그림자를 드리우고 있는 것으로 보인다. 유보를 붙이면서도 "신의 뜻과 동일시된 가치"를 위한 전쟁에 대한 슈만(Frederick Schuman)의 비판을 공감을 갖고 인용한(同上, 10-11쪽) 것도 이 점과 관련될 것이다. 마루야마 마사오의 국제정치론에 관해서는 졸고,「國際政治論のなかの丸山眞男: 大正平和論と戰後現實主義のあいだ」,『思想』제988호(2006년 8월).

에 의해 지탱되는 주권 개념을 갖고 보편주의 비판, 시민사회론, 반제국주의론의 세 가지를 통합하는 전후 외교론이 형성되었다. 그것은 윌슨주의가 파탄한 1930년대에 청춘을 맞이했던 세대의 복잡한 심정에서 생겨난 '이상주의'적 평화론이었다.

맺음말

평화문제담화회가 전면 강화를 위한 논진을 펴고 있을 무렵, 역사가 오카 요시타케岡義武는 「근대 일본 정치와 내셔널리즘」[152] 이란 논설에서 전후 내셔널리즘을 전전의 그것과 대비하면서 다음과 같이 논하였다. 메이지 유신을 계기로 시작된 일본 정치의 근대화는 민족 독립 확보라는 뚜렷한 목적 의식을 갖고 추진되었는데, 인민 주권론과 결합한 내셔널리즘을 내셔널리즘의 정상 형태로 규정한 한스 콘Hans Kohn의 관점에서 본다면 아직 "전기前期적 단계"에 머무른 것이었다. 전후 내셔널리즘은 크게 두 가지로 표현되었다. 하나는 천황에 대한 '동경'이라는 형태에서 가장 잘 상징되듯이 과거에 나타났던 내셔널리즘의 망령이다. 일

---

[152] 岡義武, 「近代日本政治とナショナリズム」, 『展望』 1950년 10월호.

본 내셔널리즘이 장차 이러한 방향으로 발전한다면, 다시 파시즘의 길을 준비하는 것에 다름 아니다. 전후 내셔널리즘의 또 다른 표현은 "공산주의와는 다른 별개의 입장에서 주장되는 전면 강화론"이다. "이 주장은 대립하는 진영으로 분열된 세계에서 국제적 의존의 길에 의하지 않고서 국제 평화 유지에 기여하며, 그런 가운데 일본 민족이 사는 길을 찾고 그러한 형태로 민족 주체성을 보전하고자 하는 것이다… 전면 강화론은 만일 유산자 계급의 입장이 아니라 대중의 정치적·경제적·사회적 해방을 요구하는 입장과 결합하여 주장되는 경우에는 국제 평화와 조화를 지키면서 대중에서 그 기초를 찾는다는 점에서 일본 내셔널리즘의 새로운 표현 형태로 볼 수 있다. 만일 세계 정치 현실과 관련하여 실현할 수 없게 되었다고 해도 새로운 일본을 위한 '땅의 소금'이란 의의를 지닐 것이다".

오카가 지적하듯이 전면 강화론은 아래로부터의 내셔널리즘이 뒷받침하는 시민사회론적 국제정치론의 탄생을 가져왔다. 하지만 시민사회론적 국제정치론이 역사적 진공에서 홀연히 모습을 드러낸 것은 아니다. 전전부터 제기된 신칸트파 비판을 일단 통과한 뒤 재차 '시민사회'를 정의한 것이었다. 이것이 갖는 의미는 결코 가볍게 봐서는 안 될 것이다. 전후의 시민사회론적 국제정치론이 규범과 권력 현실의 엄중한 긴장 관계에 의해 지탱되고 있었음을 뜻하기 때문이다.[153] 「세번째 평화에 관하여」의 집필자에는 켈젠주의에 호의적이었던 우카이 노부시게, 당시 아리사와 히로미有澤廣巳 등 노농파 마르크스주의자와 가까운 위치에 있었던 쓰루 시게토**154**가 포함되는데, 이러한 집필자 구성 자체가, 그리고 무엇보다 1930년대 정치사상사에서 전개된 신칸트파 비판의 의의를 숙지하면서도 그것과 긴장 관계를 가지면서 칸트적 문제 설정으로 되돌아온 마루야마 마사오의 전중에서 전후에 걸친 궤적 자체가, 켈젠–슈미트–마르크스로 구성되는 삼각 구도 속에서 규범과 현실의 관련을 생각한 전간기 현실주의 국제정치론의 문제권의 사정射程을 여실히 말해 주고 있다. 전후 초기 일본 정치학이 독일 공법학으로부터 이어받은 유산은 역설적이지만 이처럼 현실주의 국제정치론과 시민사회론적 국제정치론을 매개했던 것이다. 이리하여 전후 외교론에 나타난 이상주의와 현실주의는 일단 전면 강화론에서 통합되었다.

그런데 강화논쟁 이후 국내 냉전이 심각해지면서 이러한 통합에 가차없이 쐐기가 박혔다. 강화논쟁 이후의 언설 상황은 국내 냉전이 심각해지고 이와 맞물려 국제정치학이 분과 학문으로 확립되면서 초기 전후 외교론에 통합되어 있던 제 요소가 다양한

---

153 전후 초기 정치학에서 권력과 규범의 양의성에 대한 관심에 관해서는 川崎修, 「權力イメージの變容と政治理論の課題」, 內山秀夫・藥師寺泰藏『グローバル・デモクラシーの政治世界: 變貌する民主主義のかたち』(有新堂高文社, 1997), 247-249쪽.
154 河野康子, 「吉田外交と國內政治」, 『年報政治學1991・戰後國家の形成と經濟發展: 占領以後』(岩波書店, 1992), 48쪽.

형태로 분화·재편되는 과정에 있었다고 할 수 있다. 그렇다고 전후 외교론의 생성점을 돌이켜보는 의미가 없어지지는 않을 것이다. 네이션nation에 관한 반성적 의식의 모습을 묻는 것, 정치사학의 고전적 과제란 그런 것이었다고 생각하기 때문이다.

2

고전 외교론자와
전간기 국제질서

시노부 준페이의 경우

머리말

1943년(昭和18) 4월 10일 시노부 준페이信夫淳平는 국제법학회 총회에서 「종군 소감과 국제법」이란 제목으로 강연을 했다.[1] 태평양 전쟁이 한창인 때였다. 시노부가 말한 것은 사뭇 대담한 내용이었다. 시노부는 러·일 전쟁 때 외교관으로서 처음 전시 국제법의 세례를 받았던 경험을 술회하는 얘기부터 꺼냈다. 상해사변부터 중·일 전쟁까지 시기에 중·일 양국 군대에서 전시 국제법을 강의한 경험에 대해 언급한 뒤, 중·일 전쟁 이후 일본인들 사이에 국제법을 준수하는 정신이 급속히 약해진 것에 경종을 울렸다.

시노부에 따르면 중·일 전쟁 때 분출한 의론에는 다음 세 가지 설이 있었다. 첫째, 이번 전쟁은 일본의 자위 행동이므로 국제법의 구속을 받을 필요가 없다는 설. 둘째, 이번 전쟁은 이른바 선전포고를 내린 본격적인 전쟁이 아니므로 국제법 규칙에는 구애받지 않는다는 설. 셋째, 이기는 것이 유일의 목적이므로 국제법 따위에 개의할 필요가 없다는 설. 시노부는 세 가지 설을

---

[1] 信夫淳平, 「從軍所感と國際法」, 『國際法外交雜誌』 제42권 제7호(1943년 7월).

하나하나 반박하고 있다. 자위에서 나왔는지 아닌지를 떠나 적어도 전투가 벌어진 이상 전장에서는 교전 규칙을 지켜야 한다는 것, 선전 포고 유무라는 개전 절차 문제와 교전 규칙 적용은 어떤 관련도 없다는 것, 이기기 위해서라면 국제법을 무시해도 좋다는 생각은 제정 독일 시대에 군 당국을 괴롭힌 이른바 전쟁 이성Kriegsraison**2**에서 파생된 사상으로 취할 만한 것이 아니라는 것을 각각 논거로 들었다.

국제법을 경시하는 의론은 당시 상하이에서 만난 재류 방인邦人이 말한 것이며, "과연 군인들은 사리를 분별하기 때문에 이러한 잘못된 견해에 사로잡힌 사람〔상하이 재류 방인〕과는 일찍이 만나지 않았다." 또한 이기기 위해서라면 국제법 따위에 개의치 않아도 된다는 사상은 "방인의 어떤 자보다도 최근 오히려 미국인·영국인들 사이에 뿌리 깊어진 것으로 받아들여졌다." 시노부는 시국을 의식하여 최소한 표현상의 배려를 하고 있음이 분명하다. 하지만 이 점을 감안하더라도 이 강연을 관통하는 논조

---

2 시노부는 '전시 변법(戰時變法)'이란 번역어를 붙이고 있다. 시노부에 따르면, 전시 변법의 요지는 "전시에 준수해야 할 교전 법규로 일반적으로 인정되는 것도 특히 혹 필요한 이익을 얻고 혹은 중대한 재해를 피하기 위해서는 이를 준수하지 않아도 된다"는 것인데, 홀첸도르프(Holtzendorf)가 국제법 원리로서 체계화했다고 한다. 1902년 독일참모본부가 편찬한 『육전 전시 관례(陸戰時慣例)』에 전시 변법주의가 채용되어 있다(信夫淳平, 『國際政治の綱紀及連鎖』(國際政治論叢 第2卷), 日本評論社, 1925, 87-91쪽).

는 분명 제1차 세계대전 전에 실효성이 있었던 전시 국제법의 '전쟁 규제'가 총력전 하에서 공동화되는 것을 강하게 우려한 데 있었고, 중·일 전쟁 이후 일본 군대의 행동도 그러한 조류와 무관하지 않다는 것을 시사하고 있음을 부정할 수 없을 것이다. 여기에서는 제1차 세계대전 후의 세계에서도 전시 국제법으로 대표되는 제1차 세계대전 전의 국제 규범의 유효성을 여전히 인정했던 '고전 외교론자'가 1930년대 시대 상황에 대해 드러낸 굴절된 감정을 읽어낼 수 있다.

이 장에서는 제1차 세계대전 이전 고전 외교의 실천과 규범에 대해 존재 의의를 인정했던 일본의 고전 외교론자가 전간기 국제질서를 어떠한 인식 틀로 파악했는지를 국제법학자·외교사가였던 시노부 준페이의 동시대론을 통해 검토하고자 한다. 이하의 논의에서는 먼저 시노부의 이른바 '신외교' 수용을 그의 '국민 외교'론의 위상과 관련지어서 검토한다. 다음으로, 만주사변 전후 시노부의 의론과 비판자의 의론을 대비시키면서 시노부의 입론이 점차 젊은 세대들이 제창한 '지역주의'에 의해 소수자의 지위로 몰리게 되는 과정을 묘사하고자 한다. 마지막으로, 중·일 전쟁 이후에 시노부가 내린 시대 진단의 의의를 총괄적으로 논하기로 한다.

1. '신외교'와 '국민 외교'

시노부 준페이의 경력은 우선 소장 외교관으로서 조선·만주에서 실지 경험을 하는 데서 시작한다. 1894년(明治27) 도쿄고등상업학교를 졸업한 시노부는 1897년(明治30) 외무성에 들어가 영사관보로서 경성 근무를 명받았다.[3] 러·일 전쟁 때에는 훗날 고토 신페이後藤新平*가 단서를 만든 일·소 국교 회복 교섭에서 활약한 가와카미 도시쓰네川上俊彦*와 함께 요동 반도 수비군 관할 내의 민정 사무에 참여하였다.[4] 점령지에서 민정 기관을 어떻게 만들고 어떠한 직무 권한을 갖고 기관을 운영할지는 대내

---

3 시노부의 외교관 약력은 다음과 같다. 1897년 6월 영사관보(경성 근무), 1901년 6월 공사관 3등 서기관(멕시코 근무), 1902년 6월 영사를 겸함, 1904년 4월 임시 외무성 사무종사(事務從事), 1905년 4월 공사관 2등 서기관, 1905년 12월 관동 총독부부(附), 1906년 10월 인천 이사청(理事廳) 이사관, 1910년 3월 대사관 1등 서기관(오스트리아 근무), 1912년 5월 공사관 1등 서기관(네덜란드 근무), 1914년 6월 총영사(캘커타 근무), 1917년 7월 임시 외무성 사무 종사, 1917년 12월 의원 면직(戰前期官僚制研究會編·秦郁彦著,『戰前期日本官僚制の制度·組織·人事』, 東京大學出版會, 1981, 120쪽).
4 信夫淳平,「從軍所感と國際法」, 3-4쪽.
* 고토 신페이(後藤新平, 1857-1929): 의사·관료·정치가. 대만 총독부 민정 장관, 만주철도 초대 총재를 역임했고, 일본의 대륙 진출을 지지했다.
* 가와카미 도시쓰네(川上俊彦, 1861-1935): 러시아통 외교관. 제1차 세계대전 후 초대 폴란드 공사. 시베리아 출병 후 고토 신페이의 명령을 받아 일소 교섭에 임했다.

적으로는 육군과 조정이 필요한 사항이었고 대외적으로는 중국 측과 각종 현안이 걸린 복잡한 문제였다. 여기서 시노부는 전시 국제법의 권위였던 아루가 나가오有賀長雄*를 사사하게 된다. 『일청 전역戰役 국제법론』[5]의 저자이자 위안 스카이袁世凱의 법률 고문이었던 아루가는 좀 별난 인물이었지만, 시노부는 아루가의 학식에 깊은 감명을 받았던 것 같다. 시노부는 아루가의 7주기를 맞아 기고한 글에서 "선생은 학문적으로 다소 자부와 긍지의 기풍이 있었고, 동학들과 자유 토론을 하기에는 어딘가 편협한 성질이 있었음을 부정할 수 없지만, 그렇긴 해도 이렇게까지 간절히 교회敎誨해 주셨구나 경복敬服할 정도로 정성껏 나를 훈도해 주셨다"[6]고 말하고 있다.

시노부는 외무성을 사직한 뒤 1917년(大正6)부터 와세다대학에서 외교사 강좌를 맡게 된다. 당시 학계에서는 국제법과 외교사는 자매 관계에 있는 학문이었다. 지금도 국제법학회에서 간행하는 『국제법 외교 잡지』라는 기관지 명칭이 상징하듯이, 국

---

5 有賀長雄, 『日淸戰役國際法論』(陸軍大學校, 1896). 이 책에 관해서는 明石欣司, 「日本の國際法學『對外發信』の100年: 歐米著作公刊活動を中心にして」, 國際法學會 編, 『日本と國際法の100年第1卷·國際社會の法と政治』(三省堂, 2001), 210-211쪽.

6 「有賀長雄博士の七周忌に際して」, 信夫淳平, 『反古草紙』(有斐閣, 1929), 265쪽.

*아루가 나가오(有賀長雄, 1860-1921): 법학자·사회학자. 청일·러일 전쟁 때 국제법 고문으로서 일본군 뤼순 공격에 종군. 와세다대학, 육군대학 교수. 1913년 위안스카이 법률 고문. 일본 최초의 체계적 사회학 저작인 『사회학』을 남겼다.

제법은 서구 고전 외교의 규범적 측면을 검토하고 외교사는 실천적 측면을 묘사하는 분업 관계에 있었다고 할 수 있다. 다이쇼 시대 일본국제법학회의 중추에 있었던 국제법 학자 다치 사쿠타로立作太郎*가 처음에는 외교사 연구자로 출발한 것이 좋은 예다. 이렇게 보면 외교관 경력도 있고 국제법에 관심도 많았던 시노부가 대학에 자리를 얻었을 때 찾아낸 의자가 외교사 강좌였다는 사실은 조금도 이상한 일이 아니다.

하지만 일본 국제정치학사에서 시노부를 특기할 만한 존재로 만든 것은 다이쇼 말기에 간행된 『국제정치 논총』 전4권이었다.[7] 이 논총은 거의 같은 시기에 간행된 가미카와 히코마쓰神川彦松*와 로야마 마사미치의 저작들과 함께 일본 국제정치학의 선구적 업적이라 할 수 있다. 1932년(昭和7) 시노부는 와세다대학에서 '국제정치론'이라는 이름으로 강의를 했는데, 국제정치학이 일본의 대학에서 정식 교과명으로 채용된 첫 사례였다.[8] '국제정

---

[7] 國際政治論叢 제1권 『國際政治の進化及現勢』(日本評論社, 1925), 제2권 『國際政治の綱紀及連鎖』, 제3권 『國際紛爭と國際聯盟』(日本評論社, 1925), 제4권 『外政監督と外交機關』(日本評論社, 1926). 젊은 세대가 같은 시기에 출간한 국제정치학 연구서로는 神川彦松, 『國際聯盟政策論』(政治敎育協會, 1927); 蠟山政道, 『國際政治と國際行政』(巖松堂書店, 1928).

* 다치 사쿠타로(立作太郎, 1874-1943): 국제법 학자. 도쿄제국대학에서 외교사와 국제법을 가르쳤다. 외무성 촉탁으로 파리강화회의, 워싱턴회의 등에 참가하였다.

* 가미카와 히코마쓰(神川彦松, 1889-1988): 국제정치학자. 일본국제정치학회 초대 이사장, 일본국제문제연구소 초대 소장 역임.

치'라는 명칭은 제1차 세계대전 후의 시대 상황을 배경으로 등장한, 전통적인 국제법·외교사와 구별되는 새로운 학술지學術知의 영역을 나타낸다. 시노부가 이 명칭을 고집했다는 사실 자체에서 시노부의 지적 영위가 전후의 신사조에 대한 일정한 응답이었음을 읽어낼 수 있다.[9]

시노부의 『국제정치 논총』은 어떤 의미에서 제1차 세계대전 후의 신사조에 대한 응답이었던 것일까. 시노부는 논총 제1권 첫머리에서 "국제정치는 두 국가간 또는 수개 국가간의 관계를 중심으로 하며, 넓게 말하면 세계, 엄밀히 말하면 국제단國際團을 배경으로 행해지는 정치 현상"[10]으로 정의한다. 국제정치는 국가라는 정치 단체를 단위로 하는 현상이지만, 동시에 민족이나 국민의 기초 사회, 상사商社·학회·조합이라는 파생 사회, 국제사회를 횡단하는 국제행정 기관의 활동 따위까지 포함하는 정치 현상으로 간주된다.[11] 시노부가 다루는 대상 자체는 아주 넓었다. 논총에서는 시노부가 전문이었던 국제정치의 역사적 전개, 국제정치의 강기綱紀로서의 국제법·국제 도덕과 같은 외교사·국제법 주제뿐 아니라 국제 분쟁과 국제연맹의 성질, 전후 새로 등장한 국민의 외

---

8 川田侃, 『國際學 1·國際關係研究』(東京書籍, 1996), 341쪽.
9 시노부는 "평소 교단에서 학생들에게 외교사를 강술할 때 외교사라는 이름을 피하고 늘 국제정치사라 불렀다"고 한다(『國際政治の進化及現勢』, 23-24쪽).
10 信夫淳平, 『國際政治の進化及現勢』, 1쪽.
11 信夫淳平, 『國際政治の進化及現勢』, 8쪽.

정外政 감독과 외교 기구와의 관련이란 과제, 국경을 넘는 국제행정과 국제사회 운동 전개에 이르기까지 국제정치의 다양한 국면을 샅샅이 논하고 있다. 이것을 보면 시노부는 마치 전후의 새로운 상황에 무비판적으로 순응한 것 같았다.

그러나 논총은 전후의 국제정치 기조에 대해 오히려 회의적인 태도로 일관하였다. 첫째, 시노부는 전후에 대두한 세력 균형 비판에 격렬히 반발하였다. 세력 균형(균세)은 자연의 세이며, 과거에도 미래에도 열국의 대립이 존재하는 한 일단 깨져도 다시 저절로 형성된다. 윌슨은 동맹의 대치 상황과 세력 균형을 타파한다는 의미에서 '세력 협조Concert of Power'라는 개념을 새로 주창했지만, 이것이 구현된 국제연맹에서 설사 지금은 아닐지라도 장차 5대국과 소국단小國團끼리, 그리고 연맹국과 비연맹국끼리 서로 대립할 것임은 상상하기 어렵지 않다. 장래에 나타날 위기의 잠재적 원인은 세력 균형의 잔존에서가 아니라 독일을 대신해서 세계의 패도주의의 화신이 된 미국에 대해 균형을 이룰 나라가 없다는 것에서, 말하자면 "인위적 불균세의 세상"이 된 데에서 찾았다.[12]

따라서 시노부의 기본적인 준거 기준은 일단 세력 균형과 국익 계산을 중시하는 현실주의에 있었다고 말할 수 있다. 이러한

---

12 信夫淳平,『國際政治の進化及現勢』, 315-322쪽.

의미에서 논총 제1권이 "국가의 내외 정책은 이상은 어쨌건 공상으로는 세우기 어렵고, 그 기초는 현실에 대한 이해와 정확한 사실 위에서 구축하고 조직적이고 통일적으로 이를 운용하는 것이 중요하다. 이것이 이른바 권력 정치Realpolitik다"[13]라는 표현으로 마무리한 것은 대단히 상징적이다.

이 점과 관련하여 둘째로 주목할 점은 시노부가 제1차 세계대전을 이해하는 방식이다. 시노부에 의하면, 제1차 세계대전 발발은 세력 균형 원리에 잘못이 있기 때문이라기보다는 "기탄없이 평하자면 영국이 균세를 이용, 응용하는 데 시기를 놓쳐 버린 과실에 있다."[14] 또한 시노부는 영국과 독일의 개전 이유에도 의미 있는 차이를 두지 않았다. "독일도 영국도 자국의 이해 말고 개전에 무슨 이유가 있겠는가. 다만 오늘날 한쪽은 노골적으로 국제 도의를 깨면서 싸우고, 한쪽은 이를 옹호하는 미명美名을 내걸면서 싸운다. 차이는 개전 형식에 있지 전쟁 원인의 실질에 있지 않다"[15]는 것이다.

더욱 흥미로운 일은 개전 이유를 둘러싼 고찰이 국제 도덕 바깥에 있는 권력 정치적 항쟁의 문맥에 머물지 않고 국제 도덕상

---

13 信夫淳平, 『國際政治の進化及現勢』, 354쪽.

14 信夫淳平, 『國際政治の進化及現勢』, 311-312쪽.

15 信夫淳平, 『外政新論』(大鐙閣, 1918), 27쪽. 이 책은 제1차 세계대전 말에 출판되었는데, 나중에 체계화한 『국제정치 논총』과 많이 중복되어 동일한 논조를 가진 저작으로 볼 수 있다.

'의전just war'이 지닌 의의와 관련짓고 있다는 것이다. "현대의 개전에서는 각국 모두 침략자라는 이름을 피하려 애쓰며, 모두 상대국에게서 권리와 자유를 박해받았다는 이유를 내세우면서 안팎의 동정을 얻으려 한다. 영국도 독일도 러시아도… 모두 똑같이 서로 다투어 소위 자유전, 자위전을 선명宣明하는 데 급급하는 모습을 보면, 대의명분은 지금 세상에도 간판이 되며, 먼저 이것을 우리 손으로 빼앗는 데 이득이 있음은 숨길 수 없다."[16] 시노부는 대전 중 독일학자가 문화 옹호를 내세워 전쟁을 변호하고 연합국 정치가가 전쟁 목적으로 민주주의 옹호를 내건 것도 모두 의전의 확산으로 보았다. "그런데 국제 도덕상 주장되는 의전만큼 그때그때의 형편으로 신축자재伸縮自在하는 것은 없다… 그러므로 오늘날 항구 평화론자도 국가 지배 계급이 어떤 집단적 안보의 표준을 갖느냐에 따라 언제 평화론을 내던지고 전쟁 예찬자로 재빨리 변신할지 모를 일이다." 이리하여 시노부는 "국제법은 역시 전쟁 원인의 옳고 그름을 따지지 말고 오직 교전 방법의 맞고 안 맞음을 논단하는 것으로 해둬야 안전하다"고 결론짓고 있다.[17]

셋째, 시노부가 묘사한 전후 국제정치 상황도 꼭 밝은 것만은 아니었다. 시노부는 전후 세계의 패권이 유럽에서 미국으로 옮

---

16 信夫淳平,『外政新論』, 30-31쪽.
17 信夫淳平,『國際政治の綱紀及連鎖』, 233-234쪽.

겨간 것을 인정하면서도 미국 외교를 높이 평가하지 않았다. 전술한 의전義戰관에서 상상되듯이, 원래 시노부는 민주주의를 옹호한다는 미국의 참전 이유를 진정으로 받아들이지 않았다. "세상에 전쟁 선언의 공식 이유만큼 훗날의 역사가를 현혹시키는 것은 없다."[18] 미국의 참전은 적나라하게 말하면 전쟁을 틈타 교전국에 물자를 파는 일이 침해를 받게 되자 자국의 이익을 옹호하고자 한 것이 중요한 동기였다는 말이다.[19] 미국 참전을 보는 시노부의 인식은 미국의 대독 참전을 국제 제재력 행사라는 문맥에서 보면서 "근대에 정치상·경제상의 싸움을 빼고 순연한 주의 또는 이상을 위해 국운을 걸고 전쟁한 것은 미국만이 있을 따름"[20]이라 단정했던 요시노 사쿠조의 관점과는 정반대였다고 하겠다. 대체로 시노부는 미국 외교를 경제적 패권주의에 빗대어 해석하는 경향이 강했다. 그 배경에는 현대에 있어 국제정치와 국제경제는 밀접한 관련성을 갖지만, 이것이 국제관계에 협력보다는 경쟁만을 초래한다는 시노부의 생각이 있었다.[21] 산업주의와 군국주의는 대립하기보다는 오히려 서로를 포옹하는 관계에 있다. 아니, 극단적인 경우 군국주의의 장점의 하나인 냉정한 수

---

[18] 信夫淳平, 『國際政治の綱紀及連鎖』, 188쪽.
[19] 信夫淳平, 『國際政治の綱紀及連鎖』, 241쪽.
[20] 吉野作造, 「國際聯盟は可能なり」, 『吉野作造選集』第6卷 (岩波書店, 1996), 12쪽.
[21] 信夫淳平, 『國際紛爭と國際聯盟』, 31-32쪽.

리적 타산은 이권 획득에 맹목적인 자본가에게 작용하지 않고, 자본가는 정부와 미디어를 움직여서 나라를 충돌의 격류에 내몰아 매진하기도 한다. 시노부는 1906년에 출판된 홉슨J.A. Hobson의 『근대 자본주의의 진화』에서 한 구절을 인용하면서 "꼭 과격한 말이라 할 수는 없다"[22]고 평하고 있다.

시노부는 세계대전기 자급 자족주의의 여파와 더불어 보호관세주의가 대두한 전후 세계에서 국제연맹이 무역 균형 문제에 유효하게 대응하지 못하고 있다고 판단하였다.[23] 또한 눈을 돌리면 유럽에도 불안정 요인이 만연해 있었다. 세상에 영원한 적국은 없음에도 불구하고, 프랑스가 중심이 된 대독일 보복주의는 이해 타산을 넘어 존속하고 있고, 독일의 경제 부흥은 궤도에 오르지 않고 있다. 합스부르크 제국이 해체된 뒤 새로 채용된 민족자결 원칙은 유럽대륙 전체의 발칸화를 가져왔다. 시노부는 이처럼 불안정 요인을 간직한 전후 국제정치를 앞에 두고 어느 나라도 확고한 외교 방침을 갖고 있지 않다는 진단을 내렸다.[24]

하지만 '신외교'로 불린 시대조류에 전혀 냉담했던 것은 아니다. 시노부 나름대로 신외교를 수용하게 만드는 인식 틀이 존재했다. 이 인식틀이 바로 '국민 외교'론이었다. 이미 선행 연구가

---

22 信夫淳平, 『國際紛爭と國際聯盟』, 167쪽.
23 信夫淳平, 『國際紛爭と國際聯盟』, 62-64쪽.
24 信夫淳平, 『國際政治の進化及現勢』, 233-267쪽.

지적했듯이, 당시 일본에서는 신외교에서 '외교의 민주화'는 기본적으로 '국민 외교'로 관념되는 경향이 강했다.[25] 시노부는 국민 외교의 번역어로 영어 '피플스 디플로머시People's diplomacy'와 불어 '디플로마티 나쇼날Diplomatie nationale'을 들면서 양자가 어울려 국민 외교의 본질을 표현한다고 했다. 아울러 영어 번역이 민중 자신이 집행하는 직무로서 외교를 보는 잘못된 관념을 가져오기 쉽다고 비난하면서, 압도적으로 불어 번역의 어감을 선호하는 형태로 국민 외교를 논하고 있다. '국민 외교'란 "국민이 세계에서의 자신의 위치를 자각하며 합리적 포부를 발분하고, 정부는 국민의 자각 포부를 대표하며, 식자 계급의 후원하에 이를 운용하는 실력 있는 외교"[26]이며, 따라서 '관료 외교'나 '군벌 외교'와 구별된다. 『국제정치 논총』 마지막 권은 "외교와 민중주의"에 대한 고찰로 시작되고, 외국의 풍부한 사례들을 들면서 외교와 의회와 외교 기관에 관한 제도론적 검토를 행하고 있다.

이렇게 생각하면 제1차 세계대전 후의 시대 사조에 대한 시노부의 태도는 한편으로는 윌슨주의의 세력 균형 비판, 민족자결 제창, 공개 외교 이념의 과도함을 '구외교'의 관점에서 비판하

---

25 芝崎厚士, 『近代日本と國際文化交流: 國際文化振興會の創設と展開』(有信堂, 1999), 36-39쪽. 이 책은 시노부의 국민 외교론에 관해서도 명쾌하게 지적하고 있다.
26 信夫淳平, 『外政監督と外交機關』, 53-54쪽.

고, 다른 한편으로는 러·일 전쟁 후부터 시작된 '국민 외교'론의 연장선상에서 세계적인 민주주의의 조류를 받아들이고 그것에의 적응을 촉구한 것이라 볼 수 있다. 여기서 시노부의 외교론은 국민 외교론을 수용함으로써 '시야가 넓어진 구외교'라 부를 만한 성격을 가졌다고 말할 수 있다. 외교론의 고전으로 여겨지는 니콜슨Harold Nicholson의 경우[27]가 그랬듯이, 그것은 낡은 그릇 속에서 '신외교'를 길들이는 시도였을지도 모른다.

시노부는 세력 균형과 전시 국제법이라는 고전 외교의 실천과 규범의 가치를 믿는 점에서는 흔들림이 없었지만, 그렇다고 전혀 완미한 보수주의자는 아니었다. 아마도 시노부는 개인 도덕과 국제 도덕이 무관한 것이 아니라 궁극적으로 신사Gentleman와 같은 관념을 통해 연결되어 있다고 보았던 것 같다.[28] 따라서 부도덕하게 보이는 행위와 적나라한 폭력 행사에 대해서는 자주 격한 반감을 보였다. 시노부의 시평에서 일례를 든다면, 관동 대지진 1주기를 맞이한 정부 성명에 대한 비판을 들 수 있다. 시노부는 정부가 대지진 후 선포한 국민 정신 작흥 조서作興詔書를 내보이면서 국민에게 사치 안일 억제를 호소한 것은 무의미한 일이라 배척하면서 대지진 때 발생한 조선인 참살 사건을 언급하고 있다. 그는 참살 사건의 계기가 된 유언비어가 경시청에서 나

---

27 H. ニコルソン, 齋藤眞·深谷滿雄 譯, 『外交』(東京大學出版會, 1968).
28 信夫淳平, 『國際政治の綱紀及連鎖』, 194쪽.

왔다는 설이 있으며 헌병대장이 사회주의자 참살에 가담했다는 사실을 지적하면서 수상의 성명이 이 일에 대해 한 마디도 언급하지 않은 것은 매우 유감스러운 일이라고 비난하였다.[29] 여기에는 국민을 부드럽게 문명화하는 근대 국제법The Gentle Civilizer of Nations[30]의 정신을 내면화한 시노부의 비판 정신이 있다. '문명'의 입장에서 나온 '사회 비판'이라 부를 만한 태도는 1920년대 시노부의 시사 논설에 독자적인 색깔을 부여하고 있었다.

●

2. 만주사변 전후

●

『국제정치 논총』이 완결되고 얼마 안 된 1927년(昭和2) 시노부는 『다이쇼 외교 15년사』를 간행하였다. 동시대사인 이 책은 머리말에서 "사론史論보다 사실史實을 주로 삼았고, 특히 중요한 사실만을 소재로 삼았다"[31]고 말하고 있지만, 서술을 억제하면서도 자신의 일본 외교관을 자연스럽게 드러낸 작품이다. 시노부

---

[29] 「大震災周忌に際して」, 信夫淳平, 『反古草紙』, 32-33쪽.
[30] Martti Koskenniemi, *The Gentle Civilizer of Nations: Rise and Fall of International Law 1870-1960* (Cambridge: Cambridge University Press, 2002).
[31] 信夫淳平, 『大正外交十五年史』(國際聯盟協會, 1926), 머리말.

는 다이쇼 15년간의 외교를 세 시기로 구분하였다. 즉 대전 말기까지는 '패도주의' 왕성의 시대, 이후 6, 7년간은 '대세 순응적 협조주의'의 시대, 그리고 베이징관세회의 이후 단기간은 자주 외교의 이름을 내건 '협조 파괴주의'의 시대로 보았다.**32**

먼저 시노부는 제1기의 사례로 제1차 세계대전 참전, 대중국 21개조 요구, 시베리아 출병 등을 들면서 어느 것이든 정도 차이는 있지만 '패도주의'의 측면이 있다고 지적한다. 하지만 패도주의와 이에 따른 군비 확장은 반동으로서 전후 군축의 기운을 초래하였고, 새로운 사조의 귀결로서 워싱턴회의에서 해군 군축 조약과 중국에 관한 9개국 조약이 체결되었다. 이에 대해 시노부는 "겨우 3개월도 안된 비교적 짧은 시간에 이만한 성과를 거둔 것은 의심할 여지 없는 성공"**33**이란 평가를 내리고 있다. 앞 절에서 살펴본 시노부의 윌슨주의 비판을 생각하면 워싱턴회의에 대한 평가가 좀 지나치다는 느낌도 들지만, 이러한 평가는 후술하듯이 시노부가 베이징관세회의 이후 자주 외교론이 고양되는 것을 경계했던 것과 관련될지도 모른다. 미국에서 소위 배일 이민법이 제정되었을 때도 시노부는 미·일 관계의 안정이 필요하다고 기회 있을 때마다 주장했다.**34** 다만 제2기의 일본 외교에 대

---

32 信夫淳平, 『大正外交十五年史』, 2-3쪽.

33 信夫淳平, 『大正外交十五年史』, 137쪽.

34 예를 들면, 「米國基督教聯盟の我が國情調査」(信夫淳平, 『反古草紙』 수록).

해서는 협조는 원래 호양互讓을 의미하는데, 다이쇼 후반기의 일본 외교에서 협조주의는 "우리 쪽의 양보만을 뜻하는 협조에 만족한 기세가 있었다"[35]는 유보적 평가를 내리고 있다.

그런데 이 책의 초점은 베이징관세회의 이후의 전개를 다룬 제3기에 있었다. 베이징관세회의는 워싱턴회의에서 결정된 워싱턴 부가세의 시행을 둘러싸고 1925년(大正14) 10월에 열린 회의였다. 주지하듯이 일본 대표는 회의 벽두에 중국의 관세 자주권 부여를 지지하는 성명을 내서 참가자들을 경악시켰다. 일본의 이러한 태도는 단독주의적인 중국 정책을 조장하였고, 베이징관세회의 이후 열국들은 마치 호의를 제공하는 데 경쟁이라도 하는 양 행동하면서 중국 문제에 관한 협조 틀을 와해시켰다.[36] 시노부는 이 같은 상황에 강한 위기감을 느꼈다. "관세회의 결렬, 이후에 나타난 열국 대지對支 외교의 대혼란은 요컨대 열국 협조의 파멸…에 기초한 당연의 귀결이었다. 종래 지나에 관한 열국의 협조는 지나의 대외적 홍수를 막는 하나의 커다란 방제防堤라는 쓸모를 만들어냈는데, 이 커다란 방제가 붕괴했으므로 홍수가 범람하여 막을 수 없게 되었다. 이 방제가 완전할 때는 지나의 국민적 요망도 합리적 수단을 일탈하고자 해도 할 수 없지만, 협조가 결렬되어 지나 민중에 틈을 주고 열국의 발밑을 간

---

35 信夫淳平, 『大正外交十五年史』, 251쪽.
36 入江昭, 『極東新秩序の模索』(原書房, 1968), 제2장.

파하게 해서 일종의 만긍심慢矜心을 조장하게 되었다." 이러한 사태를 타개하려면 열국 협조, 특히 영·일 협조를 회복할 필요가 있는데, 자주 외교를 요구하는 국민 여론은 영국의 곤경을 속 시원하다고 냉소적으로 보는 태도마저 보였다. "아주 재미없는 대외 사조였고 더구나 협조 파멸의 책임은 물론 타국 측에도 있었지만, 그 절반은 관세회의 이래 멍청하게 자주적 외교의 목소리에 삼탄 수회三嘆隨喜한 우리 국민에게 있었음을 깨닫지 못한다면 정곡을 잃는다. 이러한 사조가 쇼와기에 들어 언제까지 계속될지는 본론을 집필하는 동안에는 아직 예단할 수 없다."**37** 시노부는 『다이쇼 외교 15년사』를 이렇게 마무리하고 있다.

현실의 중·일 관계는 진정 시노부의 우려를 입증이나 하듯이 전개되었다. 중국의 반제국주의 내셔널리즘은 날로 고양되었고, 이에 대해 열국은 협조 수단을 취하지 못한 채 수세적 입장에 서게 되었다. 시노부는 "이 꺼려야 할 성질의 배외 운동은 우리 일본까지 끌어들이는 일체의 배외인가, 혹은 오랜 억압적 외교에 대한 반동으로서 오로지 배영排英주의에서 나오는 것인가, 아니면 혹 우선은 배영, 다음에는 배일이라는 순서에 따라 전개되는 것인가. 다이쇼 말엽에 그것은 우리 나라의 지사 논객들 사이에서 알 수 없는 하나의 공개 문제였다"**38**고 말했다. 중국은 베이징

---

37 信夫淳平, 『大正外交十五年史』, 252-253쪽.

관세회의 때 반제국주의 운동의 공격 목표를 영국에 한정시켰는데 점차 일본으로 목표를 바꿨다. 특히 지난濟南 사건*과 장쭤린張作霖 폭살 사건 이후 일본의 제국주의적 권익은 국권 회수 운동을 전개한 중국의 도전에 노출되었다.

시노부가 만몽滿蒙 문제를 둘러싼 중·일간 분쟁 처리의 틀을 진지하게 고찰하게 된 계기는 1929년(昭和4) 교토에서 열린 태평양문제조사회 회의였다.[39] 시노부는 만몽 특수 권익의 법적 근거와 실태를 규명하는 데 힘쓰는 한편, 중·일 양국간에 공적인 국제 분쟁 조정 상설 기관을 설치할 것을 제창하였다. 이 분쟁 조정 기관은 모든 국제 분쟁을 평화적 수단으로 해결한다는 부전조약 제2조의 취지에도 부합한 것이었다.[40] 시노부는 항구 평화론과 전쟁 포기의 문맥에서 부전조약을 자리매김했던 것은 아니다. 시노부는 부전조약의 목적이 전쟁을 일절 하지 않는다는 선언에 있기보다는 모든 국제 분쟁을 평화적 수단으로 해결한다는 약속에 있다고 해석했고, 양자를 잘못 아는 것은 개전의 원인

---

38 信夫淳平,『大正外交十五年史』, 67-68쪽.

39 이 회의의 충격에 관해서는 예컨대 松本重治,『上海時代』上卷(中央公論社, 1974), 20-35쪽.

40 信夫淳平,『滿蒙特殊權益論』(日本評論社, 1932), 523-529쪽.

* 지난(濟南)사건: 1928년 5월 3일, 중국 산동성 지난에서 일본의 권익 확보와 일본인 거류민 보호를 명분으로 내걸고 파견된 일본군(제2차 산동 출병)과 북벌중이던 장개석의 국민혁명군(남군)간 사이에 발생한 무력 충돌 사건.

과 결과를 혼동하는 것이라 생각하였다.[41] 하지만 부전조약 체결 당시 시노부는 주선·조정·중재 재판·사법적 해결 등 국제 분쟁의 평화적 수단의 발전을 회고하고 있다. 그는 국제연맹 규약 제12조가 연맹국의 국교 단절을 초래할 우려가 있는 분쟁이 발생했을 때 반드시 중재 재판이나 사법적 해결에 호소하든가 연맹이사회 심사를 구하든가 어느 한쪽을 반드시 선택해야 한다고 연맹국에 요구한 것에 대해, "실로 국제연맹 규약에서 가장 중요한 안목의 하나이며, 이 규정이 있기에 비로소 연맹에 의의가 있고 생명이 있다고 확신한다"[42]고 말했다. 부전조약도 이러한 시도의 연장선상에 자리매김하고자 했다. 시노부가 제창한 국제 분쟁 조정 기관 안은 만몽을 둘러싼 중·일 분쟁을 먼저 이 기관의 심사에 부치고, 보고가 있을 때까지 일정 기간 개전을 하지 않고자 했던 것으로, 윌슨 정권 때 제창된 이른바 브라이언평화조약(평화촉진조약)*과 같은 취지의 것으로 이해되었다.[43] 시노부도 같은 시기의 다른 지식인들처럼[44] 부전조약 체결이 중·일

---

41 信夫淳平,「不戰條約の本質」,『外交時報』제578호(1929년 1월). 시노부의 부전조약관에 관해서는 伊香俊哉,「戰爭違法化體制と日本」,『年報·日本現代史第3號 總力戰·ファシズムと現代史』(現代史料出版, 1997), 236-239쪽.

42 信夫淳平,『不戰條約論』(國際聯盟協會, 1928), 10쪽.

43 브라이언평화조약에 관해서는 信夫淳平,『不戰條約論』, 96-107쪽.

44 예를 들면, 蠟山政道,「不戰條約と日本外交の將來」,同『日本政治動向論』(高陽書院, 1933).

분쟁 처리에서 갖는 함의를 심각하게 받아들였던 것이다.

1932년(昭和7)에 출판된 『만몽 특수 권익론』은 시노부가 만주 사변 전후 시기에 벌였던 지적 대결의 소산이다. 이 책은 미국에서 이 문제의 권위자였던 영Walter Young의 저작[45]에도 자극을 받았다. 이 책에서 시노부는 이른바 '만몽 특수 권익'의 역사적 형성 과정과 법적 특질을 해명함으로써 만몽 특수 권익의 무한정성을 배격하고, 법적 근거를 가능한 한 뚜렷이 함으로써 중·일간 교섭의 기초를 다지고자 했다. 시노부는 중국의 국권 회수 운동에 대해 일본의 특수 권익을 법적으로 옹호하는 입장을 취했지만, 동시에 일본 국내에서 무제약적인 만몽 권익 옹호론이 대두하는 것을 경계하는 태도를 일관되게 보여 주었다. 이른바 만철 병행선 부설 금지 조항과 관련해서 "보통의 조리條理에 호소하여 생각한다면, 타국 영토 내에 철도를 부설하면서 영토국 자신의 경주선競走線 부설을 허용하지 않는 것은 강국이 약국에

---

[45] Walter Young, *Japan's Special Position in Manchuria* (Baltimore: Johns Hopkins Press, 1931).

* 브라이언평화조약: 미 국무 장관 브라이언(W. J. Bryan)의 이름을 따서 명명된 조약. 체약국 사이에서 발생한 분쟁은 국제 분쟁 처리 조약(1907, 헤이그)에 따라 중재 재판에 회부하는 경우를 제외하고는 상설 국제위원회의 심사에 의뢰하는 것을 규정하고 있다. 위원회는 분쟁 당사국의 일방이 중재를 의뢰함으로써 활동을 개시하지만, 체약국이 반드시 그 결과에 구속받는 것은 아니다. 제1차 세계대전 후 국제 조정 제도의 기초가 되었다.

대해 패도주의를 드러낸 것이라 설명할 수밖에 없다"⁴⁶고 단언한 것이 좋은 예다. 하지만 만주사변 발발로 만주 문제의 평화적 해결을 위해 자신이 생각했던 시나리오가 무로 돌아간 것은 시노부에게는 충격적인 일이었다. 시노부는 자신의 입론에 '자위권' 개념을 동원하게 된다.

다치 사쿠타로立作太郎를 비롯한 일본의 국제법 학자들 대부분은 만주사변을 '자위권' 행사로 정당화하는 입장이었다.⁴⁷ 부전조약을 전제로 했을 때 일본 정부의 입장을 법적으로 변증하려면 이것 외의 이론 구성은 없었을 것이다. 시노부는『만몽 특수 권익론』 서문에서 "나는 정책론자로서보다는 하나의 학구學究라는 입장에서 본론을 쓰는 것이 근본 취지이므로 자연스레 변호사보다는 재판관이라는 심정이 강하다"⁴⁸고 말하고 있지만, 일본 국제법 학계의 대세는 '변호사' 입장을 취했다고 해야 할지도 모른다. 하지만 시노부는 만주사변에서 일본군의 행동은 국가 자위권 행사라기보다는 집단적 개인의 자기 혹은 타인의 생명 재산에 대한 정당 방위 행위이며, 국제법상의 소위 국가 자위권이기보다는 국가 자위권에 준해서 논할 공적 기관의 정당

---

46 信夫淳平,『滿蒙特殊權益論』, 520쪽.
47 三谷太一郎,「國際環境の變動と日本の知識人」, 同『大正デモクラシー論』[舊版], (中央公論社, 1974), 232-234쪽.
48 信夫淳平,『滿蒙特殊權益論』, 3쪽.

방위 행위라 보았다. 국가 자위권 개념의 남용을 경계하는 입장에서 그 적용을 정치하게 하고자 했다.[49]

하지만 법익 침범에 대한 자위권 행사라는 이론 구성은 분명 한계가 있었다. 이들 의론은 아무리 정치한 법적 구성을 취한다 해도 기존의 만몽 특수 권익 옹호라는 영역을 벗어나기 곤란하며, 만주국 출현이란 새로운 사태를 이론화하는 장치로서는 퇴행적 의론이 될 수밖에 없었다. 시노부와 다치의 의론이 갖는 이러한 한계를 돌파하기 위해 도입된 것이 후배에 해당하는 로야마 마사미치와 가미카와 히코마쓰神川彦松가 제창한 '지역주의' 개념이었다. 이를테면, 로야마는 국제법적 관점에서 만주에서의 일본의 지위를 기존 조약상의 제 권익이 집적된 것으로 보는 견해에 비판적이었다. 그는 만주의 사회 발전 단계에서 근대 국가를 전제로 한 국제법이 적용될 수 있는 영역은 한정되며, 만주 문제는 조약 해석이나 법리적 의제擬制가 아니라 사실 관계에 기초한 "새로운 국제적 정치적 의사의 표현인 입법"으로 해결할 수밖에 없다고 주장하였다. 로야마는 법적 '특수 권익'론의 입장에서 일·만日滿 관계를 사실 상태에 기초한 정치적 '특수 관계'론으로 재정의하고 지역주의 틀에 포섭하는 전략을 택하였다.[50] 또한 먼

---

49 信夫淳平, 『滿蒙特殊權益論』, 512쪽. 또한 小林啓治, 『國際秩序の形成と近代日本』(吉川弘文館, 2002), 135쪽.
50 이 책 제3장 제2절을 참조할 것.

로주의는 국제연맹 규약 제21조에 명문화되어 있었고 이 시기 국제관계 연구에서 가장 관심이 높았던 주제의 하나였다.[51]

제1차 세계대전 후 '신외교' 사조 속에서 성장한 로야마나 가미카와와 같은 신세대들이 1930년대 일본 국제질서론에서 주류 입장을 차지하게 된 지역주의를 담당했다는 것은 흥미로운 사실이다. 지역주의는 어떤 형태로든 주권국가 개념의 변질을 전제로 한 것이며, 본래 다치와 시노부처럼 준거 기준을 고전 외교기의 규범과 실천에 두는 논자들이 친해지기 어려운 이론 장치였다. 시노부는 아시아주의적 심성과 먼로주의적 의론에는 냉담한 인물이었다. 1920년대 의론이긴 하지만, 시노부는 "동문동종同文同種이나 보치거치輔齒車齒라는 말은 오늘날 형식 외교의 건배사로는 말할 수 있어도 나라와 나라의 이합 집산을 결정하는 쐐기로는 전혀 무의미하다. 미국은 아직 이 미몽에서 깨어나지 못하고 있다. 먼로주의나 범미주의라는 것이 그것이다"[52]라고 말하고 있다. 이러한 의미에서 중·일 전쟁 후 대두한 '동아 신질서'론은 '신질서론'이었기 때문에 시노부와 같은 고전 외교론자를 논단의 소수자로 내몰았던 것이다.

---

51 三谷太一郎, 「國際環境の變動と日本の知識人」, 241쪽.
52 大亞細亞主義の謬妄」, 信夫淳平, 『反古草紙』, 46쪽.

3. 전시 국제법의 황혼 속에서

루거우차오盧溝橋 사건에서 비롯된 중·일간 충돌은 삽시간에 중국 전토로 확대되었고 양국은 전면 대결 상태가 되었다. 중·일 양국은 부전조약과 미국 중립법이 적용되는 것을 회피하고자 선전 포고를 하지 않았다.[53] 양국의 충돌은 '일지日支 사변'으로 불렸고 '국제법상의 전쟁'과 구별되는 '사실상의 전쟁'이라는 형태를 띠었다.[54] '사실상의 전쟁'인 중·일 전쟁에서도 직접 군사력에 의한 해적害敵 수단을 규정한 교전 법규는 대체로 준용되었지만, 글머리에서 말했듯이 '국제법상의 전쟁'이 아닌 '사변'이라는 의제擬制가 자칫하면 전시 국제법을 경시하는 풍조를 낳았음은 부정할 수 없을 것이다. 그리고 동아 신질서론으로 대표되는 광역질서론이 대두하면서 뛰어난 젊은 국제법 학자들이 광역 국제법론에 관심을 갖게 되었다.

전시 국제법의 황혼이라 부를 만한 상황에서 전시 국제법 연구의 과제를 이어받은 젊은 세대는 적었는데, 그 중 한 사람이 다오카 료이치田岡良一였다. 하지만 만주사변 이후 본격적으로

---

53 加藤陽子, 『模索する1930年代』(山川出版社, 1993), 제2장.
54 立作太郎, 「日支事變と國際法上の戰爭」, 『國際知識』 1938년 1월호.

집필 활동을 시작한 다오카가 국제사회를 응시하는 시선은 시노부나 다치 세대의 그것보다 훨씬 냉엄한 것이었다. 다오카는 1932년(昭和7)에 발표한 「의심해야 할 부전조약의 실효」[55]라는 논설에서 이렇게 말하고 있다. 부전조약은 제1조에서 전쟁을 금지할 뿐 아니라 제2조도 전쟁 형식을 취하느냐 아니냐를 불문하고 일반적으로 무력 행동을 금하는 취지로 이해하지 않을 수 없다. 그런데 만주사변에서 일본군의 행동은 자위권 발동이며 이를 위한 무력 행동은 부전조약이 금지하는 바가 아니라는 설이 우리 나라에서 한창 주장되고 있다. 하지만 부전조약 체결 당시 열국이 생각했던 자위권과 정당 방위는 무력에 의한 외국의 공격·영토 침입·점령 등의 행위에 대항하여 무력으로 반격하는 권리를 가리키는 것이지, 외국의 단순한 국제법 위반 행위를 무력으로써 강제하고 위법을 고치는 권리를 포함하는 것으로 해석해서는 곤란하다. 부연하자면, 국가가 개인간 분쟁에서 폭력을 금지할 수 있는 까닭은 국가가 권력으로써 위법한 개인에게 강제를 가하는 조직을 가졌기 때문이며, 국가간 무력 행사를 일반적으로 금지시키려면 국제사회 고유의 강제 수단을 수립해야 한다. 그런데 현재 국제사회는 고유의 강제 수단을 결여하고 있다. 이러한 사회에서 자력 구제로서 전쟁이나 기타 무력 수단을 금

---

[55] 田岡良一, 「疑ふべき不戰條約の實効」, 『外交時報』 제654호(1932년 3월).

지한다면 국제 의무를 준수할 의지가 없는 국가가 오히려 유리한 지위에 있게 된다. 부전조약 체결국이 무력 수단 이외의 방법으로 외국의 권익을 조직적으로 부인해도 다른 체결국은 손쓸 수 없게 된다. 이러한 결과가 법의 정신에 맞지 않음은 말할 나위 없다. 그 실례가 1929년 중동〔東淸(東支)〕 철도 분쟁이며 이번의 만주사변이다.

이처럼 다오카는 만주사변을 자위권 행사로 간주함으로써 부전조약에 저촉되는 것을 피하고자 했던 일본 국제법 학계의 대세에 대항하는 한편, 자조自助를 대신할 수 있는 권리 구제 수단을 결여한 부전조약 자체에 대해 본질적인 비판을 제기하였다. 여기에서 시노부의 부전조약론에 아직 남아 있던 국제 도덕의 점진적 발전이라는 신화가 깨졌고, 국제사회의 권력 정치 현실이 냉소적일 정도로 부각되고 있다. 분명 이는 같은 시기에 대두한 현실주의 국제정치론과 공통된 심성이었다. 이후 다오카는 『공습의 국제법』 『전시 국제법』을 출판하였고, 동 세대 최고의 전시 국제법 연구자가 되었다.[56]

한편 시노부가 중·일 전쟁 이후 심혈을 기울인 것도 전시 국

---

56 田岡良一, 『空襲と國際法』(巖松堂書店, 1937), 田岡良一, 『戰時國際法』(日本評論社, 1938). 한편 다오카는 전후 일본에서 가장 유명한 현실주의 국제정치학자의 한 사람인 고사카 마사타카(高坂正堯)가 평생 학문적으로 존경한 인물이었다(『高坂正堯著作集』 제6권, 都市出版社, 2000, 해설, 671-672쪽).

제법 연구였다. 시노부는 중·일 전쟁기에 해군의 국제법 사무 촉탁이 되었는데, 공무의 짬을 내어 집필을 계속해서 태평양 전쟁 개전 직전인 1941년(昭和16) 11월에는 5천 쪽에 달하는 필생의 대작 『전시 국제법 강의』 전4권을 상재上梓하였다.**57** 고희를 맞이한 시노부는 서문에서 이렇게 말하고 있다. "국제법은 제1차 세계대전에서 거의 권위를 상실한 기세에 있었다. 지금 제2차 세계대전이 발발했어도 처음 몇 개월간은 특히 국제법 위반이 심했다는 말을 듣지 못했지만, 시간이 흐르면서 국제법은 앞 대전 때보다 한층 존재가 희미해졌고, 이제는 온 세상이 그 존재마저 잊어버린 양상이 되었다. 특히 전시에는 더 이상 중립국 따위는 있을 수 없고, 헤이그에서 의정議定한 조약들, 특히 중립국의 권리 의무에 관한 것은 죄다 시대착오로만 보는 것이 오늘날 세상의 일반적 풍조다… 국제법은 오늘날 존재가 희미해졌다고는 하지만 결코 사멸하지는 않았다… 국제법은 국가의 대외 행동을 어떤 경우에도 꼭 변호하기 위해 존재하는 것이 아니라 그 행동의 곡직(이해득실이 아니라 정사곡직正邪曲直임)을 한 단계 높은 곳에서 법적으로 재단하는 기준이라는 데 존재 의의가 있다… 내가 이 책을 공간하는 하나(의 이유)는 최근 구미의 일부 논객들 사이에 나라의 득실을 빼고 나면 국제법은 무언가라고 호언하는 자

---

57 信夫淳平, 『戰時國際法講義』 전4권(丸善, 1941).

가 드물지 않고, 맹방여국盟邦與國인지 아닌지를 갖고 법적 비판을 하는 자도 가끔 있는 시류를 감안했기 때문이기도 하다."**58**

시노부에게 전간기 국제질서는 모순이 가득찬 것이었다. 제1차 세계대전을 의전義戰의 확전으로 받아들인 시노부에게 전시 국제법에 의한 '전쟁 규제'는 전후에도 아직 중요성을 잃지 않을 터였다. 하지만 국제연맹 규약부터 부전조약에까지 나타난 전쟁 불법화의 조류를 전혀 무시할 수는 없었다. 시노부는 일단 부전조약을 전쟁 포기에 중점을 두고 보지 않고, 제1차 세계대전 이전부터 있었던 평화적 수단에 의한 국제 분쟁 처리의 점진적 확대라는 문맥에 끌어들여 해석하였다. 하지만 만주사변이 발발하면서, 국제 도덕은 자위권 남용을 억제시키지만 국제법은 자위를 요구하게 만드는 대상 범위를 오히려 확장시킨다는, 시노부가 생각했던 "현대의 일반적 추세"는 문제점을 노정하게 되었다.**59** '사변'이란 이름하에 '국제법상의 전쟁'과 구별되는 '사실상의 전쟁'으로서 '자위권'의 행사 범위를 넓혀가는 상황이야말로 전쟁 불법화의 역설이었던 것이다. 시노부는 이러한 역설을 인정하면서도, 아니 인정했기 때문에, 아직 전시 국제법에 대한 집착을 버리지 못했다. 시노부에게 전시 국제법으로 대표되는 '고전 외교'의 정신은 부동의 가치였다. 다오카를 포함한 1930년

---

58 信夫淳平, 『戰時國際法講義』 제1권, 3-5쪽.
59 信夫淳平, 『滿蒙特殊權益論』, 514쪽.

대 현실주의자들처럼 아이러니의 감각을 갖고 선택한 것은 아니었을 것이다. 시노부는 떠오르는 대동아 공영권론에 등을 돌렸고 태평양 전쟁 중에 고무라 주타로小村壽太郎 전기를 집필하였다.[60] 그것은 일찍이 분명히 존재했던 일본 '고전 외교' 실천자를 향한 얼마간의 노스탤지어를 담은 찬사였다.

그렇지만 태평양 전쟁기의 시노부가 단지 노스탤지어에 탐닉해 있었던 것은 아니다. 패색이 짙어지기 시작한 1944년(昭和19) 1월, 대전이 종국을 맞이한 새벽, 시노부는 전시 국제법의 총검토를 촉구하는, 주요 열국이 참여하는 일대 국제 회의를 개최할 것을 제안하였다. 전시 국제법은 유럽에서 발달했지만, 오늘날 '국제법의 정화精華'는 일본 이외에는 찾아볼 수 없다. 우리 나라를 '세계의 국제법 대본산'으로 만드는 것은 하늘이 내린 일본의 사명이다. 만일 이러한 일대 회의를 개최하기 어렵다면, 차선책으로 강화회의에서 공습의 무차별 폭격과 상전商戰의 무경고·무차별 격침 금지라는 양대 문제에 관한 공동 선언을 채택할 필요가 있다. "조만간 도래할 훗날의 강화조약을 조인하는 때를 계기로 삼아 우리 나라가 솔선 제창하여… 양대 문제에 관해 일

---

60 信夫淳平, 『小村壽太郎』(新潮社, 1942). 한편, '국민 외교'는 일본인 이민 배척에 관한 신사 협정이 체결된 이듬해인 1908년(明治41) 고무라(小村) 외상이 시부사와 에이이치(澁澤榮一)를 비롯한 실업계에 필요성을 역설한 것이 단서가 되었다(芝崎厚土, 『近代日本と國際文化交流』, 36쪽).

회적인 하나의 공동 선언으로서 전세계 앞에 율정선명律定宣明 한다면, 우리 나라가 인도人道의 향상에 공헌하는 일이 얼마나 위대한지 헤아릴 수 없을 것이며, 인류 복지를 향해 기여한 공적은 영원히 세계 역사에 전해질 것은 의심할 여지도 없다."[61]

태평양 전쟁 종결의 결과 주어진 것이 일본국 헌법의 '전쟁 포기' 조항이었다는 사실은 시노부에게 최대의 아이러니였을지도 모른다.

●

맺음말

●

시노부는 도쿄 재판이 진행되던 시기에 「교전권 구속의 조약들」[62] 이란 제목으로 강연을 한 적이 있다. 마지막으로 이 강연 내용을 살펴봄으로써 시노부의 태평양 전쟁관에 대해 간단히 언급하고자 한다. 우선 시노부는 전쟁을 범죄로 보는 주장이 아직 국제법

---

61 信夫淳平, 「戰時國際法上再檢討を要する若干問題」, 『國際法外交雜誌』 제43권 제1호(1944년 1월). 전시 국제법의 완성을 촉구하는 일대 국제 회의를 제창한다는 구상은 이미 信夫淳平, 『戰時國際法講義』 제4권, 920쪽에 보인다.
62 『信夫淳平氏・交戰權拘束の諸條約(特に開戰手續き條約と不戰條約)』. 도쿄대학 사회과학연구소 소장본을 이용했다. 필사본의 복사본으로 보인다. 표지에 "昭和25年 5月1日內外法政硏究會寄贈"이라 써 있는데, 강연의 시기와 장소는 확인할 수 없다.

상의 정칙定則으로서 지지를 받고 있지 않다고 보았다. 그는 교전권 행사를 구속하는 주요 조약으로 1907년 제2차 헤이그 평화회의에서 체결된 개전에 관한 조약과 1928년 부전조약을 들면서 두 조약과 태평양 전쟁의 관련성을 논하고 있다. 개전에 관한 조약은 공격에 앞서 선전 포고 또는 조건부 개전 통고를 포함한 최후통첩을 수교할 것을 규정하고 있는데, 여기서 진주만 공격을 규정 위반으로 봐야 할지의 문제가 생긴다. 개전에 관한 조약은 특히 공습 지상주의가 만연한 오늘날에는 실제적 가치가 부족한 시대착오적인 것인데, 입법론은 차치하더라도 해석론에서 보면 12월 8일의 대미 통고를 선전 포고와 최후 통첩으로 보는 것은 불가능하며, 일본이 개시한 적대 행동은 명백한 조약 위반을 구성했다고 논하지 않을 수 없다고 시노부는 주장하였다.[63]

또한 부전조약과 관련하여 시노부는 다음 세 가지 이유에서 일본이 조약 위반의 과실을 저질렀다는 것은 변호할 여지가 없다고 말한다. 첫째, 태평양 전쟁이 특정 지역 내에서 자국의 우월적 지위를 구축하려는 것이며, 부전조약에서 포기를 약속한 '국가 정책 수단으로서의 전쟁'임은 부정할 수 없다. 둘째, 무엇이든 자위를 빌어 자국의 행동을 변호하는 자위 남용의 관례를 답습한다면 몰라도, 자위라는 말을 엄격히 해석하는 한, 태평양

---

63 이미 미일 개전 직후 다치 사쿠타로(立作太郎) 등이 같은 판단을 내리고 있었다. 이에 관해서는 伊香俊哉, 『近代日本と戰爭違法化體制』(吉川弘文館, 2002), 317-319쪽.

전쟁을 국가 자위권으로 변호하기는 곤란하다. 셋째, 태평양 전쟁은 '침략 전쟁'이었음을 감출 수 없고, 따라서 부전조약의 정신과 양립할 수 없는 것이다. 부전조약의 실제적 가치에 관해서는 의문이 많다. 국가 정책 수단으로서의 전쟁을 포기한다는 것 이면에 있는 것은 자위권 개념의 비대화이며, 대부분 전쟁은 자위권이라는 이름하에 서슴없이 행동할 수 있고, 여기서 부전은 부전이 아니게 된다. 또한 '지나사변'의 경우처럼 사변이라는 이름으로 사실상의 전쟁을 행하고 부전조약 위반을 회피하는 "권도權道를 행하는 샛길"이 열려있는 이상 부전조약의 실효성은 의심스럽다. 하지만 이 또한 입법론에 지나지 않고, 일본의 행동이 조약 체약국으로서의 책무에 배치되기 때문에 열국의 비난을 초래한 것은 자업자득이긴 해도 유감스럽게 생각하지 않을 수 없다.

이와 같이 일본이 개전에 관한 조약과 부전조약을 위반했다는 판단을 이끌어낸 시노부는 마지막으로 조약 위반과 제재의 관계에 관해 이렇게 결론짓고 있다. 조약 위반은 국제 신의에 어긋나는 일이지만, 현행 국제법상 굳이 범죄를 구성하는 것은 아니다. 따라서 조약 위반에 대한 제재는 국제 여론의 도의적 제재에 의존할 수밖에 없다. "국제 조약, 특히 부전조약을 위반한 우리 나라는 배신 행위에 대한 국제 여론 법정의 엄숙한 규탄을 받는다면 금고 몇 년이라는 유형적인 체형보다는 훨씬 불리하고 고통

이 큰 무형적 제재를 마땅히 받아야 할 지위에 있는 것이 아닐까 라고 나는 믿지 않을 수 없는 것입니다."

3

'동아협동체론'에서 '근대화론'으로

로야마 마사미치의 지역·개발·내셔널리즘론의 위상

이 장과 관련된 졸고로「近代日本における地域・開發・ナショナリズム論の位相: 蠟山政道の國際政治論を中心に」, 張啓雄主編, 『戰後東北亞國際關係』(臺北: 中央研究院亞太研究計畵, 2003), 271-285쪽이 있다.

머리말

안보 개정 반대 운동의 여운이 아직 가시지 않은 1961년(昭和31) 중반, 논단에서는 일본 근대화를 재검토하는 일련의 논고가 발표되었다. 예를 들면, 『중앙공론中央公論』은 일본 근대화와 관련하여 경제학자 나카야마 이치로中山伊知郎, 사회학자 오다카 구니오尾高邦雄, 정치학자 로야마 마사미치蠟山政道의 논설을 연재했고[1], 9월호에는 라이샤워E.O.Reischauer와 나카야마 이치로의 대담 「일본 근대화의 역사적 평가」를 실었다. 이러한 분위기는 라이샤워 대사가 부임하면서 두드러졌는데, 케네디 정권의 개도국 개발 정책에 많은 영향을 준 로스토Walt W. Rostow의 이름을 따서 로스토=라이샤워 노선으로 명명되었다. 이 노선은 일본의 근대화에 비판적 자세를 취한 논자들에게 신랄한 공격의 대상이 되었다. 라이샤워와 나카야마의 대담은 "대동아 전쟁의 사상사적 의의"라는 논쟁적인 제목을 붙인 우에야마 슌페이上山春平*

---

1 中山伊知郎, 「日本の工業化と日本の民主化」, 尾高邦雄 「産業の近代化と經營の民主化」, 蠟山政道 「日本の近代化と福祉國家の建設」(각각 『中央公論』 1961년 6월호, 7월호, 8월호).

* 우에야마 슌페이(上山春平, 1921-): 철학자. 교토대학 명예교수. 일본의 불교, 국가론, 전쟁론 등에 관심을 가져왔다.

제3장 '동아협동체론'에서 '근대화론'으로 **155**

의 논문과 함께 실렸는데, 이 때문인지 이들의 논의는 일본의 근대화가 아시아 근대화의 모델로서 갖는 의의를 강조한 것이며, 전전기 일본 근대화의 성과를 과대평가하고 나아가 '대동아 전쟁 긍정론'으로 연결된다는 신랄한 비판을 받았다.[2] 기왕에 1960년 안보투쟁 후에 속출한 일본 근대화를 재평가하는 이러한 논의들은 미국 사회과학의 산물인 '근대화론'의 이식이라는 맥락, 아니면 1960년대 보혁 이데올로기 대결이라는 맥락의 어느 한쪽에 서서 이루어지는 일이 많았다.

이 장의 목적은 일단 1960년 안보기의 맥락을 떠나 정치학자 로야마 마사미치의 논의[3]를 중심으로 전전·전중기 이후의 사상사 맥락에서 이들 언설의 형성 과정을 자리매김하는 데 있다. 이 글에서는 당시 1960년 안보기의 논의들이 흔히 생각했듯이 단순

---

2 '근대화론'을 둘러싼 당시 일본의 의론에 관해서는 成瀨治, 『世界史の意識と理論』(岩波書店, 1977), 223-239쪽. 또한 케네디 정권 때 '근대화론'의 위상에 관해서는 Michael E. Latham, "Modernization and the Alliance for Progress," *Diplomatic History*, vol.22, Number 2 (Spring 1998). 한편 우에야마 슌페이(上山春平)의 의론은 이듬해 1962년(昭和37) 9월 『중앙공론』에 발표된 하야시 후사오(林房雄)의 「대동아 전쟁 긍정론」과 함께 언급되는 일이 많다. 우에야마 주장의 골자는 주권국가가 주권국가를 심판할 수 없다는 테제이며, 하야시의 의론과 달리 아시아주의적 색채가 엷다. 우에야마의 의론은 오히려 종전 직후에 근대 초극론을 주권국가 및 권력 정치 비판의 문맥에서 재해석함으로써 전후 평화주의와 접합하려 했던 전후 교토학파 주장의 계보와 연결되는 것으로 봐야 할 것이다. 전후 초기 교토학파의 주권국가 비판에 관해서는 米谷匡史, 「『世界史の哲學』の歸結」, 『現代思想』1995년 1월호, 217-218쪽; 졸고, 「戰後思想と國際政治論の交錯」, 『國際政治』117호(1998), 123-124쪽, 132-133쪽.

히 미국 사회과학을 이식하거나 미국의 냉전 전략을 추종한 데 머물렀던 것이 아니었고, 그 옳고 그름을 떠나 나름대로 내재적인 지적 전제가 존재하고 있었음을 중시하고자 한다.[4] 로야마는 '근대화론'을 둘러싼 논쟁의 중심 인물은 아니었지만, 제1차 세계대전 후부터 많은 시사 논설뿐 아니라 일관된 관심에 기초한 국제정치론을 남겼다. 따라서 로야마의 국제정치론에서 지역·개발·내셔널리즘론의 위상을 추적한다면 1960년 안보기의 논의에서 하나의 지적 계보를 탐색할 수 있을 것이다. 전전·전중·전후에 걸쳐 이루어진 로야마의 논의를 통해 일본 근대화를 아시아 속에 자리매김하고 아시아 지역에서의 국제정치의 특질과 일본의 역할에 관한 자기 이해의 한 유형을 알 수 있지 않을까 생각한다. 이는 종래 충분히 다루지 못했던 전후 아시아론의 한 측면을 역사적으로 고찰하는 실마리가 될 것이다.

---

3 로야마의 국제정치론을 다룬 선행 연구로서는 松澤弘陽, 『日本社會主義の思想』(筑摩書房, 1973), 289-346쪽; 三谷太一郎, 「國際環境の變動と日本の知識人」, 同『大正デモクラシー論』[舊版](中央公論社, 1974); 小林啓治, 『國際秩序の形成と近代日本』(吉川弘文館, 2002), 제6장「전간기의 국제질서 인식과 동아협동체론의 형성: 로야마 마사미치의 국제정치론」; 藤岡健太郎, 「戰間期日本知識人の東アジア國際秩序認識の構造: 蠟山政道と末廣重男の場合」, 『九州史學』 제125호, 2000); 藤岡健太郎, 「滿蒙問題の『發見』と日本の知識人: IPR京都會議と蠟山政道の議論を中心に」, 『九州史學』 제143호(2005); 山口浩志, 「初期蠟山政道の外交論」(1)(2), 『政治經濟史學』 제443호, 제444호(2003) 등이 있다.

4 같은 측면은 이 책 제1장에서 논했듯이 1960년 안보투쟁 후 흔히 미국 국제정치학을 이식한 것으로 생각되는 많은 현실주의 국제정치론에 관해서도 지적할 수 있다.

●
1. 발상의 원형

●

로야마 마사미치는 일본 행정학 연구의 선구자적 존재였지만, 동시에 처녀작 『정치학의 임무와 대상』의 종장[5]에서 "국제정치의 의의 및 발달"을 논한 이래 수많은 국제정치 논설을 발표한 일본 국제정치학의 정초자이기도 했다. 이 책은 1925년(大正14)에 출판되었는데, 당시로서는 획기적인 저술이었고, 이후 로야마의 기본 관심이 모두 들어 있다 해도 과언이 아니다. 따라서 평생 전개된 로야마 국제정치론을 관통하는 발상의 원형을 먼저 로야마의 초기 저작에서 읽어내고, 실제 국제정치 상황을 둘러싼 논의에 어떻게 적용되었는지를 잠시 살펴보자고 한다.

로야마의 학문 궤적은 다이쇼기 사회과학의 성립 사정을 반영하여 전통적인 국법학적 정치학이 전제로 삼았던 국가 개념의 소여성을 해체하는 데서 시작된다. 로야마가 연구를 시작했을 무렵 일본 정치학계는 한편으로는 가치와 존재를 준별하는 신칸트파의 인식론에 의거하면서 정치 개념의 자율성을 획득하려는 움직임이 있었고, 다른 한편으로는 영미의 실증주의를 따르면서

---
[5] 蠟山政道, 『政治學の任務と對象』(巖松堂書店, 1925), 제12장. 이하의 인용은 1979년에 복간된 주코문고(中公文庫) 판에 의함.

정치 현상의 동태적 분석을 시도하는 움직임이 있었다. 어느 경우든 국가 개념과 정치 개념의 즉자적 일체성을 거부하는 것이었고, 국법학으로부터 정치학의 자율을 꾀하려는 시도였다고 할 수 있다.[6] 로야마는 이러한 동향에 민감하게 반응했다. 실증주의에 대해서는 정치학이 사회학에 매몰될 위험성을 지적하면서 이상주의에 기초한 정치 개념을 적극적으로 구성할 것을 역설하고, 이상주의에 대해서는 정치 현상이라는 대상은 실증적 경험을 떠나서는 포착할 수 없다고 주장함으로써, 실증주의와 이상주의의 두 흐름을 연결시키고자 했다. 로야마의 처녀작은 이러한 가교의 시도였고, 여기서 로야마가 정치학의 임무로 삼은 조직과 기능의 통일적 파악은 일생 동안 로야마 정치학의 기본 과제가 되었다.

국가 개념의 소여성에 관한 로야마의 이러한 물음은 국제정치학의 성립을 촉진시킨 계기이기도 했다. 국가와 국가의 관계 혹은 수개 국가들 간의 관계를 중심으로 발생하는 정치 현상은 종래 외교 정책 혹은 대외 정책으로 불렸다. 로야마는 이러한 입장의 특색으로서 국가 중심과 국가 본위라는 두 가지 '국가관적 지주支株'를 지적한다. 전자는 특정한 일국을 중심으로 자국과 외국

---

6 로야마 자신이 이러한 동향을 정리한 것으로는 蠟山政道, 『日本における近代政治學の發達』(實業之日本社, 1949), 137-169쪽. 이하의 인용은 페리칸사(ぺりかん社)가 1968년에 간행한 복각판에 의함.

의 교섭·관계를 생각하는 것이며, 이 입장에서는 신헤겔파*의 보잔켓Bernard Bosanquet*에서 전형적으로 나타나듯이 국가를 넘어선 상층 개념을 인정치 않는 것이 통례다. 그러나 설사 정치 지도자나 일반 민중이 국가 이외의 최고 절대의 결합체가 존재하지 않는다고 믿는다 해도, 국가에 의해 통제되는 국민이 다양한 통로를 통해 서로 접촉하고 교통하는 결과로서 국가와 국가는 뭔가 교섭을 갖지 않을 수 없다. 여기서 두번째로, 그러한 교섭의 태도로서 국가 본위라는 것이 생겨난다. 이 사상의 철학적 기초는 그리스 시민 국가의 플라톤과 이것을 근대 국가에 적용한 헤겔이 놓았고, 영국에서 토머스 그린Thomas Hill Green*이 발전시켰는데, 요점은 각 국민의 역사적 사명 혹은 문화적 직분에 있었다. 세계에 대한 각 국민의 공헌은 어디까지나 직접적으로는 자기에게 주어진 역사적 사명 혹은 문화적 직분을 완성함으로써 이

---

* 신헤겔파: 19세기말~20세기 전반에 헤겔의 관념 철학을 비합리주의적 세계관으로 재생시키고자 한 일군의 철학자. 헤겔이 칸트의 주관적 관념론을 비판적으로 극복한 사실을 부인하고, 헤겔 철학의 변증법적 방법을 없애고자 했으며, 헤겔의 전 저작을 초기의 비합리주의적 경향으로 환원시키고자 했다.

* 보잔켓(Bernard Bosanquet, 1848-1923): 옥스퍼드 학파를 대표하는 영국의 정치 철학자. 국가는 선한 의지의 자율에 입각한 전체적·능동적 생활체이며, 의사 자유의 조건을 확보하는 개인은 국가에 있어서만 자유라는 국가 만능설을 주장하였다.

* 토머스 그린(Thomas Hill Green, 1836-1882): 헤겔주의자·관념론자로서 영국의 경험론에 반대한 영국의 철학자·정치사상가. 자유 방임을 부정하고 국가 간섭을 긍정하는 신자유주의의 토대를 마련했다.

루어야 하며, 여기에서 국제관계는 기껏해야 협조주의에 머무르며 동일한 목적을 좇아 협동하는 데까지 이르지는 못한다. 이러한 국가 중심 내지 국가 본위의 외교 정책 내지 대외 정책에 반대해서 새로 대두된 것이 국제정치였다.[7]

여기서는 먼저 종래의 국가관에 철학적 기초를 부여한 자로서 그린과 보잔켓이라는 영국 신이상주의 계보가 중시되고 있는 점에 주목하고자 한다. 로야마가 국가 개념의 소여성을 박탈한 새로운 정치학 이론을 구축하고자 했을 때 가장 영향을 받은 것은 당시 정치학의 최첨단이었던 영국의 다원국가론이었다. 특히 다원국가론이 공유했던 직능설의 기능 개념은 로야마 정치학의 향도 개념이었다. 로야마 정치사상의 형성도 기본적으로는 신이상주의를 거쳐 다원국가론으로 흘러가는 영국 정치사상의 전개와 병행 관계에 있었고, 로야마는 이 점을 자각하고 있었다. 또한 잘 알려져 있듯이 로야마 이전 세대의 정치학자들은 러·일 전쟁 이후 제1차 세계대전 때까지는 윤리 공동체로서의 국가 관념에 의거하면서 "안으로는 입헌주의, 밖으로는 제국주의"를 기초지웠고, 이와 달리 다이쇼 후기 정치사상은 '사회의 발견'으로 불리는 사회 개념의 대상화를 중심 주제로 해서 전개되었다.[8] 이렇게 보면 로야마 국제정치론은 거시적으로 보면 다이쇼기에 전개

---

7 蠟山政道, 『日本における近代政治學の發達』, 359-361쪽.

된 사회 개념의 석출析出이 국제정치 영역으로 확대될 때 하나의 논리적 가능성을 보여 준 것이라 생각된다.

국제정치 영역에서의 기능 개념에 대한 착목은 1928년(昭和3) 출판된 『국제정치와 국제행정』에서 더 체계적으로 전개된다. 이 책 서문에 따르면, 로야마는 1920년(大正9)에 대학을 졸업한 뒤 국제법학자 다치 사쿠타로立作太郎의 조수로서 『국제법 외교 잡지』 편집을 담당하면서 전후 유럽의 국제 사정을 배웠는데, 이 시기에 레너드 울프Leonard Woolf의 『국제 통치론』을 읽고 큰 감명을 받았다고 한다.[9] 이는 우연이 아니었다. 울프는 페이비언협회의 국제문제 전문가였다. 울프는 페이비언협회의 위촉으로 제1차 세계대전이 한창일 때 이 책을 집필했는데, 전간기 국제정치론에 특징적인 개혁주의reformism적 색채를 띠었고, 훗날 미트러니David Mitrany 등이 계승, 발전시킨 기능주의 국제정치론의 선구적 업적으로 볼 수 있는 저작이었다.[10] 로야마가 울프의 저작에서 계시를 받은 이유도 아마도 전술한 직능설의 기능 원리

---

8 飯田泰三,「吉野作造: "ナショナルデモクラット"と社會の發見」, 小松茂夫・田中浩編, 『日本の國家思想(下)』(青木書店, 1980). 뒤에 飯田泰三, 『批判精神の航跡』(筑摩書房, 1997)에 수록됨. 한편 대외사상에 나타난 국민의 역사적 사명감을 다룬 의론의 계보에 관해서는 松本三之介,「國民的使命感の歷史的變遷」, 『近代日本思想史講座 Ⅷ・世界の中の日本』(筑摩書房, 1961).

9 Leonard Woolf, *International Government* (N.Y.: Brentano's, 1916); 蠟山政道, 『國際政治と國際行政』(嚴松堂書店, 1928), 2-3쪽.

가 국내 영역뿐 아니라 국제 영역까지 관철되고 있음을 발견하고 놀란 데서 찾을 수 있을 것이다.

로야마는 국제정치의 경험적 기초로서 국제 조직·제도를 중시한다. 국제정치 조직은 국제사회라는 전체 사회의 구성, 유지 및 발달을 위해 만들어진 것으로 구성원의 활동을 통제할 수 있는 직분을 갖는다. 국제사회는 두 가지의 부분 사회, 즉 종족 사회·민족 사회·국민 사회로 구성되는 '기초 사회'와, 주식회사·노동조합·학회 등으로 구성되는 '파생 사회'로 성립한다. 이에 대응하여 국제정치 조직의 단위도 기초 사회인 국가를 단위로 하는 외교 기관·'공적 국제 기구'와, 파생 사회인 개인이나 결사의 결합으로 성립하는 "사적 국제 기관"으로 분류된다. 국가가 명백히 국제정치 조직의 단위로서 나타나는 것은 공적 국제 기관에서이며, 공적 국제 기관은 각 국가가 자국의 외교 기관을 통해 행하는 국제입법·국제행정으로는 더 이상 국제사회의 필요를 충족시키지 못하게 되었을 때, 진화의 대세에 밀려 자국 본위의 입장을 버리고 국제 정책의 입장에서 협동하여 설립하는 조직이다. 그 업무는 적극적으로는 각 국가에 공통된 이익을 가져오고 국가 단위로는 실행할 수 없는 사업을 수행하는 것이지만, 소극

---

10 Peter Wilson, "Leonard Woolf and International Government" in David Long and Peter Wilson eds., *Thinkers of Twenty Years' Crisis* (Oxford: Claredon Press 1995), p.140.

적으로는 각 국가의 독립·자유·주권에 저촉되지 않는 범위의 사업에 한정된다.[11]

이리하여 국제정치 조직이 성립하는 근거는 개별 국가로는 해결할 수 없는 정책 영역이 출현하고 각 주체가 상호 협력을 가능하게 하는 이익을 공유한다는 데서 찾을 수 있다. 이러한 국제정책 영역의 출현은 국제행정이 발생한 원인이기도 하다. 여기서 주목할 것은 로야마의 경우 국제행정의 발달이 19세기 후반 이후 직능 국가화에 따른 국내 행정의 발전과 병행한 것으로 의식했다는 점이다. 국제행정에서 직능의 종류는 우선 교통 기관에서 시작되었고, 풍기 위생, 상공업·금융, 그리고 과학 연구로 범위를 확대하고 있는데, 이것은 국내 행정의 발달과 궤를 같이하는 것으로 간주되었다. "단지 그 종류의 많고 적음으로 본다면 모든 국가 행정에 대해 국제행정의 존재가 인정된다고 말해도 과언은 아니다"라는 말이다.[12] 이 점은 국민국가를 넘어서는 초국가적transnational 사회 관계를 보는 로야마의 이미지를 생각할 때도 중요하다. 후술하듯이 로야마는 평생 20세기는 '탈국민국가' 시대라는 입장을 견지했는데, 로야마가 국가 영역을 넘어 성

---

11 蠟山政道, 『國際政治と國際行政』, 10-18쪽.
12 蠟山政道, 『國際政治と國際行政』, 275쪽; 蠟山政道, 『政治學の任務と對象』, 347-348쪽. 한편 전간기 국제행정학의 전개에 관해서는 城山英明, 『國際行政の構造』(東京大學出版會, 1997), 제1장 제1, 2절이 상세하다.

립하는 전체 사회의 정치적 요구와 국민주의 사이의 모순의 하나로서 국가 통치 기관의 대표 원리인 지리적 구획주의를 들고 있음[13]은 대단히 흥미로운 일이다. 로야마는 일찍부터 의회에 직능 대표제를 도입할 것을 주장했는데,[14] 지역 대표에서 기능 대표로의 전환에 대한 관심은 국제정치론에서도 일관되었던 셈이다.

이처럼 로야마는 국내정치와 국제정치를 둘다 직능 기능 원리가 관철되는 불가분의 영역으로서 의식하고 있었다. 로야마는 국제정치에서 각국의 공통 이익은 단순한 인도적 내지 세계주의적cosmopolitan 의식으로는 포착될 수 없다는 점을 여러 번 강조하였다.[15] 국제주의의 근거를 통치 영역의 기능적 확대라는 현실적 요청에서 찾았기 때문이다. 1920년대 로야마의 국제정치론은 동시대의 서구 국제정치학에서 공유하였던 개혁주의 색채가 농후한데, 로야마는 이 경우에도 세계정부론적인 주권 개념 비판에는 시종 거리를 두었다.[16] 로야마의 기능주의 국제정치관이 이러한 법률주의 국제연맹론과 거리를 두게 했다고 볼 수 있다. 이 점에서 로야마는 전쟁을 회피하기 위한 법적 틀을 구축하는 데 경도되었고, 국제관계의 입헌주의적 접근에 호의적이었던 울

---

13 蠟山政道, 『國際政治と國際行政』, 38-39쪽.
14 蠟山政道, 『日本政治動向論』(高陽書院, 1933), 359쪽.
15 蠟山政道, 『政治學の任務と對象』, 363쪽; 蠟山政道, 『國際政治と國際行政』, 10-11쪽.
16 蠟山政道, 『國際政治と國際行政』, 257-258쪽.

프[17]보다 기능주의적 접근에 더 충실했는지도 모른다.[18] 로야마는 국제연맹에서의 국제행정 기관의 제도화를 국제 협력의 진전으로 평가했는데,[19] 후술하듯이 안전 보장 영역에 관해서는 국제연맹의 역할이 전후 유럽 질서의 현상을 유지하는 데 주안점이 있다는 현실적 판단을 내렸던 것 같다.

이상의 검토에서 분명하듯이 로야마의 국제정치론에는 국제사회의 기능적 통합에 대한 전망이 담겨 있었다. 로야마는 국민주의와 민주주의의 결합은 19세기에는 일정한 의의가 있었지만 오늘날에는 포화점에 달했고, 국제정치의 요구는 국민주의가 구축한 울타리를 무너뜨리고 외부로 나아가고 있다고 생각했던 것이다.[20] 하지만 이미 상호 의존 관계가 진행된 유럽 선진 국가들과 달리 국민국가가 형성되지 않은 동아시아 지역에서 이러한 이해는 얼마나 타당성이 있을까. 초기의 로야마가 이 점을 결코 자각하지 못했던 것은 아니다. 로야마는 20세기 유럽 국가들이 국민주의로부터 국제주의로 이행하고 있음을 인정하였지만,

---

17 小林啓治, 『國際秩序の形成と近代日本』, 212-215쪽. 한편 입헌적 어프로치에 관해서는 城山英明, 『國際行政の構造』, 4-17쪽.
18 기능주의 입장에서 철저히 입헌적 어프로치를 비판했던 미트러니에 관한 로야마의 언급은 蠟山政道, 「國際社會における國家主權」, 『近代國家論第1部 權力』(弘文堂, 1950), 66쪽.
19 蠟山政道, 『國際政治と國際行政』, 293쪽.
20 蠟山政道, 『國際政治と國際行政』, 39쪽.

극동·태평양 연안 국가들은 20세기가 오히려 국민주의의 시대라 판단하고 있었다. 유럽 국가들의 경우도 봉건 제도가 붕괴되고 국제주의가 제창되기까지는 국민주의의 성립·발전·충돌의 시기를 경험하면서 적어도 약 1세기의 역사를 거쳤지만, 이와 달리 극동 국가들의 경우 국민주의는 바야흐로 성립기 내지 발전기를 맞이한 것에 불과하며, 과거에 "봉건 전제 정부와 비입헌 정부의 충돌"은 있었지만 "국민과 국민의 전쟁은 아직 없었기" 때문이다.[21]

이리하여 제1차 세계대전 후 극동의 지역 질서는 새로 대두하는 극동 국가들의 국민주의 추세에 기초해서 구축되어야만 했다. 여기서 로야마가 주목한 요인은 중국 국민당의 성장과 태평양 연안에서의 미국 국제 자본의 이동이었다. 로야마는 당시 일본 지식계에 뿌리 깊었던 마르크스주의 제국주의론과는 달리, 미국의 자본 수출이 이 지역의 상호 의존을 높일 것이라는 기대를 가졌고, 국민혁명이 진전하면서 독립성을 강화한 중국이 이러한 네트워크에 포섭됨으로써 장기적으로는 아시아·태평양에서 "불완전하지만 독립 대등한 국가들" 사이에 지역 질서가 형성되는 시나리오를 그렸던 것 같다.[22] 그는 이 지역에서 신흥 내셔널리즘의 의의를 인정하면서도 선진국 주도의 국제정치 경제

---

21 蠟山政道, 『國際政治と國際行政』, 176-178쪽.
22 蠟山政道, 『國際政治と國際行政』, 224-226쪽.

체제에 편입시킴으로써 신흥 내셔널리즘의 돌출을 억제하는 데 관심이 있었다. 당시 로야마의 워싱턴 체제 이미지도 이러한 것이었다고 생각된다.

로야마는 아시아·태평양 지역에서 상호 의존의 점진적 확대를 감안하면서 아시아·태평양에 지역 평화 기구를 설립하자고 제안하였다. 이 제안을 추동한 하나의 계기는 1928년(昭和3)에 성립한 부전조약이었다. 로야마는 "거칠고 취약한 국제 조약이긴 하지만 부전조약으로 태평양 연안에 위치한 모든 유력 국가들에게 한 개의 국제 조약의 그물이 쳐진"[23] 것에 주목하였다. 워싱턴회의 이후 열국의 대중국 정책은 그것에 의해 윤곽이 규정되었고 현재의 극동 국제관계에는 더 이상 일국의 자유 의사로는 침범할 수 없는 규범이 존립하는데, 부전조약 체결은 이 방향을 더욱 진전시켰던 것이다.[24] 그러나 부전조약이 어떤 형태로 태평양 관계에 영향을 미칠지는 부전조약을 둘러싼 각국의 생각에 차이도 있어 반드시 자명한 것은 아니었다. 국제연맹의 중핵을 맡은 영국과 프랑스는 대체로 부전조약에 소극적이었고, 국

---

23 蠟山政道, 『日本政治動向論』, 545쪽.
24 蠟山政道, 『日本政治動向論』, 546쪽. 한편 로야마는 시데하라 외교와 다나타 외교가 모두 이러한 규범의 구속을 받아 행동하고 있으며, 양자의 대립은 "대내적으로는 같은 정당의 분열까지 초래할 정도로 다른 것처럼 보이지만, 대외적으로는 결국 오십보백보를 넘지 않는 것이 아닐까"라고 생각했다(蠟山政道, 『日本政治動向論』, 546쪽).

제연맹은 영국과 프랑스의 의향을 반영하여 안전 보장에 관해서는 상호 보장과 현상status quo의 약정을 목표로 한 외교를 전개하였다. 로야마에 의하면, "국제연맹식 외교"는 "라인 문제와 동·중유럽 국가들의 현상 유지를 주장하는 프랑스 외교이고, 이집트 보호권과 대영 제국의 안전 보장을 주장하는 영국 외교이며, 유고슬라비아를 엿보는 이탈리아 외교이고, 만몽 지배권과 산뚱山東의 세력 범위를 잃지 않으려는 일본 외교의 집합 명사"였다.[25] 그리하여 로야마는 영국과 프랑스의 영향력이 강한 유럽 지역의 안전 보장에 관해서는 부전조약을 핵심으로 삼는 미국의 국제정책이 결국 소극적인 것으로 끝나지 않을 수 없다고 보았다.[26]

그러나 태평양 지역의 국제관계에서는 이와는 사정이 사뭇 달랐다. 국제연맹은 태평양 연안에 대해서는 소수의 참가국을 통해서든가, 아니면 위임 통치 지역에 대해 직접·간접의 관계를 갖는 데 지나지 않았다. 더구나 이 지역의 안전 보장에 관계가 깊은 미소 양국은 연맹 가입국이 아니었다. 따라서 태평양에서 국제연맹과 지역 질서의 관계는 유럽의 경우와 동일시할 수는 없었다. 오히려 이 지역에서 안전 보장의 주도권은 연맹과 유럽 국가들의 관계를 고려하면서 또한 연맹과는 독립된 국제 조직을

---

[25] 蠟山政道, 『日本政治動向論』, 545쪽.
[26] 蠟山政道, 『日本政治動向論』, 544쪽.

실현시키려는 미국이 쥐고 있었다. 일본 외교의 장래는 미국·로카르노 체제로 불러야 할 이러한 구상에 대해 어떤 대응을 취할지 여부에 달려 있었다.[27]

지역 평화 기구에 대한 로야마의 관심은 중국 내셔널리즘의 대두로 중·일 간에 긴장이 높아지면서 더 절실해졌다. 각국의 민간 지식인들로 구성된 태평양문제조사회의 국제회의에 출석해서 중국측의 엄중한 대일 태도를 실제로 접했던 경험을 통해, 로야마는 이러한 지역 평화 기구가 필요하며, 동시에 실현되기 어렵다는 인식을 심화시켰던 것으로 보인다.[28] 부전조약을 아시아·태평양 지역에 적용하려 했을 때, 최대 초점은 중국 문제이며, 만주를 포함한 아시아 대륙이 조약 지역 속에 포함되는 것을 피하기는 어렵다. 그러나 일본측이 부전조약의 실효성을 담보하는 국제 분쟁 처리의 심사·조정을 행하는 공적 기관을 수립하는 데 동의하리라고는 도저히 생각할 수 없다. 따라서 남은 방책은 국제연맹협회나 태평양문제조사회와 같은 현존하는 사적 기관을 발전시켜 나가되, 국제연맹의 전문 기관이나 사무국과 연락을 확보하고 미국·소련 등 주요국의 유력 인물을 망라한 상설 기관을 설치함으로써 공적 성격을 높여가는 수밖에 없다. 이때 국제연맹에서 국제행정·재정의 경험과 기술을 이용하는 것은

---

27 蠟山政道, 『日本政治動向論』, 544-547쪽.
28 蠟山政道, 『世界の變局と日本の世界政策』(嚴松堂, 1938), 3-4쪽.

단지 연맹과 협력을 확보하기 위해서뿐 아니라 그 기관 자체의 능률과 성적을 높이기 위해서도 불가결하다. 이러한 상설 기관을 갖춘 사적 국제 기관은 직접적인 정치적 기관보다도 우선 태평양에서의 금융·통화·교통·노동이란 항목을 조사 대상으로 하는 경제 기관으로 발전할 것이다.²⁹ 이리하여 로야마의 주장은 아시아·태평양 지역에서의 기능적 통합의 점진적 확대라는 주제로 되돌아갔다.

초기의 로야마는 다원국가론의 영향을 받으면서도 직능 국가화에 수반된 통치 기능의 확대를 국제 영역에까지 적용함으로써 국제정치의 성립 근거를 세웠다. 이러한 기능 통합의 진전은 바로 20세기 국제정치의 특질이며 국제사회에 두루 관철되어야 할 논리였다. 사실 로야마는 이 시기에 구축한 발상의 원형을 평생 유지했다고 해도 과언이 아니다. 그러나 이미 상호 의존 관계가 진전된 유럽 선진 국가들과 달리 국민국가가 미형성된 아시아·태평양 지역에서 국제정치학의 선구자이고자 했던 로야마는 신흥 내셔널리즘의 논리와 기능 통합의 전망을 어떻게 접합시킬 것인가라는 과제를 끌어안지 않을 수 없었다. 또한 안전 보장 영역에서도 이 지역은 국제연맹과 로카르노 조약이 결부되는 것에 비견할 만한 지역 안전 보장의 틀을 갖지 못했다. 로야마는 이러

---

29 蠟山政道,『日本政治動向論』, 533-535쪽.

한 결함을 메우고자 아시아·태평양에 지역 평화 기구를 설립하자고 제창했고, 지역 질서 형성의 전망을 제시하고자 했다. 하지만 얄궂게도 이 '지역' 개념이야말로 만주사변 후에 로야마 국제정치론의 중핵 개념으로 떠오르면서 로야마 국제정치론의 기조를 변화시키는 매개가 되었다. 다음 절에서 로야마의 인식 틀을 통해 이 변용 과정을 논하도록 한다.

●
2. '동아협동체론'에의 경도

●

만주사변이 발발하면서 일본의 대륙 정책과 중국의 국민주의 사이의 충돌은 현실화되었다. 로야마는 부전조약 체결 때부터 부전조약이 중국 문제를 둘러싼 분쟁에 적용될 경우에 일본은 어떤 태도를 취해야 할지 생각해야 한다고 촉구했다. 로야마의 이러한 우려는 만주사변에서 미국의 스팀슨 외교가 전개되면서 실제로 증명되었다.[30] 로야마의 사변 처리 수습 구상은 국제연맹과의 관계를 염두에 두면서 만주 문제를 현행 국제 규범 속에 자리매김하는 데 최대 주안점을 두었다.

---

30 蠟山政道,『日本政治動向論』, 538쪽.

이미 선행 연구가 지적하고 있듯이[31], 만주사변기 로야마의 의론은 다음 세 가지 특징을 보였다. 먼저, 로야마는 만주에서 일본이 갖는 지위의 특수성을 변증하고자 했다. 로야마는 국제법적 관점에서 만주에서의 일본의 지위를 기존 조약에 의거한 제 권익의 집적으로 파악하는 견해를 비판하였다. 그는 만주의 사회 발전 단계에서는 근대 국가를 전제로 하는 국제법을 적용할 수 있는 영역은 한정된다면서, 만주 문제는 조약 해석과 법리적 의제擬制가 아니라 사실 관계에 기초한 "새로운 국제적 정치적 의사의 표현인 입법"으로 해결되어야 한다고 주장하였다.[32] 로야마 의론의 첫번째 특색은 법적 '특수 권익'론의 입장에서 사실 상태를 기초로 한 정치적 '특수 관계'론으로서 만주에서의 일본의 지위를 위치지웠다는 점에 있다.

그러나 둘째, 일·만日滿 관계의 특수성에 관한 변증은 만주 문제를 국제연맹과 함께 해결해야 한다는 신념에 기초하고 있었다. 로야마가 만주 문제의 특수성을 강조한 것은 국제 분쟁 처리의 절차·형식에 관해 어디까지나 만주 문제를 예외적 사례로 다룸으로써 연맹 가맹국들의 이해를 얻기 쉽게 한다는 고려에서 나왔다. 연맹 국가들, 특히 소국은 만주에 관한 실제 문제에는

---

31 三谷太一郎, 『大正デモクラシー論』[舊版], 237-242쪽; 小林啓治, 『國際秩序の形成と近代日本』, 218-221쪽.
32 蠟山政道, 『日滿關係の研究』(斯文書院, 1933), 234-235쪽.

관심이 없었고 만주사변 처리가 연맹의 국제 분쟁 처리의 선례가 되어 자국 안전 보장의 기초가 흔들리는 것을 우려했다.[33] 또한 앞 절에서도 지적했듯이, 연맹의 주요 대국인 영국과 프랑스가 국제연맹의 안전 보장 역할에 관해 대국에 유리한 현상 유지 태도를 취하고 있다고 로야마가 판단했던 것도 간과할 수 없다. 로야마는 이미 부전조약 체결에 즈음해서 미국 외교가 "오늘날 부전조약의 정도程度를 넘어 적극적으로 뭔가 국제 기관의 설정을 주장한다면, 아마도 지나支那의 찬동을 받겠지만 일본은 연맹에 반대하기보다는 오히려 더욱 연맹식 외교의 방패 뒤에 숨을 것이다. 이 경우 영국은 이번 부전조약에서 표면상으로는 미국과 프랑스의 중도를 선택하고 실제로는 프랑스를 지지한 것처럼, 겉으로는 미국에 찬동하면서 속으로는 일본의 입장에 불리하지 않은 행동을 취할 것이다"[34]라고 예측하였다. 따라서 만주 문제의 예외성을 강조하고 소국을 배려하면서 대국과 협조 관계를 유지하고 연맹을 유도해 간다면, 만주국의 국제적 승인을 얻어내는 것도 불가능하지 않다고 보았다.[35] 로야마는 훗날에도 국제연맹이 이디오피아 문제*와 관련하여 강경한 불승인 결의를

---

33 蠟山政道,『世界の變局と日本の世界政策』, 23쪽.

34 蠟山政道,『日本政治動向論』, 545쪽.

35 蠟山政道,『世界の變局と日本の世界政策』, 28쪽. 이러한 전망의 현실적 가능성에 관해서는 井上壽一,『危機のなかの協調外交』(山川出版社, 1994), 16-53쪽.

했지만 영국의 현실주의 외교 때문에 1938년(昭和13) 5월 이사회 결의로 불승인 결의를 해제하고 연맹 각국의 자유로운 개별 승인을 인정하게 된 사례를 인용하면서, 연맹의 불승인 결의가 절대적인 것이 아님을 재론하고 있다.[36]

일본은 로야마의 주장에도 불구하고 국제연맹을 탈퇴하였다. 하지만 셋째, 로야마는 연맹 탈퇴 후에도 일본 외교와 국제연맹의 유대를 보전해야 한다고 주장해 마지않았다. 로야마는 양자를 매개하는 것으로서 지역의 특수 사정을 고려한 지역 평화 기구의 설립을 제창하였다. 국제연맹의 극동 지방 조직이라는 성격을 갖는 것인데, 일본은 연맹 탈퇴 후에도 이를 매개로 어떤 형태로든 연맹과의 연락을 보전해야 한다는 말이었다.[37] 로야마는 이러한 국제 조직 원리를 "지역주의"라 불렀다. 국내의 지역 제도에서 부현府縣과 같은 현행 지방 제도가 변경되더라도 국가 자체의 통일에 아무런 변경이 없는 것처럼, 세계 조직으로서의 지역제도에서도 종래의 식민지나 반식민지에 정치적 변경이 가해져도 세계 평화 기구의 원리가 세계에 존재하는 것이 무시되

---

36 蠟山政道, 『世界の變局と日本の世界政策』, 31쪽.
37 蠟山政道, 『世界の變局と日本の世界政策』, 102쪽.
* 이디오피아 문제: 이탈리아 제국과 이디오피아 왕국 간에 발생한 이디오피아 전쟁(1935-1936)을 둘러싼 문제. 이 문제를 둘러싸고 국제연맹은 정치 위기에 직면하지만, 영국과 프랑스의 유화 정책으로 1935년 9월 국제연맹 중재위원회가 분쟁 당사자 쌍방에 책임이 없다는 결정을 내리고 사태의 추이를 방관하였다.

어서는 안 된다.[38] 새로 도입된 지역주의 개념은 처음에는 국제질서에 통일성이 존재한다는 것을 전제로 하위 개념으로서 자리매김된 것이었다.

그런데 극동의 특수성을 강조하고자 제창된 지역주의는 점차 현행 국제질서의 보편성을 원칙적으로 비판하고 세계 질서 자체를 재편하는 원리로 바뀌어갔다. 중·일 전쟁 후 동아협동체론을 제창하면서 결정적으로 바뀌었음은 말할 나위 없지만, 여기서는 우선 로야마 국제정치론의 이러한 변용이 단순히 시국에 부응한 즉시적 대응이 아니라 로야마가 의거했던 정치 원리의 전환을 수반한 것이었음을 확인해 둔다. 로야마 정치학에서 이러한 전환을 보여 준 중요한 논문은 1935년(昭和10) 가을에 발표된 「정치적 통일의 이론들」이다.[39]

로야마는 이 논문에서 우선 정치적 통일의 대표적 이론으로서 카를 슈미트로 대표되는 파시즘적인 전체 개념을 논의의 대상으로 삼았다. 정치적 통일의 이론은 어느 것이건 먼저 정치 개념을 예정하고 있으며, 정치적 통일 이론간의 상이함은 정치 개념의 상이함, 특히 정치의 기능개념에 관한 이해가 서로 다른 데서 유

---

38 蠟山政道, 『世界の變局と日本の世界政策』, 102-103쪽.

39 蠟山政道, 「政治的統一の諸理論」(1)(2·完), 『國家學會雜誌』 제49권 제9호·제10호, 1935). 이 논문이 로야마 정치사상의 전환점으로서 갖는 의의에 관해서는 이미 松澤弘陽, 『日本社會主義の思想』, 330쪽에서 명확히 지적하고 있다.

래한다. 슈미트는 정치의 기능 개념 자체에 분명 논리적으로 반대하지 않았지만, 또한 기능주의를 적극적으로 주장하지 않았음도 분명하다. 슈미트는 종래 기능주의가 개인주의·다원주의·이지理智주의에 너무 치우쳐 정치와 국가의 기계적·수단적 규정으로 추락한 것을 배격하고자 이에 대한 반발로서 정치 기능의 현실적 존재와 문화적 상황에 의한 피구속성이라는 측면만을 강조하고 있다. 하지만 이러한 현실적 존재와 문화적 상황은 어디까지나 정치 기능을 촉진하는 배경 요인에 불과하고, 그것에 의해 발동된 정치적 결정이나 비상시의 타개라는 현상의 개념화는 이에 수반되는 의미와 관련이 없으면 내용이 없는 것에 지나지 않는다. 슈미트가 말하듯이, 만일 우적友敵을 구별하고 적을 배격하는 것이 '정치적인 것'의 핵심이라면, 도적떼의 폭력 행위와 군대로 행해지는 국가의 실력 행위는 구별할 수 없을 것이다. 따라서 슈미트처럼 기능주의를 배격하고 정치적 통일의 전체성을 구현하는 이론화는 정치의 목적적·의식적 측면을 무시하는 것이었다.[40]

또한 개인 인격의 존중과 정치적 일체성의 확보를 조화시키는 데 주안점을 둔 19세기 자유민주주의와 그 사상적 배경 하에서 사회 집단의 인격적 존재를 중시한 다원국가론의 연합적 통일이

---

40 蠟山政道,「政治的統一の諸理論」(1), 4-9쪽.

론이 어느 것이든 국가 대 인민의 대립 도식을 전제로 하였던 것과 달리, 전체적 통일의 정치 이론은 치자와 피치자의 동질성을 전제로 삼았고, 정치적 통일의 도식은 국가-인민의 이원적 대립 도식이 아니라 국가-정치적 지도(운동)-인민의 3단계 구조를 취하는 것으로 상정되었다. 그러나 인민과 지도자의 동질성을 상정한 이러한 이론을 모든 사회적 정신적 영역에까지 확장해서 적용하고자 시도하는 것은 극단적 논의였다. 모든 사회 조직·제도를 정치적으로 통일하려면 서로 통하는 내면적 논리가 발견되어야 하는데, 꼭 정치에 의해 창조하고 강제할 수 있는 것은 아니기 때문이다.[41]

로야마의 슈미트 비판에는 다이쇼 데모크라시기에 구축된 로야마 정치사상의 골격이 잘 드러나 있다. 로야마는 정치 개념에서 기능개념이 갖는 의의를 목적적 측면과 존재적 측면을 통일적으로 파악하는 데서 찾았고[42] 슈미트가 정치 기능을 존재적 측면에서 일방적으로 해소시키는 것에 비판적이었다. 로야마의 이러한 자세는 존재와 당위의 준별을 전제로 삼는 신칸트파의 가치 개념에서 영향을 받은 것이었다. 또한 민족 동질성에 기초한 전체적 통일 원리에 대해 개인이나 집단의 자율적 인격성에 기초한 이질성의 원리를 대치시키는 태도의 배경에는 다원국가론

---

41 蠟山政道,「政治的統一の諸理論」(1), 11-14쪽.
42 蠟山政道,「政治的統一の諸理論」(1), 5쪽.

의 이론적 핵심을 단순한 사회 집단 이론에서만 찾지 않고 그 전제가 되는 기본 사회와 개인 인격의 이론을 중시하는 로야마의 다원주의 이해가 있었다.[43] 그렇지만 로야마가 이 논문에서 다원국가론에 단지 경의만을 표했던 것은 아니다. 이와 반대로 오히려 다른 칼날로 다원국가론 비판을 전개하였다.

이 문맥에서 원용된 것이 미국의 정치학자 엘리엇William Yandell Elliott[*][44]이 제창한 협동 유기체 이론Co-organic Theory이다. 다원국가론의 과오는 각 사회 집단이 함께 분유分有해야 할 공통 목적의 의식을 강조하면서 이를 실현할 유기적 통일의 존재를 경시한다는 점에 있다. 반면 협동 유기체 이론은 각 사회 집단이 내재적으로 유기적 통일성을 가져오는 경향을 구유具有하고 있음을 중시하고, 공통 목적에 집단의 구성원을 결합하는 조직화 관념의 생성 과정을 단지 의식적·이성적 방면뿐만 아니라 전통과 감정이라는 문화적 환경 속에서 찾는다는 점에 특색이 있다.[45] 따라서 여기에서는 입헌주의도 입헌 국가를 "단지 합

---

[43] 전후 로야마는 가와이 에이지로(河合榮治郎) 사건을 참조하면서 이 논점을 강조하고 있다(蠟山政道, 『日本における近代政治學の發達』, 179쪽).

[44] 다원주의론에 관한 미국 정치학사에서 엘리엇의 위치에 관해서는 John G. Gunnell, "The Declination of the "State" and the Origins of American Pluralism" in James Farr, John S. Dryzek, Stephent T. Leonard eds., *Political Science in History* (Cambridge University Press, 1995), pp. 31-39.

[*] 엘리엇(William Yandell Elliott, 1896-1979): 미국의 역사학자·정치학자. 미국 대통령들의 정치 보좌관을 맡았다.

리주의적인 형식적인 국가 의사 형식"으로서가 아니라 "정치적 협력의 윤리적 목적에 관한 정치적 의도의 국민적 공동태共同態"로서 파악하는 것으로 이해된다.**46** 종래 입헌주의 지도 원리로 여겨진 자유주의·민주주의·사회민주주의는 현대의 국가 위기에 당면하여 그 초점인 정치적 통일의 이론으로서 의의를 고찰할 때 반드시 충분한 내용과 구조를 갖고 있다고는 말하기 힘들다. 협동체적 유기의 원리에 설 때 입헌주의는 비로소 전체주의에 대립할 수 있는 것이 아닐까. 로야마는 이러한 전망과 함께 논문을 마무리하고 있다.**47**

이리하여 로야마는 처녀작 이래 줄곧 관심을 보였던 다원국가론의 영향을 받아 사회 집단의 정치적 기능에 계속 주목하는 한편, 사회 집단에 내재하는 유기적 통일을 지향하는 경향을 중시함으로써 연합의 원리에서 협동·유기의 원리로 관심을 옮겨가기 시작했다. 로야마는 정당 내각 붕괴 이래 파쇼적 독재와 구별된 '입헌 독재'론을 전개했는데,**48** 사회보장 제도를 구비한 협동·유기의 원리에 기초한 입헌주의 이론**49**은 바로 이러한 '입헌

---

45 蠟山政道,「政治的統一の諸理論」(2·完), 30-32쪽.

46 蠟山政道,「政治的統一の諸理論」(2·完), 35쪽.

47 蠟山政道,「政治的統一の諸理論」(2·完), 44쪽.

48 예를 들면 蠟山政道,『日本政治動向論』, 501-503쪽. 입헌 독재론의 정치사적 위상에 관해서는 坂野潤治,「政黨政治の崩壞」, 坂野潤治·宮地正人編,『日本近代史における轉換期の硏究』(山川出版, 1985), 379-383쪽.

독재'론에 이론적 기초를 제공한 것이라 하겠다. 로야마 자신의 출발점이기도 했던 다이쇼 후기 사회 개념의 석출析出 상황은 이 시기에 들어 급속히 협동적·유기적 통일성 원리로 수렴되기 시작하였다. 이러한 의미에서 「정치적 통일의 이론들」에서 로야마의 주안점 하나가 전체주의 비판에 있었음은 확실하지만, 동시에 그것은 중·일 전쟁 후 제시된 국민 협동체론으로 이행하는 과정이었음도 분명할 것이다. 로야마의 국민 협동체론에서 '국민 협동체'는 근대 정치학의 대상이었던 '국가'를 대신하는 현대 정치학의 대상이며, 종래 '국가' 개념에 대립적인 지위에 놓여 있었던 '경제' '사회'까지 포함한 "입체적인 사회적 존재"로 되어 있다.[50]

로야마가 의거한 정치 원리의 전환은 국제정치 영역에서도 나타났다. 로야마 국제정치론에서 이러한 경향은 지역 개념에서 가장 두드러졌다. 앞 절에서 보았듯이, 원래 로야마는 국제 협력의 근거를 통치 영역의 기능적 확대와 각 주체의 상호 협력을 가능하게 하는 이익의 공유성에서 찾았다. 따라서 본래 로야마의 지역 개념은 페이비언주의의 계보를 잇는 기능적 통합론과 비교적 친화성이 높은 것이었다고 할 수 있다. 그런데 중·일 전쟁 후 제창한 동아협동체론[51]에서는 동아시아가 지역 협동체가 되는

---

49 蠟山政道,「政治的統一の諸理論」(2·完), 43-44쪽.
50 蠟山政道,『東亞と世界』(改造社, 1941), 46-47쪽.

동인을 무엇보다 먼저 "지역적 운명Raumsschicksal"의 의식, 즉 민족의 존재를 지배하는 운명이 특정 지역과 결합해 있다는 의식에서 찾고 있다. 본래 문화적 통일성을 결여한 동아시아에서 지역 질서 형성은 동양 문화의 구조가 지역적 일체성을 갖는다는 상수적 조건에 의존할 수 없으며, 민족들의 공존 공영 운명을 의식화하는 사명 의식과 정치 운동에 의해 창조되는 형태를 취해야만 한다. 물론 기존 동아시아 질서에서의 경제와 문화도 신체제 건설의 소재가 되지만, 오히려 먼저 최초에 있어야 할 일체의 지도력은 넓은 의미의 정치에 집중하는 것이다.[52] 여기서 지역 통합의 논리가 로야마의 초기 저작에 보이는 기능적 통합의 논리를 크게 벗어났음은 분명해진다. 로야마의 지역 개념은 중·일 전쟁기에 들어 적지 않은 변용을 보였다고 할 수 있다.

그러나 동시에 로야마 국제정치론에서 전전·전중·전후의 연관성을 이해하려면, 굴절된 형태이긴 하지만, 동아협동체론에도 로야마의 초기의 관심이 유지되거나 재현되는 측면이 있다는 점에 주의할 필요가 있다. 가장 중요한 측면은 동아 개발에 대한 로야마의 강한 관심이다. 로야마는 논문「동아협동체의 이론」에

---

51 로야마 동아협동체론의 시계열적 전개에 관해서는 小林啓治, 『國際秩序の形成と近代日本』, 224-237쪽이 상세히 논하고 있다. 본고에서는 저자의 관심에서 흥미를 끄는 로야마 동아협동체론의 몇 가지 특징을 예시하는 데 그친다.
52 蠟山政道, 『東亞と世界』, 27-28쪽, 32쪽.

서 "일본이 대륙 경영을 하는 최고 목적은 민족 협화를 내포하는 지역 개발 계획에 있다"고 말하고 있는데,[53] 실제 로야마는 만주사변 이후 일관되게 실질적인 상호 이익을 확보하는 지역 개발이란 논리를 보이면서 일본의 대륙 정책을 변증하였다.[54] 당시의 정세가 반영된 왜곡된 논리임은 부정할 수 없지만, 초기 단계부터 개발 문제에 대한 관심이 로야마 국제정치론에 일관되어 있음에 유의할 필요가 있다. 이를테면, 처녀작 『정치학의 임무와 대상』에서 로야마는 이렇게 말하고 있다. "선진국과 미개국의 관계는 반드시 악폐만은 아니다… 선진국이 미개국의 천연 자원 개발을 약탈로 보고, 이를 선진국의 이기적 또는 탐욕적 행위로 비난해 버리는 일은 결코 문제의 핵심을 언급한 비평일 수 없다. 선진국과 미개국의 접촉으로 미개국의 이익이 될 수 있는 것으로 국내 질서 발달과 생산력 증가를 들 수 있다. 이집트가 대략 좋은 예일 것이다."[55]

이것은 개도국에 대한 선진국의 투자·통상 활동이 개도국의 '근대화'를 촉진시킨다는 인식인데, 이는 사회주의자의 제국주의론에 대한 비판이기도 했다.[56] 로야마는 이러한 인식하에 ①선

---

[53] 蠟山政道, 『東亞と世界』, 20쪽.
[54] 三谷太一郎, 『大正デモクラシー論』[舊版], 240쪽.
[55] 蠟山政道, 『政治學の任務と對象』, 378쪽.
[56] 蠟山政道, 『政治學の任務と對象』, 383쪽.

진국과 개도국의 접촉에서 생기는 일을 처리하는 데 정부가 적절한 통제를 가할 것, ②개도국 사정에 맞게 강고하고 유능한 정부를 수립할 것, ③선진국들끼리 개도국에 공동 대응하는 기관을 발달시킬 것 등 세 가지를 결론으로 제시하고 있다.[57] 개도국에 대한 공동 대응 기관으로서 "지나에 대한 열국 차관단"을 거론한 데서 추측할 수 있듯이, 만주사변 이전에 로야마는 워싱턴 체제의 경제적 측면을 담당하는 신 4국 차관단의 투자 활동을 통한 중국의 정치·경제 발전을 촉구했으며, 중국을 더 긴밀하게 워싱턴 체제에 편입시키고자 생각했던 것 같다. 개도국이 있는 지역에서 기능적 통합론이 개발 원조를 위한 국제 협력 레짐을 상정하는 것은 쉽게 볼 수 있는 논리다. 로야마는 이러한 레짐 형성의 효과가 안전 보장 영역에까지 파급되어 앞 절에서 언급한 지역 평화 기구가 궤도에 오르는 것을 가장 바람직한 시나리오로 상정했을 것이다.

하지만 만주사변으로 이러한 시나리오가 붕괴된 뒤 개발 문제를 향한 로야마의 관심은 점차 굴절되어 갔다. 원래 개발 개념은 기원을 추적하면 식민지 지배에서의 제국의 문명적 사명이라는 관념과 연결된다. 그러나 로야마는 이미 탈식민지화 과정을 맞이하는 현 단계에서는 제국주의의 문명적 사명이라는 관념으로

---

57 蠟山政道, 『政治學の任務と對象』, 380-381쪽.

는 후발 지역의 저항 내셔널리즘 논리에 대항할 수 없다는 인식이 있었다. 이러한 논리에 대항하려면 제국주의적인 문명적 사명론도 아니고 국제법적인 특수 권익론도 아닌, 내셔널리즘을 넘어선 상호성을 지닌 지역 개발의 논리를 취해야만 한다.[58] 로야마는 나아가 이러한 지역 개발을 위해 일본 주도로 "능률 있는 공정한 정부"를 만주에 수립할 필요가 있으며, 그 형태는 민주정보다는 오히려 과두정이나 독재정이 바람직하다고 주장하였다.[59] 위에서 말한 ①과 ②가 ③의 전망을 상실한 단계에서 형태를 바꾸어 나타난 것이라 하겠다. 이리하여 만주사변 후 로야마의 지역주의는 말하자면 '개발 독재'에 의한 '근대화론'이라는 요소를 내포하기 시작한다. 원래 로야마에게 강한 영향을 준 페이비언주의의 계보를 잇는 기능주의 국제정치론은 경제적·사회적 복리의 국제 관리에 기초한 '국제 복지주의'와 친화적인데,[60] 복지에 대한 이러한 관심이 주도국 원리에 기초한 위계적 국제질서 내부에서 표출되었을 때, 주도국의 강권에 의한 지역

---

[58] 蠟山政道, 『日滿關係の硏究』, 209-214쪽.

[59] 三谷太一郞, 『大正デモクラシー論』[舊版], 240쪽. 지역 개발을 위해서는 외견적 입헌주의가 아니라 오히려 통치 효율성이 높은 독재정이 바람직하다는 의론은 중·일전쟁 후 화북의 통치 형태를 둘러싼 의론에서도 반복되고 있다(蠟山政道, 『東亞と世界』, 115쪽).

[60] H.スガナミ, 臼杵英一譯, 『國際社會論: 國內類推と世界秩序構想』(信山社, 1994), 134-138쪽.

개발 논리를 표방하지 않을 수 없었을 것이다.[61] 페이비언주의 자체가 원래 통치 능률과 공정 원리를 중시한다는 것도 전중기 로야마를 '개발 독재'형 발상에 기울게 만든 유인이 되었을 것이다. 이렇듯 동아협동체론이 다양한 의미에서 '근대화론'적인 시각을 내포한다는 사실에 좀더 주의를 기울여야 할 것이다.

다양한 논자들이 제기한 동아협동체론에서 최대 공약수가 된 요소는 내셔널리즘의 초극이라는 주장이다. 민족자결 원리에 기초한 주권국가의 원자론적 국제질서는 이제 파탄했고 유기적인 지역적 일체성이 국제질서의 지도 원리로서 이를 대체해야 한다는 것이 전중기의 전형적인 국제정치 인식이었다. 로야마의 전중기 의론도 당시 많은 지식인들이 공유한 이러한 판단을 충실히 반복하고 있다.[62] 오늘날 국제정치학의 고전으로 알려진 E. H. 카의 저작들도 전중기 일본 언론계에서는 민족자결 원리의 파탄을 갈파하고 광역권 이론과 통제 경제론의 필연성을 논증한 책으로 읽혔고 공감을 얻고 있었다.[63] 전중기 로야마가 "울프에

---

61 이 점에 관해 로야마가 화북에서 정치 공작의 문화적 기초로서 '민생' 개념을 '민권' '민족' 개념의 상위에 놓는 형태로 삼민주의의 가치 체계를 서열화하는 주장을 하는데 흥미롭다(蠟山政道, 『世界の變局と日本の世界政策』, 213쪽). 당시 의사 형성의 형식적 합리성보다 복지에 대한 실질적 배려를 중시하는 로야마의 기본 관심이 여실히 나타나 있다. 로야마의 동아협동체론에서 '도의' 관념은 대체로 이러한 '복지' 관념과 같은 뜻이다.

62 예를 들면 蠟山政道, 「現代世界政治の基本的考察」, 『中央公論』 1942년 1월호. 같은 논문, 102-103쪽에는 카의 『위기의 20년』에 관해 언급하고 있다.

서 카로" 관심을 이행한 것은 흔히 '이상주의'에서 '현실주의'로 전환한 것으로 생각하기 쉽지만, 전환이 아니라 오히려 로야마가 의거했던 기능주의의 재해석이라는 형태로 생겨났다고 볼 수 있다. 그렇다면 전전·전중기 로야마의 국제정치론은 전후 어떠한 형태로 재편되었을까. 다음 절에서는 이 문제를 검토하기로 한다.

●
3. 전후의 재편

●

1949년(昭和24) 로야마는 『일본 근대 정치학의 발달』을 출판하였다. 전전기 일본의 정치학사를 논한 학술서로서 오늘날에도 능가할 저작이 없을 정도의 걸작인데, 동시에 로야마의 반半자전적인 저술로도 볼 수 있다. 잘 알려져 있듯이 이 책은 1947년(昭和22)에 발표된 마루야마 마사오의 논문 「과학으로서의 정치학」에 자극을 받아 집필되었다. 마루야마가 "우리 나라의 정치학은 극언하자면 '부활'해야 할 만한 전통이 없다"[64]고 도발적으로 말한 데 대해, 로야마가 동시대를 회고하면서 이에 답변하는

---

[63] 이 책 제1장 제1절, 62-69쪽. 졸고, 「戰後思想と國際政治論の交錯」, 127-128쪽.
[64] 『丸山眞男集』 第3卷(岩波書店, 1995), 135쪽.

형태로 되어 있다고 할 수 있다. 신구 양세대 정치학자의 대화는 1950년(昭和25) 정치학회 연보에 실린 좌담회 「일본 정치학의 과거와 장래」에서 실현되었다.

로야마는 이 좌담회에서 전통적 국가 개념을 해체하는 데 다원국가론이 수행한 역할을 재확인하는 한편, 동시대 일본에서 그것이 갖는 한계를 인정하고 있다. 다원국가론의 핵심의 하나였던 주권 문제를 다룰 소재가 일본의 현실에서는 불충분했기 때문에, 일본에서는 다원국가론이 오로지 종래의 국가 개념 범주를 벗어난 사회 집단간 관계의 문제로 다루어졌다. 그러나 동시에 다이쇼 7, 8년(1918, 1919) 이후 그때까지 전통적 국가 개념 속에 일단 포섭되어 있었던 민족과 계급의 문제가 석출되었다. 이것은 본래 다원국가론을 도입한다고 처리할 수 있는 문제는 아니었다. 로야마는 여기에 일본의 다원국가론이 애로가 있고 다이쇼기 정치학 방법 논쟁이 현실에서 괴리된 원인이 있었다고 회고하고 있다.[65] 로야마가 경험했던 다이쇼 데모크라시의 좌절에 관한 그 자신의 총괄이었다고 하겠다.

그러나 이 때문에 종전 직후의 로야마가 전전기 일본의 경험을 단지 부정적 관점에서만 파악하고 있었다고 볼 수는 없다. 오히려 로야마가 좌담회에서 후배 정치학자들에게 보여 준 것은

---

[65] 蠟山政道, 『日本における近代政治學の發達』, 335쪽.

전전기 일본이 안고 있던 문제들을 일본의 후진성으로 치부하여 설명하려는 태도에 대한 위화감이었다. 로야마의 발언을 일부 인용해 보자.

"종래의 유산이 저주해야 할 유산까지는 아니더라도 결함이 많은 유산임은 일단 맞다고 봅니다만, 이 경우에 거꾸로 아주 의미가 있었다고 생각하는 것이 있습니다. 일본의 정치학자들이 조술祖述한 외국의 정치학자, 국가학자, 사상가를 한 번 더 검토해 보면 거기에서 또한 교훈이 나온다는 생각입니다… 블룬츨리*도 옐리네크*도 독일, 스위스계 사람이지만, 극단적인 국가주의가 아니라 공평한 진보적 견해를 가진 사람입니다… 그렇기 때문에 일본에 들어온 것이 아닌가."**66** "일본의 사회과학적 사유의 기초에는 역시 일본 나름의 문명 개념이란 것이 있다고 봅니다… 일본 문명이라 해도 일본주의 따위의 편협한 것이 아니라 서양 문화와 일본 문화가 접촉하고 여러 영향을 받으면서도 일본인의 생활 양식이나 사회 의식에 나타나는 공통의 소재가 있습니다. 이러한 면을 밝혀나가는 넓은 의미의 문화사가 요구되는 것입니다."**67** "[지금까지 일본 문화사에는 방법적 자각이 결여되어 있다

---

66 蠟山政道, 『日本における近代政治學の發達』, 330쪽.

* 블룬츨리(Johann Caspar Bluntschli, 1808-1881): 독일 공법학자. 그의 국가 유기체설은 가토 히로유키(加藤弘之) 등을 통해 근대 일본에 많은 영향을 주었다.

* 옐리네크(Georg Jellinek, 1851-1911): 19세기 독일을 대표하는 공법학자. 주저 『일반 국가학』은 천황 기관설에 영향을 주었다.

는 마루야마의 발언을 받아—인용자) 그것은 일본에 그러한 의미의 문명을 인정할 수 없다는 말이 되지는 않습니다. 지금까지 역사가가 어떤 전통에 제약되어, 혹은 기존의 개념에 지배되어 그러한 문명사가 아직 씌어져 있지 않다는 말은 아닌가. 후쿠자와 유키치福澤諭吉가 새로운 일본의 문명론을 썼는데, 왜 그것이 메이지 10년(1877) 이후에 발전하지 못하고 종언을 고했던 것일까라는 점에 문제가 있습니다. 후쿠자와의 후계자가 속속 나와도 좋지 않을까. 일본에 그 가능성이 없다고는 말할 수 없습니다."[68]

일반적으로 전중기 언설에는 당시 근대 초극론이 지배적 통념이었기에 당연하게 일본은 '근대화' 과정을 이미 달성했고 제1차 세계대전 후 '현대화' 과정에 들어섰다는 인식이 전제되어 있었다.[69] 동아협동체에서 일본의 주도성主導性도 흔히 일본이 동아에서 유일하게 문화 전통을 보지하면서 '근대화'를 달성했다는 사실에서 근거를 찾았다.[70] 이와 달리 이른바 시민사회파에 속하는 지식인들은 전후 초기 언설에서 전전-전후의 단절성을 강조하기 위해 다이쇼기를 "프쇠도 부르주아pseudo-bourgeois 문화의 개화기開花期"로 설정하였고, '화양和洋 절충의 방식'을

---

67 蠟山政道,『日本における近代政治學の發達』, 350쪽.
68 蠟山政道,『日本における近代政治學の發達』, 351-352쪽.
69 米谷匡史,「戰時期日本の社會思想」,『思想』제945호(1997년 12월호).
70 대표적인 예로 高坂正顯・西谷啓治・高山岩男・鈴木成高,『世界史的立場と日本』(中央公論社, 1943), 388-396쪽.

단적으로 일본 근대화의 '파행성'으로 간주할 것을 요구하였다.[71] 하지만 제1차 세계대전 후 일본 사회의 현대적 전환 속에서 지적 형성을 모색한 로야마로서는 후배 세대의 이러한 다이쇼기 평가는 수긍하기 어려운 점이 있지 않았을까.[72] 오히려 전후에서야 다이쇼기에 배양된 발상이 꽃피울 조건이 성숙되고 있다고 생각했던 것은 아닐까.

실제 전후 로야마의 아시아론은 개도국 신흥 내셔널리즘과 기능적 통합론의 조화를 모색했던 1920년대 이래의 관심이 전면적으로 표출된 것이었다. 1950년대의 많은 논자들처럼 로야마도 전후 아시아의 내셔널리즘 대두를 "아시아 문제 인식에서 핵심적인 문제"[73]로 보았다. 하지만 로야마가 다른 논자들과 달랐던 것은 로야마가 이에 머무르지 않고 아시아 내셔널리즘을 국제

---

[71] 飯塚浩二,「『東洋的』な文化への反省」,『飯塚浩二著作集』제1권(平凡社, 1974), 74-75쪽. 전후 초기에 이즈카 고지(飯塚浩二)가 기획한「동양 문화 강좌」는 전중기 동아협동체론으로부터 전후 시민사회파적인 언설이 긴장을 수반하면서 분기되는 과정을 잘 보여 주고 있어 검토할 만한 가치가 있다. 이러한 과정에 수반된 역점의 이동을 오쓰카 히사오(大塚久雄)의 언설을 사례로 분석한 연구로 中野敏男,『大塚久雄と丸山眞男: 動員, 主體, 戰爭責任』(靑土社, 2001), 제1장「최고도 자발성의 생산력」이 있다.

[72] 1960년대 들어 후진 세대들이 전후 민주주의의 원류를 찾는다는 문제 관심에서 다이쇼 데모크라시에 관한 연구를 발표했을 때, 마루야마 등이 보여 준 당혹감은 이러한 '근대화론' 형성 과정을 둘러싼 문제와 무관하지 않다고 생각된다. 이 점에 관해서는 이시다 다케시의 다음 회상을 참조할 것. 石田雄,「座談會・一つの個人史」,『社會科學研究』제35권 제5호(1984), 300-301쪽.

[73] 蠟山政道,『國際政治と日本外交』(中央公論社, 1959), 138쪽.

협력 체제에 편입시킬 조건을 일관되게 모색한 점에 있다. 로야마는 서구 내셔널리즘의 형성 과정과 아시아 내셔널리즘의 그것을 비교하면서 후자의 경우 내셔널리즘 형성 과정이 국제적 연관 속에 놓여 있다는 점을 특히 중시하였다. 또한 ①전세계적으로 주권국가가 왜소해진 현대에는 어떤 형태든 국제 평화 기구의 확립 없이 근대 국가는 더 이상 존립할 수 없으며, 아시아의 내셔널리즘은 동시에 인터내셔널리즘을 포함해야만 한다는 것, ②아시아의 사회들은 정도 차는 있을지라도 어느 사회든 확보해야 할 경제적·물질적 규모가 민족 사회의 범위와 능력을 초월해 있다는 것을 지적하였다.[74] 로야마는 이러한 인식에 기초하여 아시아 국가들의 발전에 장애가 되는 자본 결핍과 기술 부족을 해결하기 위해 미국의 포인트 포 계획*과 영 연방의 콜롬보 계획과 같은 지역 개발 원조 계획을 통해 아시아 내셔널리즘의 건전한 발전을 촉구할 것을 주장하였다.[75]

이것들은 물론 냉전기의 체제 선택을 전제로 한 의론이다. 그러나 로야마의 의론을 냉전 전략과 관련해서만 이해한다면 분명 무리가 따른다. 로야마도 콜롬보 계획[76]이 넓은 의미에서 동서

---

[74] 蠟山政道, 『國際政治と日本外交』, 153-154쪽.
[75] 蠟山政道, 『國際政治と日本外交』, 169-171쪽.
* 포인트 포(Point Four) 계획: 1949년 미국 트루먼 대통령이 취임연설에서 개도국의 발전을 위해 제시한 원조 계획. 트루먼 연설에서 행동 방침의 네 번째로 거론되었기에 "포인트 포"라 불렸다.

경제 원조 경쟁의 일 형태라는 것, 또한 원조 공여국 중에서도 특히 미국이 아시아 각국 자체의 협력 조직이 중요하다고 인식해서 이러한 원조 계획을 추진한다고 생각할 수는 없다는 것, 아시아 각국도 원조 공여국과 직접 교섭하는 경향이 강하며 지역적인 상호 협력에 주안을 둔다고는 생각할 수 없다는 것을 인정한다. 그렇지만 로야마의 지역통합론에서는 외견상 정치적이지 않는 요소들의 중요성을 의식하고 있다. 콜롬보 계획에 관해서는 기술 원조가 원조 공여국이 수익국에 대해서뿐 아니라 수익국 상호간에도 이루어지는 것임을 지적하였고, 비정치적 영역에서 협력이 진전되고 있음에 주의를 촉구하였다. 또한 로야마는 유엔 경제 사회 이사회에 속한 전문 기관의 하나인 아시아극동경제위원회ECAFE의 역할을 높이 평가하였다. ECAFE 사업은 경제 전문가를 중심으로 이루어지는 것에 불과하지만, 아시아 각국의 경제 전문가에게 갖는 계몽적 역할은 경시할 수 없고, 또한 유엔에 대해서도 아시아의 입장을 대표한다. "이러한 수수한 역할을 통해 의욕이 강한 젊은 아시아의 내셔널리즘은 자립적인 경제 발전을 이룩하기 위해 아시아 협력 체제의 필요성과 마음가짐을 이해하고 육성하고 있다. 아시아에서는 이러한 수수하지

---

76 콜롬보 계획에 관해서는 波多野澄雄,「『東南アジア開發』をめぐる日英米: 日本のコロンボ・プラン加入(1954)を中心に」,『年報近代日本研究16・戰後外交の形成』(山川出版社, 1994).

만 기초적인 노력이 필요하며, 이러한 방식 이외의 정치적 조직은 오히려 성공할 수 없는 것이다."[77] 또한 로야마는 소국이 개발원조를 다루는 유엔 전문 기관에 참여하여 국제정치를 기능화하고 이로써 권력 정치를 상대화하는 전망을 제시하고 있다.[78] 여기에는 "권력을 없애고 영향력을 갖는다"[79]는 기능주의 테제가 있다.

따라서 로야마는 제국주의와 아시아 내셔널리즘을 대치시키는 도식을 취하지 않는다. 아시아에는 이미 운동으로서의 내셔널리즘은 상당한 역사가 있으며, 오히려 내셔널리즘에 정치적 형태를 부여하는 안정적인 통치 기구를 형성하는 것이 현 단계의 문제라 보았다. 권력 집중 형태로서의 내셔널리즘은 서구적 민주주의에 의해 제약받지 않는 한 배외적 경향을 벗어나지 못하며,[80] 내셔널리즘은 민주화와 산업화의 균형 위에 놓고 억제해야 한다. 이것이 바로 아시아의 "고뇌하는 내셔널리즘"을 "건전한 내셔널리즘"으로 육성·지도해가는 길이다.

이리하여 로야마는 삼자의 균형을 구현한 일본의 근대화가 근

---

[77] 蠟山政道,「アジア經濟發展の國際政治的意義」, 日本エカフェ協會編,『アジア經濟發展の基礎理論』(中央公論社, 1959), 678-679쪽.

[78] 蠟山政道,『國際政治と日本外交』, 82-83쪽.

[79] 蠟山政道,『新日本のヴィジョン』(朝日新聞社, 1965), 46쪽. 로야마는 이 테제를 영국 복지국가의 아버지인 베버리지(William Beveridge)의 모토로 파악하고 있다.

대화 모델로서 아시아에서 갖는 의의를 재평가하게 된다. 일본의 근대화를 내셔널리즘-민주주의-산업주의라는 세 요소의 전개로 파악하는 구상은 실제로는 로야마의 전중기 저작에서 유래한 것이었다. "역사 연구는 문외한이지만, 마침 기원 2600년을 맞이하여 정치사를 써보고 싶은 충동을 느꼈다."[81] 1940년(昭和 15)에 출판된 로야마의 『현대 일본 문명사 2·정치사』는 글머리를 이렇게 시작하고 있다. 이 책은 현대 일본 정치의 전체를 파악하기 위해 "현대 일본이 전체로서 발현 활동하고 또한 하지 않을 수 없는 대외적 활동 또는 세계적 지위의 인식 상황"을 축으로 막말 유신기에서 5·15사건까지 일본 정치사를 서술한 저작이다. 현대는 유럽도 '국민주의' '민중주의' '산업주의' 시대인

---

[80] 蠟山政道, 『國際政治と日本外交』, 163-168쪽. 로야마는 아시아 국가들의 민주화에 관해 반드시 낙관적인 전망을 가졌던 것은 아니다. 로야마는 1950년대 말에 동남아 국가들에서 발생한 군사 쿠데타에 대해 "일본의 메이지 유신 이래 정치사의 지식을 비교방법적으로 이용하면서 약간의 이론적 해명"을 시도하고 있다(蠟山政道, 「東南アジアにおける軍部獨裁」, 『外交季刊』1959년 4월호). 여기서 로야마는 의회제 민주주의는 메이지 초기 일본처럼 중앙 행정 기구를 정비하지 않고는 실현할 수 없다는 것, 그러나 메이지 정부가 외자에 의존하지 않고 근대화를 달성한 것과 달리, 오늘날 아시아 국가들은 외자를 대대적으로 도입하지 않고 경제적 자립은 있을 수 없고, 이 점에서 현재 동남아의 정정 불안은 미국을 비롯한 디플레이션 정책에 있다는 것, 동남아의 의회제 민주주의는 구조적인 제약요인이 있고 현 단계에서는 공산주의적 독재나 군부 독재에 의해 안정적 통치 구조를 구축할 수밖에 없다는 것, 군부 독재가 민족주의와 산업화의 요구를 채우고 민주 체제로 이행하려면 장시간이 필요한데 성공 여부의 관건은 국제관계에 있다는 것을 주장하고 있다.
[81] 蠟山政道, 『現代日本文明史2 政治史』(東洋經濟新報社, 1940), 1쪽.

데, "메이지 유신 후의 일본도 직접 위치한 동아 사회에서 최초의 민족국가 건설자이고, 입헌주의에 의해 인민 참정의 제도를 실현한 최초의 국가이며, 또한 가장 먼저 산업주의나 자본주의가 발전한 국가이다. 그러므로 현대 일본 정치사는 당연히 일정한 방식으로 이루어진 세계사적 위치의 자각사로 볼 수 있다."[82] 로야마의 "정치사를 써보고 싶은 충동"의 근저에는 내셔널리즘-민주주의-산업주의의 균형발전이 바로 일본 근대화가 아시아에서 갖는 의의이며, 이를 전제로 현대 일본의 "세계사적 위치의 자각"이 생겨난다는 인식이 있었다.

동아협동체론에서 표명된 이러한 관심은 뉘앙스는 미묘하게 바뀌지만 전후에도 계속되었다. 전후 이러한 관심이 가장 일찍 표명된 예가 1953년(昭和28)에 발표된 논설「세계에서의 일본」이다. 여기서는 서구와 아시아의 비교를 통해 일본 근대화의 의의를 규명할 필요가 있음을 역설하고 장점과 단점을 검토해야 한다고 요구하고 있다. "일본 근대화 과정의 역사가 잘 보여 주듯이, 일본이란 나라의 특징은 결코 과소 평가해서는 안 되며, 또한 그 실력도 스스로 경시할 필요는 없다. 아시아 지역 국가들에 비해 오랫동안 겪은 봉건 제도의 경험, 또한 거기서 탈각해서 최초로 내셔널리즘을 확립한 사실, 많은 약점을 가졌음에도 불

---

[82] 蠟山政道,『現代日本文明史2 政治史』, 12쪽.

구하고 민족적인 자본과 기술의 소유, 급속히 그리고 고도로 조직된 노동조합, 관료주의 전통에 싸여 있지만 비교적 능률적인 근대 행정 제도 등은 일본이 세계에서, 특히 아시아 지역에서 수행할 역할이 결코 작지 않음을 보장하고 있다." 로야마는 이렇게 말한 뒤 라이샤워의 『일본: 과거와 현재』를 인용하면서 논문을 맺고 있는데, 실로 인상적이다.[83] 민주사회주의자를 자처한 로야마는 쇼와 초기부터 마르크스주의 발전 모델에 대항하는 모델을 제시해야 한다는 의식이 아주 강했던 것 같다. 이러한 관심에서 냉전기의 체제 선택 속에서 양성된 산업 사회론과 근대 일본론과 아시아 개발론, 이들 삼자를 결합시킨 '근대화론'이 탄생되었을 것이다.

"종래 아시아의 내셔널리즘을 논의하는 경향은 이데올로기적으로 지나치게 좌익주의적이었다. 그것이 표방하는 중립주의를 넘어 정치적으로는 소련과 중공〔중국〕이 주창하는 반식민지주의에 동조하는 경향이 강하다. 오늘날 아시아의 내셔널리즘이 반식민지주의 운동이라는 일면을 갖는 것은 사실이지만, 일본의 입장과 역할은 오히려 그 극단화와 지나침을 경고하고, 일본의 경험이 보여 주듯이 민주화와 산업화를 동반하는 점진주의야말로 현명한 길임을 보여 주는 점에 있는 것은 아닐까."[84] 로야마가

---

[83] 蠟山政道, 『國際政治と日本外交』, 29-30쪽.
[84] 蠟山政道, 『國際政治と日本外交』, 118쪽.

이렇게 말했을 때, 1960년 안보투쟁 이후의 '로스토=라이샤워 노선'은 이미 눈앞에 열려 있었다고 말할 수 있다.

●
맺음말

●

안보 개정 이듬해인 1961년(昭和36) 8월, 로야마는 논설 「일본의 근대화와 복지국가의 건설」을 발표하였다. 안보 개정 반대 운동으로 대표되는 '정치의 계절'이 퇴조한 뒤 씌어진 이 논설에서 로야마가 보여준 것은 점진적인 민주화와 계획화를 통한 "세계 복지국가"의 전망이었다. 현대 일본의 복지국가 건설은 일본의 근대화가 내셔널리즘 발전 단계로부터 공업화와 민주화가 조화를 이루는 단계로 나아간 것을 나타내며, 일단 일본 근대화의 완성을 뜻한다. 하지만 그것은 민족 국가의 완성이자 동시에 복지라는 보편적 이념 때문에 세계 국가를 향하는 길로 통한다. 로야마는 스웨덴의 개발 경제학자였던 뮈르달Karl Gunnar Myrdal에 강한 공감을 보이면서, "오늘날 복지국가 이념은 더 이상 민족 국가적이 아니라 세계 복지국가 단계에 들어와 있다"고 말하고 있다.[85] 로야

---
85 『中央公論』 1961년 8월호, 39쪽.

마가 20세기라는 시대에 대해 내린 하나의 총괄이기도 했다.

로야마는 다이쇼 데모크라시기에 배양된 복지국가 이념을 유지하면서, 동시에 국제관계에서 그것이 갖는 의미를 일관되게 추구했다. 본론에서 다룬 기능적 통합론과 지역적 개발 계획에 대한 로야마의 강한 관심은 모두 로야마의 초기 구상에서 원형을 읽을 수 있다. 로야마는 강화기의 중립주의적 입장을 포기한 뒤 자유주의 진영과의 일체화를 전제로 의론을 전개했는데, 이 경우에도 아시아·태평양에서 안전 보장에만 관심을 기울이기 십상인 냉전기 미국 외교에는 비판적이었고, 이 지역에서 지역 개발 계획의 중요성을 강조하고 궤도 수정을 도모해야 한다고 주장하였다.[86] 1950년대 말기부터 태동한 미국의 대외 원조 정책 전환을 로야마와 그 주변의 지식인들이 어떻게 파악했는지에 관해서는 보다 상세한 검토가 필요하지만, 적어도 미국의 새로운 동향을 받아들일 때 그들에게는 나름의 주체적인 관심이 있었음을 알아야 할 것이다. 이것이야말로 '근대화론'의 일본적 문맥이었다.[87]

---

[86] 이를테면 蠟山政道, 『國際政治と日本外交』, 133-135쪽.

[87] 1958년에는 도하타 세이이치(東畑精一)를 소장으로 아시아경제연구소가 설립되고 있다. 설립에 관여한 도하타 세이이치, 이타가키 요이치(板垣與一)는 나카야마 이치로(中山伊知郞)와 더불어 전중기 공영권 경제 계획의 입안자였다. 일본의 '개발주의' 형성 과정에 관한 내재적 분석은 앞으로의 과제가 될 것이다. 이 점에 관해서는 末廣昭, 「經濟再進出への道: 日本の對東南アジア政策と開發政策」, 中村正則·天川晃·尹健次·五十嵐武士, 『戰後日本·占領と戰後改革』 제6권(岩波書店, 1995), 230쪽 참조.

모든 정치 이념이 그러하듯이 물론 '국민국가를 넘어선 복지주의'도 언제나 아름다운 얼굴을 보여 준다고는 할 수 없다. '국민국가를 넘어선' 관계가 이념적으로나 실체적으로나 '제국질서'와 결부된 공간에서는 특히 그렇다. 그렇다면 우리에게는 이러한 인식 틀에 입각해서 야누스의 얼굴을 가진 근대 일본에서 '국민국가를 넘는' 시도가 어떠한 의미를 갖는지를 끈질기게 찾아내는 노력이 필요할 것이다. 흔해 빠진 '성공 이야기'로서 '근대화론'을 파악하기보다는 그 형성 과정에 숨어 있는 양의兩義성을 응시해야만 할 것이다.

4

무정부주의적 상상력과 국제질서

다치바나 시라키의 경우

이 장과 관련된 졸고로는 「アジア主義と社會連帶論の位相: 大正社會主義の理論的射程を中心に」, 佐々木毅·山脇直司·村田雄二郎 編, 『東アジアにおける公共知の創出: 過去·現在·未來』(東京大學出版會, 2003)가 있다.

머리말

전전기 일본의 국제질서론을 읽으면 주권국민국가에 대한 비판이 의외로 강하다는 것을 자주 느끼게 된다. 예를 들면, 전전의 '국가주의'와 전후의 '평화주의'를 대치시키는 통념에서 본다면, 전전기 일본에는 국제질서를 주권국가의 무정부적 구성으로서 파악하는 현실주의적 전제가 지배하고 있었다고 생각하기 쉽다. 하지만 이러한 생각이 단순하게 통용될 수 없음은 쇼와 10년대 국제질서론을 잠깐 살펴보면 금방 분명해진다. 제1장에서 누누이 말했듯이 근대 일본에서 '네이션의 초출超出'이라는 언설의 클라이맥스가 '대동아 공영권'론이었음을 안다면, 주권국가의 절대화를 전전기 일본 국제질서론의 특색으로 보는 소박한 전제는 철회하지 않을 수 없다. 오히려 전전기의 주권국민국가 비판과 그 사정射程을 근대 일본의 역사적 경험에 입각하여 내재적으로 파악하는 일이 네이션의 궤적으로서 20세기를 포착할 때 필요한 기초 작업이 되어야 할 것이다.

이 장에서는 전전기의 대표적인 중국 문제 연구가였던 다치바나 시라키橘樸의 사례를 통해 이 문제를 검토했으면 한다. 다치바나에 관한 연구는 많이 축적되어 있고, 전기傳記상의 사실 관

제4장 무정부주의적 상상력과 국제질서 **203**

계나 아시아주의 사상사에서 차지하는 위상에 관해서는 이미 많은 지적이 있었다.[1] 본고에서는 이것들을 토대로 하되 다치바나의 언설을 동시대 다이쇼 사회주의의 문맥에 놓고 이해함으로써 다치바나의 국제질서관이 어떠한 지적 전제에 뿌리내리고 있었는지를 밝히고자 한다. 다치바나는 흔히 "텐진(만주)의 뇨제칸如是閑"으로 평가되는데,[2] 기왕에 하세가와 뇨제칸長谷川如是閑으로 대표되는 넓은 의미의 다이쇼 사회주의 사상 조류와 다치바나 언설 사이의 관련성이 반드시 충분히 검토된 것 같지는 않다. 제3장에서도 언급했듯이 다이쇼기 사상계는 '사회의 발견'으로 불리는 사회 개념의 석출 상황에서 국가 주권의 절대성이 다양한 각도에서 재검토된 시대였다.[3] 다이쇼기에 주권국민국가 비판이 밟아 온 궤적을 생각하는 것은 근대 일본 국제질서론을 이해하는 데 깊이를 부여할 뿐 아니라 전간기 주권론의 복잡한 측면을 파악하는 데도 도움을 줄 것이다.

---

1 대표적인 연구로 山本秀夫, 『橘樸』(中央公論社, 1977); 野村浩一, 『近代日本の中國認識』(硏文出版, 1981)가 있다.

2 山本秀夫, 『橘樸』, 79쪽; 山室信一, 『キメラ』(中公新書, 1993), 108쪽.

3 飯田泰三, 「吉野作造: "ナショナルデモクラット"と社會の發見」, 小松茂夫・田中浩 編, 『日本の國家思想(下)』(靑木書店, 1980). 후에 飯田泰三, 『批判精神の航跡』(筑摩書房, 1997)에 수록됨.

1. 초기 다치바나의 관심

다치바나 시라키는 1924년(大正13) 12월에 창간된 『월간 지나 연구』에서 중국 정치에 관한 자신의 흥미가 어떻게 변해 왔는지를 다음처럼 말하고 있다. 다치바나는 신해혁명 이래 중국 정국을 "이만큼 재미있는 볼거리는 전 세계에서도 적을 것이라는 충만된 흥미를 갖고" 바라보았지만, 위안스카이袁世凱의 제정帝政 운동에 대항해서 발생한 이른바 제3혁명이 1916년 위안스카이의 사망으로 끝나자 중국 정치를 보는 관점을 근본적으로 재고할 필요를 느꼈다. 중국의 전통적 정치라는 것이 왜 이렇게까지 무의미한 것일까 생각한 결과, 다치바나는 "지나의 전통적 정치는 지나에 특유한 사회 조직 위에서 행해지고 있는 것이며… 따라서 지나의 정치를 우리가 정치학에서 배운 성질의 것으로 다시 만들어내려면 사회 조직을 개조하는 것 밖에는 없다는 결론"에 도달하였다. "지나라는 위대한 생물의 생명에 접할 수 있었다고 느꼈던 것은 실로 이러한 인식에 도달한 뒤의 일이다. 그 후 기자[다치바나 시라키]의 이지理智적 흥미가 거의 완전히 정치 현상을 떠나 사회 현상의 외길로 기울었음은 다시 말할 나위 없다."[4]

이 짧은 회상은 '정치 현상에서 사회 현상으로' 관심이 이행했음을 말해 준다. 다치바나의 발상이 중국 연구라는 형태를 취하면서도 '정치의 부정'을 중심 동기로 삼은 다이쇼 사회주의[5]의 권내圈內에 있었음을 보여 주어 흥미롭다. 다치바나는 중국의 전통적 정치는 왜 무의미한가라는 의문에 답하기 위해 "행정, 특히 세제가 민중의 실생활에 미치는 영향을 조사하는 동시에 소설을 탐독하는 데 몰두했다"[6]고 말하고 있으며, 이러한 성과는 먼저 『지나 연구 자료』 간행으로 나타났다. 1917년(大正6) 4월부터 이듬해 8월까지 간행된 이 잡지는 1916년(民國5) 이후 민국 정부 공보에 연재되기 시작한 「민국 행정 통계 휘보」를 번역하고 해석을 붙여 「민국 행정 기요紀要」로 발표한 것이다. 이 기요는 민국 이래의 재정·교통·사법·교육 등 전반에 미치는 제도의 연혁과 현황을 상세히 소개한 것인데, 고토 신페이後藤新平의 주도로 발족한 임시 타이완 구관舊慣조사회의 보고서인 오다 요로즈織田萬*의 『청국 행정법』을 사실상 민국기까지 계속한 것이었다. 실제 『지나 연구 자료』의 간행 자체가 당시 내상內相이었던 고토 신페이의 직간접 원조로 유지되었다고 한다.[7]

---

4 「時評數則」, 『月刊支那研究』 제1권 제1호(龍溪書舍, 1979년 복각), 156-161쪽.
5 다이쇼 사회주의자의 정치관에 관해서는 三谷太一郎, 「大正主義者の『政治觀』」, 三谷太一郎, 『大正デモクラシー論』[舊版] (中央公論社, 1974).
6 『月刊支那研究』 제1권 제1호, 161쪽.
***** 오다 요로즈(織田萬, 1868-1945): 법학자. 전공은 행정법. 경성제국대학 명예 교수, 상설 국제사법재판소(PCIJ) 판사. 간사이(關西)대학 학장 역임.

행정 제도의 실증적 해명이라는 외견상 무미건조한 작업을 지탱해 준 동기는 "민중의 실생활"에 대한 강한 관심이었다. 초기 다치바나의 주된 관심의 하나는 자신이 "통속 도교"[8]라 이름붙인 민간 신앙으로서의 도교에 관한 연구였다. 도교에 관한 철학적·문헌학적 고찰이라기보다는 오히려 도교를 매개로 민중의 실생활에 뿌리내린 도덕과 규범을 탐구하는 성격이 강한 것이었다. 다치바나의 한학 소양은 "학자로서의 깊이를 갖지 못했다"[9]고 하는데, 이를 보완하는 것이 다치바나의 사회학적 관심이었다고 하겠다. 이러한 국가 제도와 제정법制定法의 배후에 있는 사회 내재적인 규범에 착목하는 것은 다이쇼기의 이른바 사회법학에서도 공통된 발상[10]이었다. 이러한 의미에서 다치바나의 「민국 행정 기요」는 고토 신페이의 대만 구관조사와 다이쇼기 사회법학을 매개하는 것이었다. 다이쇼기 사회 법학의 세례를 받은 히라노 요시타로平野義太郎*가 전중기에 출판한 『대아시아

---

[7] 『支那硏究資料』 1(龍溪書舍, 1979년 복각), 해제, 1-2쪽; 山本秀夫, 『橘樸』, 36-38쪽.
[8] 橘樸, 『支那思想硏究』(日本評論社, 1936), 39쪽.
[9] 『橘樸著作集』 第1卷(勁草書房, 1966), 724쪽.
[10] 다이쇼기의 사회법학에 관해서는 岡利郎, 「大正期における法體系の再編と新しい法學の登場」, 石井紫郎, 『日本近代法史講義』(靑林堂書院新社, 1972).
* 히라노 요시타로(平野義太郎, 1897-1980): 마르크스주의 법학자, 평화 운동가. 1927-1930년 프랑크푸르트대학에 유학해 마르크스주의를 연구하였다. 1930년 치안유지법 위반으로 유죄 판결을 받았고, 일본 제국 침략을 정당화한 대아시아주의자로 전향하였다.

주의의 역사적 기초』에서 중국 사회의 기저를 이루는 향당鄕黨의 사회 협동 생활을 규율하는 규범으로서 도교를 중시하고 다치바나의 통속 도교 연구를 높이 평가한 것[11]은 이러한 지적 계보를 상징적으로 보여 준다. 따라서 다치바나의 "민중의 실생활"에 대한 관심도 단순히 포퓰리즘적 감정을 표명한 것이 아니라 동시대 사회 개념의 석출 상황과 공명하는 것으로 받아들여야 할 것이다. 다치바나의 중국 연구는 다이쇼 사회주의에 두드러졌던 사회의 자율성과 상호 부조성이란 주제를 중국의 역사와 사회 속에 읽어들인 시도였다.

이러한 시도는 『월간 지나 연구』 창간 후 둑이 터진 듯 일련의 논고로서 발표되었다. 종교, 관료 사회, 민족성 등 여러 갈래로 나뉜 의론들을 일일이 검토하는 것은 피하고, 여기서는 이 잡지 1925년(大正14) 2월호에 게재된 「지나는 어찌 될까」라는 논설을 중심으로 다치바나의 중국 사회론을 살펴보고자 한다. 이 논설은 전년 9월에 간행된 나이토 고난內藤湖南*의 『신지나론』에 대한 서평 논문인데, 다치바나와 고난의 관점이 어떻게 같고 다른지를 보여 주는 흥미로운 자료다.

---

11 平野義太郎, 『大アジア主義の歷史的基礎』(河出書房, 1945), 225쪽.

* 나이토 고난(內藤湖南, 1866-1934): 사리토리 구라키치(白鳥庫吉)와 함께 전전을 대표하는 동양사학자. 야마타이(邪馬台) 논쟁, 중국 시대 구분 논쟁 등으로 학회를 양분했던 교토 중국학의 창설자.

다치바나 시라키와 나이토 고난은 의외로 공통점이 많았다. 다치바나는 예리한 언론인 감각을 가졌고, "가끔 지나학자로 오해받지만, 나의 본령은 시종일관 지나 사회를 대상으로 하는 평론가다"**12**라고 스스로를 규정하였다. 저명한 중국학자였던 고난도 원래는 미야케 세쓰레이三宅雪嶺*・시가 시게타카志賀重昂* 등 정교사政教社* 계열의 저널리즘에서 출발한 인물이며, 최근의 연구가 끊임없이 공적 문제에 관해 의견을 표명한 정치 평론가로서 고난의 이미지를 그려내고 있듯이**13** 시사 문제에 관심이 많았다. 또한 중국사 이해에서도 고난의 시대 구분론에서 중국 고유의 역사 발전을 중시하고 아편 전쟁과 같은 외적 계기를 '근세'로의 전환점으로 보지 않은 점, '근세'의 시점을 송대에 두고

---

12 橘樸, 『職域奉公論』(日本評論社, 1942), 1쪽.

13 J.A. フォーゲル, 井上裕正譯, 『內藤湖南: ポリティックスとシノロジー』(平凡社, 1989).

* 미야케 세쓰레이(三宅雪嶺, 1860-1945): 철학자・평론가. 1888년에 시가 시게타카(志賀重昂) 등과 정교사(政教社)를 설립하였고 『일본인』을 창간하였다. 메이지 정부의 서구화에 대항하여 일본주의(내셔널리즘)를 주장하였다.

* 시가 시게타카(志賀重昂, 1863-1927): 지리학자・평론가. 외향적인 근대화에 반대하여 국수주의를 주창했다.

* 정교사(政教社): 1888년 이노우에 엔료(井上円了), 미야케 세쓰레이, 다나하시 이치로(棚橋一郎), 오우치 세이란(大內靑巒) 등 철학관 그룹과 시가 시게타카 등 도쿄 영어학교 그룹 13명이 모여 설립한 언론 단체・출판사. 메이지 정부의 편중된 서구화주의 정책을 비판하고 '국수(國粹) 보존'을 표방하였다. 기관지 『일본인』을 창간하였다.

군주 독재 정치에서 특징을 찾은 점[14]은 유보가 따르긴 했지만 다치바나에 계승되었다고 하겠다. 다치바나는 중국사의 흐름 속에 중국 혁명을 거시적으로 위치지운 논설 「지나 혁명사 논고」에서 일찍이 중국 사회가 세 가지 난세를 경험했다고 보았다. 그는 제3기 난세를 당송唐宋기로 보고 이 시기에 완성된 "관료 계급"의 지배에 대한 "중산 계급"의 반항이 '태평 천국의 난'을 기점으로 오늘날까지 제4기 난세로 계속되고 있다는 시각을 보였다.[15] 고난은 송대에 완성된 군주 독재 정치하에서 점차 "인민이 정치상의 요소가 되는"[16] 경향에 강한 관심을 보였는데, 이러한 관심은 다치바나에게는 관료 계급을 타도하는 사회 혁명의 전망 속에 자리매김되면서 보다 급진화된 형태로 계승되었다고 하겠다.

하지만 가장 흥미로운 것은 다치바나가 고난의 향단 자치론에 공감했다는 점이다. 향단鄕團은 지역 사회의 자치 단체였다. 고난에 의하면, 근세 중국에서는 관리의 출신지 부임을 금하는 본적회피 제도 때문에 중앙에서 파견되는 관리는 지방 인민에게는 전혀 소원한 존재였고, 교육·위생·구빈·치안 유지는 모두 지

---

[14] J.A. フォーゲル, 『內藤湖南』, 180-181쪽.
[15] 橘樸, 「支那革命史論稿(1): 『亂世』に關する社會史的考察」, 『月刊支那研究』 제1권 제1호, 20-22쪽. 다치바나가 나이토 고난의 중국 근세론에 대해 언급한 곳은 橘樸, 「支那革命史論稿(1)」, 46-52쪽.
[16] 『內藤湖南全集』 第5卷(筑摩書房, 1967), 325-326쪽.

방 자치 단체에 맡겨졌다. "요컨대 근래의 지나는 커다란 하나의 나라라고 말하지만, 작은 지방 자치 단체가 하나하나 구획을 이루고 있어… 그 위에 이것을 향해 어떤 이해利害 관념도 갖지 않는 지현知縣 이상 몇몇 계급의 관리가 세금을 걷기 위해 교대로 와있다고 말하는 데 불과하다."[17] 이러한 향단 자치의 실권을 쥔 부로父老를 수람收攬하는 것이 바로 중국 정치의 요체이며, 태평천국의 난을 평정할 때 증국번曾國藩이 성공한 까닭은 향단 자위를 조직화한 데 있었다.[18] 중국은 본질적으로 지방 분권 사회이며, 여기에서 국가 통합은 향단 자치에 기초한 "일종의 변형된 연방 제도"에 의거해야 한다.[19] 이것이 1914년(大正3) 출판된 『지나론』이후 고난의 중국 사회론에서 핵심이었던 향단 자치론이다.

향단 자치론은 중국이 국가 형성의 능력을 결여하였음을 정식화한 의론으로서 전후 문맥에서는 부정적으로 평가되는 일이 많았다.[20] "지나에서 생명 있고 전통 있는 단체는 향당 종족宗族 이상으로는 생겨나지 않는다"[21]는 판단에 기초해서 열국이 필연적으로 중국을 공동 관리해야 한다고 주장한 관점은 군벌이 혼전

---

17 『內藤湖南全集』第5卷, 369쪽.
18 『內藤湖南全集』第5卷, 296-297쪽, 428-429쪽.
19 『內藤湖南全集』第5卷, 380쪽.
20 예컨대 野村浩一, 『近代日本の中國認識』, 60-62쪽.
21 『內藤湖南全集』第5卷, 297쪽.

하는 상황을 직접 목격한 뒤 집필한 『신지나론』에서는 분명 더 강해졌다고 볼 수 있다. 하지만 다치바나는 고난의 향단 자치론을 "지나 개조의 근본 세력"[22]에 착목한 의론으로서 높이 평가한다. 왜 그랬을까. 다치바나와 고난의 중국 사회론에서 공통된 것은 가족·종족·향단·회관會館·공소公所 등 사회적 결합 관계에 착목하여 사회 구성을 파악하는 관점이다.[23] 중국 사회는 이러한 상호 부조적 사회 결합이 긴밀히 발달한 사회이며, 따라서 국가에 대해 자율적인 존재로 파악되고 있다. 그러나 고난의 경우 이러한 관점은 중국 사회에 고유한 성격을 파악하는 데 머물렀고, 근대 주권국가의 구성 자체를 재고하려는 지향성은 아주 약했다. 이 때문에 결국 사회의 자율성을 강조하는 고난의 향단 자치론은 근대 국가의 일탈 형태로서 "중국 비국가론"으로 귀결되었다. 이와 달리 다치바나는 중국 사회의 자율성·상호부조성 속에 오히려 주권국민국가를 초극할 가능성을 읽어 들이고자 했다.

「지나는 어찌 될까」에서 다치바나와 고난의 이러한 차이가 잘 드러나는 것은 량치차오梁啓超의 국민주의를 둘러싼 평가다. 고난은 "지나는 이제부터 국민이 되므로 국민으로서의 대사업은 이제부터 가능하다"는 량치차오의 주장을 "고원한 이상"이라 불렀는데, 이에 대해 다치바나는 "협의의 국가나 국민, 즉 유럽이

---

[22] 橘樸,「支那は何うなるか」,『月刊支那研究』제1권 제3호, 3쪽.
[23] 예컨대『內藤湖南著作集』第5卷, 381-382쪽.

나 일본과 같은 의미의 국가나 국민 조직이란 것이 반드시 모든 민족이 거쳐야만 하는 길인가"라고 반발하였다. 다치바나는 철학자 러셀Bertrand Russell의 「애국심의 공과」라는 논설을 언급하면서 "유럽이나 일본에 나타난 긴밀한 국가 조직이란 것은 전혀 환경이 만들어낸 하나의 현상이며, 지나에 나타난 산만한 국가 조직도 또한 유럽이나 일본의 제 민족과는 아주 다른 환경하에서 자연스럽게 산출된 하나의 현상"에 불과하고, 일본—유럽형의 긴밀한 국가 조직이 무력 투쟁에 유리하다고는 해도 안정된 환경에 적응한 중국형의 산만한 국가 조직보다 우월하다는 것을 보증하지는 않는다고 말했다.**24** 러셀의 논설은 제1차 세계대전의 경험에 비추어 애국심을 인간 고유의 본능으로 여기는 경향을 철저히 논박하고, 국민 감정이 종교 전쟁 이후의 근대적 산물에 불과함을 지적한 것이다. 러셀은 애국심에 본능적 요소가 있다면 인간의 군거 감정에서 나온 단체에 대한 연대 협동의 감정이며, 그것은 근대에는 대체로 국민이란 형태를 취했지만 앞으로는 그럴 필연성은 전혀 없다고 갈파하였다.**25** 인간의 본능에 있는 호조互助적 계기와 투쟁적 계기에 주목하되 사회의 공동성을 호조적 본능에 기초지움으로써 강제 장치로서의 국가를 상대화하는 논리는 하세가와 뇨제칸의 현대 국가 비판이 전형적인

---

24 『內藤湖南全集』第5卷, 7-9쪽.
25 バートランド・ラッセル, 「愛國心の功過」, 『改造』 1921년 1월호.

것이었다.[26] 다치바나는 고난과 똑같은 대상을 다루면서도 무정부주의적인 다이쇼 사회주의의 국민국가 비판 논리에 의거해서 중국의 국가와 사회에 대한 평가를 역전시켰다고 할 수 있다. 여기서 '사회로서의 중국'이란 표상은 무정부의주의적 상상력을 해방시키는 장치로 바뀌었다. 다치바나 중국론의 코페르니쿠스적 의의는 바로 이 점에 있었다.

실제 초기 다치바나의 중국 사회론은 길드 사회주의*의 색채가 짙었다. 다치바나는 중국 사회에서 가족·종족으로부터 회관·공소·상회商會에 이르기까지 상호 부조 조직이 발달한 것에 주목하였고, "길드의 형식에서 행해지는" "프티 부르주아 정치"의 전통을 높이 평가하였다. 중국에서 민족 국가의 건설은 부패한 관료 계급이 아니라 데모크라시 사상에 기초한 이러한 길드 연합체에 정초해야만 한다는 것이다.[27] 더구나 다치바나는 중국 사회 고유의 성격을 반영한 것이자 동시에 세계의 추세라는 이

---

26 예컨대, 長谷川如是閑, 「鬪爭本能と國家の進化」, 『長谷川如是閑集』 제5권(岩波書店, 1990). 또한 飯田泰三, 『批判精神の航跡』, 207-211쪽. 뇨제칸의 현대 국가 비판에 큰 영향을 미친 영국 사회학자 홉하우스는 중국 농촌 자치와 상호부조 기능에 대해 관심을 가졌는데, 다치바나가 이에 주의를 기울이고 있는 것도 흥미롭다(橘樸, 「支那人氣質の階級別の考察」, 『月刊支那研究』 제2권 제1호, 40쪽).

27 橘樸, 「支那人氣質の階級別の考察」, 23쪽, 50-53쪽.

* 길드 사회주의: 20세기 초 영국에서 일어난 정치·사회운동. 중세 길드를 본떠 노동조합에 기초한 산업의 민주주의적 연합에 의해 자치적 사회주의를 실현하려는 운동.

중적 의미에서 이러한 방향성을 긍정하고 있었다. 다치바나는 1925년(大正14) 미우라 바이엔三浦梅園*의 정치사상을 다룬 「일본의 왕도 사상」이란 논설의 결론에서 이렇게 말하고 있다.

"요컨대, 오늘날 마르크스파는 중앙 집권적 사회주의 국가의 사상을 간직한 자인데, 북유럽을 떠나 서유럽을 보면 프랑스의 생디칼리스트나 영국의 길드 사회주의는 산업적 지방 분권제를 주장하는 자다… 또한 눈을 동양으로 돌리면, 지나는 자본주의 이전, 즉 사회주의 이전의 상태에 정체해 있지만, 혁명 이래 중앙 집권주의자의 세력은 해가 갈수록 약해지고 지방 분권제를 요구하는 여론이 급속히 세력을 얻고 있다. 이는 일본의 중앙 집권주의와 분명한 대조를 이루는 것이지만, 일본에서도 메이지 시대의 독일적 집권주의가 다이쇼 시기에 들어 반동적 경향을 띠게 되었고, 적어도 정치적으로 지방 분권적인 사상이나 시설이 여론의 환영을 받는 양상을 만들어내고 있다. 이러한 사정으로 세계 대세로서 이미 중앙집권주의는 내리막길에 들어서 있다… 정치에서의 중앙집권과 자본주의는 근본적으로 왕도 사상과 양립할 수 없다… 만일 일부 학자들이 추정하듯이 장차 사회주의 세계가 자본주의를 대체하여 실현된다면, 봉건 시대 이래 자취를 감추었던 정치에서의 도덕주의가 커다란 세를 이루어 부

---

* 미우라 바이엔(三浦梅園, 1723-1789): 에도 시대 사상가·자연 철학자. 조리학(條理學)이라는 독자적 학문을 구축하였고, 대표작으로 『현어(玄語)』가 있다.

활할 것임에 틀림없다… 나는 이 같은 견지에서 왕도 사상을 지나의 고대에 한정해서 존재할 수 있었던 것이라 생각지 않는다. 그 내용은 물론 많은 수정을 요한다고 해도 그 근본 원리는 반드시 지구상의 인류 사회를 영원히 지도하는 것이라 생각한다."**28**

다이쇼 사회주의를 헤쳐나간 다치바나의 '왕도 사상'에 대한 관심은 어떠한 귀결을 가져왔을까. 이 문제를 생각하기 앞서 다음 절에서는 다치바나가 중국 국민혁명에 대해 어떻게 대응했는지를 살펴보기로 한다.

●

2. 중국 국민혁명에 대한 대응

●

제1차 국공합작에서 5·30사건을 거쳐 장제스蔣介石 북벌에 이르기까지 중국은 말 그대로 동란의 시기였다. 다치바나 시라키는 중국 국민혁명의 전개를 응시하면서 상세한 시사 평론을 남겼다. 이들 평론은 다치바나 사후인 1950년(昭和25)에 『중국 혁명사론』으로 출판되었는데, 동시대 중국 혁명에 관한 분석으로는 스즈에 겐이치鈴江言一*의 『중국 무산 계급 운동사』와 쌍벽을 이루는 것

---

28 橘樸, 『支那思想研究』, 515-516쪽, 519쪽.

으로 지금도 높은 평가를 받고 있다.[29] 또한 종래 다치바나 연구에서도 중국 국민혁명의 전개를 보는 다치바나의 인식 방법이 "다치바나의 행동을 진정한 의미에서 결정했던 것은 아니었을까"[30]라는 지적을 하고 있다. 다치바나의 중국 국민혁명론이 중시되는 까닭은 국민혁명에 대한 대응이 '올바른 중국 인식'을 위한 시금석이 된다는 전제를 논자들이 상정하고 있기 때문이다. 논자들의 입장을 떠나 중국 인식의 깊이는 중국 내셔널리즘과 중국 혁명의 계급적 기초에 대한 이해로 측정할 수 있다는 전후 사학의 분석틀에 입각하여 다치바나 국민혁명론의 정당성을 논하는 경향이 강했다. 이러한 시각은 일정 부분 타당하지만, 자칫 이러한 틀에 넣기 어려운 측면을 다치바나로부터 사상(捨象)해 버릴 우려도 없지는 않았던 것 같다. 따라서 국민혁명의 개별 국면을 다룬 다치바나의 의론에 관해서는 선행 연구로 넘기고,[31] 이 절에서는 다치바나 언설에서 종래 그다지 논의되지 않았던 내셔널리즘과 계급 개념의 양의성을 탐색하고자 한다.

이미 말했듯이 다치바나의 중국 혁명론은 송대 이후 형성된

---

29 橘樸, 『中國革命史論』(日本評論社, 1950).

30 野村浩一, 『近代日本の中國認識』, 214쪽.

31 野村浩一, 『近代日本の中國認識』, 243-262쪽; 山本秀夫, 『橘樸』, 제7-9장.

* 스즈에 겐이치(鈴江言一, 1894-1945): 다이쇼·쇼와 전기의 사회 운동가·중국 연구자. 중국 공산당에 입당해 혁명 운동에 협력. 이후 나카에 우시키치(中江丑吉)에게서 수학하였다.

향신층鄕紳層을 모태로 하는 관료 계급의 지배에 대항하여 촌락 자치체나 각종 길드 조직 속에서 생활한 광범위한 '중산 계급'이 청말부터 반항을 개시하는 장기 과정으로서 중국 혁명을 파악하였다. 중국 사회에는 뿌리 깊은 길드적 자치의 전통이 있었지만, 동시에 민중이 "나랏일을 얘기하지 않는莫談國事" 정치적 무관심이 오랫동안 지속되었기 때문에 각 길드의 정치 능력이나 정치 도덕이 대외적으로 발휘되는 일은 없었다. 하지만 근래에 "지나의 중산 계급도 근세기 초엽의 유럽 상인들처럼 계급 의식에 눈뜨게 되었"다. "그들의 실생활에 필요한 조직은 지금까지는 길드나 그것들의 소규모 연합에 불과했지만, 계급 의식에 눈뜬 후 그들은 도저히 이에 만족할 수 없다. 여기서 그들은 직업별 연합에서 산업별 연합으로 나아갔고, 지방적 연합에서 전국적 연합으로 옮겨갔으며, 또한 상공업 프티 부르주아의 연합에서 농업 프티 부르주아까지 포함한 중산자의 전계급적 연합으로 진입하려 한다."[32] 길드적 자치 단체 연합체가 저변에서 정점을 향해 점차 확대해가는 것으로 중국의 국가 건설이 상상되고 있음을 잘 알 수 있다.

이러한 관점에서 볼 때 다치바나가 "왕도 정신을 부활시키는" 연성 자치聯省自治에 관심을 보인 것도[33] 당연한 일이다. 연성 자

---

32 橘樸, 「支那人氣質の階級別的考察」, 47-48쪽.
33 橘樸,, 『支那思想研究』, 486쪽.

치론이란 각 성이 베이징 정부와 광뚱 정부와 같은 중앙 정부를 포함한 모든 외부 세력의 간섭을 배제하여 자치를 실행하고, 각 성이 성 헌법 제정을 중심으로 하는 정치적 민주화를 행하고, 자치와 민주화를 달성한 각 성이 모여 연방성聯邦性에 의거하여 중국국가를 건설하는 구상이었다. 이 구상은 1910년대 말부터 1920년대 전반에 걸쳐 한창 주창되었다.[34] 연성 자치 운동의 주요 담당자의 하나는 상공업자 길드 단체이며, 여기에 민주적이고 지방 분권적인 국가 건설의 꿈을 읽어 들이는 일이 가능했다. 또한 1924년 11월 성립한 돤치루이段祺瑞* 정권의 수습회의 소집안을 접했을 때 상하이총상회는 상회·농회·율사공회律師公會·교육가 단체 등 '직업 단체' 대표자들이 참가해야 한다고 요구했는데, 다치바나가 이 요구에 주목한 것도[35] 직능 대표제를 길드 단체 연합으로 보는 다치바나의 질서상과 가까웠기 때문이다. 자치와 연방제가 무정부주의적 이상을 투영하기 쉬운 질서 표상임은 말할 나위 없을 것이다. 우선 다치바나의 이상적 국가상이 적어도 원리 레벨에서는 오히려 북벌 이전에 주장된 연방제 국가론과 가까운 것이었음을 확인해 둘 필요가 있다.[36]

---

34 塚本元, 『中國における國家建設の試み』(東京大學出版會, 1994), 109쪽.
35 「時評數則」, 『月刊支那研究』 第1卷 第2號, 187쪽.
* 돤치루이(段祺瑞, 1865-1936): 중국의 군벌 정치가. 안후이(安徽)파 군벌의 수령. 독일에서 군사학을 배우고 돌아와 위안스카이(袁世凱)의 심복이 되었고 다섯 번이나 국무총리를 역임했지만 혁명파와의 암투로 사임하였다.

다치바나는 동시대 일본인 가운데 중국의 내셔널리즘 요구를 가장 잘 이해한 사람 중 하나였다. 다치바나는 중국 연구의 매니페스트로 볼 수 있는「지나를 아는 길」이란 논설에서 일본인들이 중국을 인식하는 몰상식의 예로 "일반적으로 일본인은 지나에 대해 자신들이 선진자라는 것을 무반성적으로 자만하고 있다"[37]는 사실을 맨 먼저 거론하고 있다. 또한 상하이 공동 조계에서 영국 관헌이 발포한 사건에서 비롯된 이른바 5·30사건 때도 일본 정부가 "지나를 완전히 대등한 국가로 취급해야 한다"[38]고 역설하였다. 1920년대 다치바나의 중국론을 높이 평가할 때 이처럼 중·일간의 대등성을 승인한 점에서 하나의 이유를 찾는 것은 충분히 이해할 수 있다.[39] 이 점은 인정하지만, 다치바나가 의거하는 무정부주의적 다이쇼 사회주의는 동시대의 길드 사회주의나 다원국가론 등 '정치적 다원주의' 주장에 연속하며, 본래 내셔널

---

36 러시아혁명 초기 단계에서 야마카와 히토시(山川均)가 핀란드의 자치 요구와 우크라이나의 독립 선언에 착목하면서 혁명 러시아가 '국민적 국가'가 아니고 '자치 연합'임에 기대를 걸었던 것도 이러한 관심의 표현으로 볼 수 있다(三谷太一郎, 『大正デモクラシー論』[舊版], 98-99쪽). 주지하듯이 야마카와는 그 후 러시아의 공산당 독재를 긍정하는 태도로 전환하였고 이른바「아나·볼 논쟁」의 한쪽 극에 가담했지만, 다치바나의 경우는 기본적으로 무정부주의적 관심이 평생 지속되었다고 볼 수 있다.

37 橘樸,「支那を識る途」,『月刊支那研究』제1권 제1호, 7쪽.

38 橘樸,「支那近時の民族運動及上海事件の思想的背景」,『月刊支那研究』제2권 제3호, 104쪽.

39 山本秀夫,『橘樸』, 173쪽.

리즘과는 긴장 관계에 있는 사상이라는 점을 기억해야 할 것이다.

중국 내셔널리즘에 대한 다치바나의 양의적 평가는 좀 얄궂게도 전후의 연구들이 '이상주의적 아시아 연대' 사상으로 자리매김한 쑨원孫文의 대아시아주의 연설에 대한 비판에서 엿볼 수 있다. 1924년(大正13) 11월 고베에서 있었던 이 유명한 연설에 대해 다치바나의 동시대적 평가는 의외로 신랄하였다. 주지하듯이 쑨원은 이 연설에서 동양의 '왕도 문화'와 서양의 '패도 문화'를 대치시키면서 전자가 후자보다 우월하다고 주장했고, 동양과 서양의 사이에 놓인 일본의 선택을 묻고 있다. 다치바나는 쑨원이 말한 왕도관의 애매성을 호되게 비판하였다. 먼저, 쑨원이 왕도 문화의 예로서 "네팔이 영국에 정복된 뒤 백여 년이 경과하고 그 사이에 지나의 국세는 현저히 쇠락했음에도 불구하고 네팔 인은 민국 원년에 이르기까지 지나에 내공來貢하는 것을 게을리하지 않았다"고 언급한 대목을 들어 쑨원의 "왕도 외교"는 환상이라 지적하였다. 근대 이전의 중국은 주변 국가들을 한 단계 낮게 여겼고 원칙적으로는 저들에게 회유적인 태도를 취하면서도 경우에 따라서는 무력 행사를 결코 주저하지 않았다는 말이다. 다음으로, 다치바나는 쑨원의 왕도 사상을 해설한 다이톈처우戴天仇*의 논설을 들어 이렇게 말한다. 다이톈처우는 중국인의 희박한

---

* 다이톈처우(戴天仇, 1882-1949): 중국의 정치가. 쑨원(孫文)의 비서로, 국민 정부 고시원장을 지냄.

국가 사상이 노자 사상의 영향에 의한 것으로 보고 이와 달리 쑨원의 왕도 사상을 공자 국가주의의 직계로 규정하는데, "설사 공자가 국가주의를 지닌 자였다고 인정했다" 해도 "왕도 자체가 근세 국가주의 사상과 합치하는 관념이라 말하는 데는 쉽게 찬성할 수 없다." 이처럼 쑨원의 왕도 사상이 명료하지 않은 이상, 왕도 사상을 이론적 근거로 삼는 대아시아주의의 권위도 분명치 않다는 말이다. "일본인이 쑨孫씨의 권유에 따라 왕도의 선구 역할을 하려는 분발심을 일으키려 하지만 심히 마음이 허락치 않는 기분이 드는 것이다." 또한, 다치바나는 러·일 전쟁이 아시아 민족 전체의 각성을 가져왔다는 쑨원의 주장을 비판적으로 검토하면서, 피압박 민족인 비서양인에게 동류 감정이 존재하는 것과 대아시아주의가 아시아의 일체성을 주장하는 것은 낙차가 있고 중국 문화의 특색인 왕도 문화는 아시아 연대의 근거가 될 수 없다는 점을 냉정하게 말하고 있다.[40] 다치바나는 쑨원의 대아시아주의 연설에서 다름 아닌 쑨원의 자민족 중심주의를 간파해내고 이를 철저히 논박했던 셈이다. 다치바나의 반反내셔널리스트로서의 면목이 잘 드러나 있다.

그런데 이후 쑨원주의에 대한 다치바나의 평가는 오히려 높아

---

40 橘樸,「大革命家の最後の努力: 孫文氏の東洋文化觀及日本人觀」,『月刊支那研究』제1권 제4호, 126-129쪽, 137-140쪽. 한편 야마카와 히토시의 중국 내셔널리즘 비판에 관해서는 三谷太一郎,『大正デモクラシー論』[舊版], 89-90쪽에 나오는 논의도 참조.

졌다. 5·30사건 후 중국 혁명이 급진화한 것이 계기였다. 원래 다치바나는 관료 계급에 대한 '중산 계급', 특히 상하이총상회와 같은 상공업자 길드 단체를 민주화의 중심 담당자로 생각했는데, 5·30사건을 계기로 조직 노동자들의 의향에도 관심을 기울였다.**41** 또한 북벌이 개시되고, 이에 따라 국민당의 좌우 대립투쟁이 격화되고 중국 공산당이 대두하면서, 중국 농촌의 계급투쟁에 눈을 돌리게 되었다. 중국 농촌의 자치 조직은 지주층의 이익을 대표하는 '민단民團'과 빈농이 주축이 된 '농민협회'로 분열하게 되는데, 다치바나가 후자에 공감했음은 분명하다.**42** 여기서 "관료 계급 대항 세력으로서의 중산 계급"이라는 다치바나의 도식은 보다 정치해졌고, "소자산 계급 민주주의 정권"이라는 형태로 재인식되었다. 만년의 쑨원주의는 이러한 "소자산 계급 민주주의"를 체현하는 것으로 상정되었고, 국민당 좌파의 우한武漢 정권이 이 정신을 계승한 것으로 높이 평가되었다.**43** 중국 혁명이 급진화하면서 다치바나의 마르크스주의 섭취는 촉진되었고, 그의 계급 개념은 정치해졌으며, 그가 상정한 중국 혁명 담당자는 점차 상공 계급에서 소농·노동자로 하강했다는 사실을 이해할 수 있을 것이다.

---

41 橘樸, 「支那近時の民族運動及上海事件の思想的背景」, 128-129쪽.
42 예컨대 橘樸, 「支那人の利己心と國家觀念」, 『支那思想研究』, 304-308쪽.
43 橘樸, 「中國における軍閥戰爭の展望」, 『中國革命史論』, 398-400쪽.

실제 이 시기의 다치바나는 그의 생애에서 가장 마르크스주의와 논쟁한 문맥에 있었고, 그의 논조도 가장 마르크스주의적 색채를 띤 시기였다.[44] 기존 연구들이 다치바나의 이 시기 논설들을 높이 평가한 것도 다분히 마르크스주의의 정통적인 중국사 이해를 갖고 동시대 평론들의 편차를 측정한다는 발상에 공명하는 측면이 있었기 때문일 것이다. 하지만 이 점에서 중국 국민혁명기의 다치바나 의론이 다치바나 중국론의 핵심을 이루는 것으로 봐야 할지, 아니면 그것도 중요하지만 다치바나의 원래 발상에서 좀 벗어난 곳에 위치하는 것으로 봐야 할지는 해석이 갈릴 수 있는 대목이다. 중국 국민혁명기는 일본의 정치 사조에서는 논단의 중심이 이른바 '아나·볼 논쟁'〔아나키즘-볼셰비즘 논쟁〕을 거쳐 다이쇼 사회주의에서 쇼와 마르크스주의로 이행하는 시기에 해당하고, 다치바나의 의론도 이러한 논단이 설정한 틀에 의식적이건 무의식적이건 구속받고 있다. 하지만 다치바나는 장제스의 북벌 절정기에도 "북벌이라는 군사 행동이… 국민 정부의 최고 정책이라는 지위를 차지하는 일은 어떤 경우에도 있을 수 없다"고 했고, "국민혁명의 근본 방침, 바꿔 말하면 진정한 '유일 전제'는 민중 스스로 조직하는 것이어야 한다. 국민당 방식을 따른다면, 저들이 각각에 농민협회·공회·상민협회·부녀협회

---

[44] 山本秀夫,『橘樸』, 151-158쪽.

를 조직하고, 특히 농민은 농민자위군, 노동자는 공회규찰대라는 무장 기관을 편성해서 스스로를 지키는 것이다"[45]라고 갈파했다. 이러한 다치바나에게 마르크스주의가 암묵리에 설정한 중앙 집권적 조직 원리는 상상력을 펴기 어렵게 만드는 부자유로운 구속물이었던 것은 아닐까. 즉 마르크스주의가 논단을 석권한 시기에조차 다치바나의 본 뜻은 어디까지나 "무장적 자치"[46]라는 무정부주의적 이상에 있었다고 하겠다. 여기에는 만주사변 이후 다치바나가 '방향 전환'을 하게 되는 복선이 깔려 있을 터다.

●

3. '자치'의 유토피아와 지역 질서

●

"만주사변은 나에게 방향 전환의 기회를 제공하였다. 많은 벗들이 이것을 나의 우경右傾으로 해석한다. 이러한 해석에 반대할 아무런 이유도 없지만, 나 자신은 이 방향 전환을 내 사상의 일보 전진으로 보며, 동시에 나의 사회관에 일종의 안정감을 준 것으로 이해하고 있다." 다치바나 시라키는 만주사변이 발발한 지

---

[45] 橘樸, 「新軍閥の發生とその意義」, 『中國革命史論』, 170쪽.
[46] 「時評數則」, 『月刊支那研究』 제1권 제1호, 162쪽.

얼마 안돼 '방향 전환'을 했다. 1931년(昭和6) 10월초 펑톈奉天에서 이시하라 간지石原莞爾*, 이타가키 세이시로板垣征四郎*와 회견한 다치바나는 만주사변의 주도권을 쥔 관동군 막료의 배후에 청년 장교와 농민 대중의 열렬한 지지가 있음을 알았고, 만주사변이 "아시아 해방의 초석으로서 동북 4성을 판도로 하는 하나의 독립 국가를 건설"하는 것이라 보았다. 또한 일본은 일체의 기득권을 반환하는 데 그치지 않고, 최대한의 원조 공여를 직접적인 목표로 삼을 뿐 아니라 일본의 근로 대중을 자본가 독재로부터 해방시키고 "진정 아시아 해방의 원동력이 될 수 있는 이상 국가를 건설하는" 존재라는 인식에 도달하였다.[47]

만주사변 전의 다치바나는 중국의 내셔널리즘에 동정적이었고 일본의 배외주의적 태도를 경계하는 자세를 보였다. 앞서 말했듯이 다치바나는 5·30사건 때 일본 정부가 중국을 "완전히 대등한 국가"로 취급해야 한다고 역설했다. 또한 중국의 제국주의 비판이 반일에서 반영反英으로 이행하고 있음에 주의하면서, 일본은 경우에 따라서는 서구 열강과의 협조를 벗어나는 한이 있

---

47 橘樸, 「滿洲事變と私の方向轉換」, 『滿洲評論』 제7권 제6호, 32-33쪽.

* 이시하라 간지(石原莞爾, 1889-1949): 군인·군사사상가. 관동군 작전참모로서 만주사변을 일으켰고, 일본과 미국의 대결전을 상정한 세계 최종 전쟁론을 주장하였다. 도조 히데키와 대립하여 육군 중장으로 퇴역하였다.

* 이타가키 세이시로(板垣征四郎, 1885-1948): 육군 군인. 만주국 군정부 최고 고문, 관동군 참모장, 육군 대신 등을 역임. 이시하라 간지와 함께 만주사변을 결행했다.

더라도 중국 외교의 '대등주의'를 관철해야 한다고 주장하였다.[48] 다치바나는 북벌 후 중국의 국권 회복 요구가 만주까지 미치기 시작하자 만몽 권익 중에서 중국의 국권에 저촉되는 정치적·군사적 권리는 포기하고 중국의 이익과 양립할 수 있는 경제적 권익만 남길 것을 주장하였다.[49] 특히 당시 일본 정부 내에서 불평등 조약 해소 등을 요구하는 중국 내셔널리즘에 열국보다 먼저 부분적이나마 응함으로써 중·일간 제휴를 강화하려는 구상을 보였던 자는 현지에서 대중對中 외교의 지휘를 맡았던 외교관 시게미쓰 마모루重光葵였는데,[50] 나름대로 현실적 기반을 가진 것이었다. 다치바나는 만주사변 직전에도 당시 중국 국민당 정부의 기반이었던 저장浙江 재벌이 오히려 배일 운동에는 소극적이었다고 보고 일본측이 냉정한 태도를 취해야 한다고 호소하였다.[51] 이렇게 보면 다치바나가 만주사변 후 관동군에 급속히 접근한 것을 갑작스런 전환으로 받아들였다 해도 이상한 일은 아니다.

하지만 다치바나가 만주사변기에 주창한 구상을 지금 다시 돌이켜볼 때 많은 부분이 다치바나의 초기 관심에서 배태된 것임

---

[48] 橘樸,「支那近時の民族運動及上海事件の思想的背景」, 114-115쪽, 105-106쪽.

[49] 山本秀夫,『橘樸』, 187-188쪽.

[50] 졸고,「『英米協調』と『日中提携』」,『年報近代日本研究11・協調政策の限界』(山川出版社, 1989).

[51] 橘樸,「南京政府の行路難」,『滿洲評論』제1권 제3호, 2-7쪽.

은 분명하다. 무엇보다 다치바나가 만주국 건국에 즈음하여 상정한 이념이 "분권적 자치 국가"였다는 사실에 나타나 있다. 이를테면, 1931년(昭和6) 12월 펑톈에서 집필한 「만주 신국가 건설 대강大綱 사안私案」[52]에서 다치바나는 신국가를 "공민에 의해 조직되는 민족 연합 국가"로 규정하는 한편, 이것이 "분권적 자치 국가"로 구성되는 까닭을 설명하고 있다. 신국가는 현縣·성省 등 행정 자치체, 농회·상회·길드 등 경제 자치체, 문화·종교·계급적 상호 부조 조직 등 사회 자치체, 가족·자연 부락 등 종합 자치체에 기초하며, 의회는 각급 행정 자치체의 최고 기관으로 설정된다. 중국 사회의 기저를 이루는 농민 자치에서 직능 단체 자치로, 더 나아가 자치의 완성태인 국가로, 각종 자치 단체의 중첩적 조직으로서 신국가가 묘사되고 있음을 알 수 있다. 물론 여기에는 만주국 건국이 관동군과 긴밀한 연락을 취하면서 대웅봉회大雄峯會와 만주청년연맹을 중심으로 한 "자치 지도부"의 손으로 이루어졌고, 지주층을 지지 기반으로 하는 우충한于沖漢*·위안진카이袁金鎧* 등 이른바 펑톈 문치파奉天文治派

---

52 橘樸, 「滿洲新國家建國大綱私案」, 『滿洲評論』 제2권 제1호, 28-30쪽.

* 우충한(于沖漢): 러·일 전쟁 때 일본군에 가세했고, 장쭤린(張作霖)의 고문을 맡기도 했다. 만주인에 의한 '보경안민(保境安民)'을 내세우고 군벌타도, 부당 세금 저지, 국민 경제력 배양, 경찰제도 개혁을 호소했다.

* 위안진카이(袁金鎧, 1870-1947): 청조·베이징 정부·펑톈파의 정치가였고, 만주국의 요인이 되었다.

를 끌어들이고자 이들의 정치 이념에 가까운 농촌 자치를 표방할 수밖에 없었던 현실 정치의 요청에서 생겨난 측면이 있었다.**53** 하지만 동시에 만주국의 '국가 내용'을 '농민 자치'에서 찾고, 나아가 이것을 길드 사회주의와 생디칼리즘에 공통되는 '직업 자치'에 기초지우려는 다치바나의 집요한 시도**54**에서 무정부주의적 다이쇼 사회주의의 주제가 되풀이되고 있음을 그리 어렵지 않게 볼 수 있다. 만주국 건국 과정이 형태상이나마 각 성의 '자치'에 기초한 '연성 자치' 형태를 취한 것도 다치바나가 여기에 이상적 국가상을 쉽게 끌어들인 요인이 되었는지도 모른다.

다치바나가 관동군에 접근한 것은 시국의 문맥을 떠나 보다 일반화된 형태로 정식화한다면 '무정부주의와 폭력'이라는 문제와 관련된다. 하세가와 뇨제칸이 다이쇼기에 발표한 논설 「'무정부'와 '독재'」를 상기시킨다. 뇨제칸은 이 논설에서 정치사상의 양극에 위치하는 '무정부' 사상과 '독재' 사상은 "양자의 같고 다른 점을 정확히 찾아내는 일이 도저히 불가능하다고 생각될 정도로" 교착해 있다고 말한다. '무정부'이건 '독재'이건 필경 사회 진화를 목적으로 하며, 그 차이는 후자가 인위적 원조에 의해 사회 법칙의 장애를 배제하거나 사회 법칙의 보존과 발달을 촉구하는 것과 달리, 전자는 '자연'이 불합리적 장애에 의해

---

53 山室信一, 『キメラ』, 82-108쪽.
54 橘樸, 「國家內容としての農民自治」, 『滿洲評論』 제3권 제3호, 10-11쪽.

저지되지 않고 사회를 지배할 때 사회 법칙이 합법칙적으로 실현된다고 생각하는 점에 있을 뿐이다. 더구나 어떤 힘에 의해 '무정부'가 방해받는 사회에 '무정부'를 이룩하려면 '무정부'는 장애를 배제하기 위해 강력強力을 필요로 하므로 이 경우 무정부주의자는 반드시 "상당한 강력주의자이어야만 한다. 여기에서 '독재'와 '무정부'는 교착된 관계가 되기" 때문이다.[55] 다치바나에게 관동군은 본래 실현되어야 할 '자연'으로서의 '자치'의 유토피아를 방해하는 장애를 날려 버리는 '강력'에 다름 아니었다. "이리하여 9월 18일 폭발이 일어났던 것인데, 이 폭발의 결과 동북 정치 기구의 최상층인 장가張家(張學良-인용자)*의 세력이 날아가게 되자 머리를 잃은 군벌 기구는 와르르 붕괴하였고, 향신과 지주를 상층에 받드는 농업 사회는 오랫동안 그들 머리를 눌러 왔던 정치 경제 세력에서 해방되었으며, 그들 자신의 판단과 이해에 따라 새로운 통치 기구를 창조할 수 있는 기회가 주어졌다."[56] 무정부주의와 강력의 교착이라는 이미지를 단적으로 말하고 있는 것이 아닐까. 이것은 곧잘 지적되는 일본 파시즘의 비합리적인 봉기(一揆)주의로 치부할 것이 아니라 오히려 무정부주

---

[55] 長谷川如是閑, 「『無政府』と『獨裁』」, 『長谷川如是閑集』 제5권, 172-174쪽.

[56] 橘樸, 「日本の新大陸政策としての滿洲建國」, 『滿洲評論』 제2권 제1호, 6쪽.

* 장쉐량(張學良, 1898-2001): 중국의 군인·정치가. 장쭤린(張作霖)의 장남. 공산당과 내전을 종식하고 일본의 중국 침략에 대항하기 위해 장제스를 구금하는 시안(西安)사변을 일으켰고, 이를 계기로 제2차 국공합작이 성립했다.

의적 질서상에 깊숙이 뿌리박힌 문제로 파악해야 한다. 또한 다치바나는 만주국 건국 후 시간이 경과하면서 만주국의 현실에 실망하게 된다. 흔히 건국 초기에 보였던 재벌 비판의 색채가 후경後景으로 물러난 것으로 보지만, 본질적인 이유는 오히려 본래 '분권적 자치'를 초래해야 할 '강력'이 반半항구화하고 다치바나가 기피한 '중앙 집권적 독재'로 바뀌게 된 데 있었을 것이다.

다치바나가 만주사변 이후 '방향 전환'을 하면서 마르크스주의의 구속물을 내던져 버리고 회귀한 곳이 다이쇼 사회주의를 원상原像으로 한 세계였음은 대단히 흥미로운 사실이다. 만주사변 후 이른바 '전향'이라 불리는 사조는 일반적으로는 '마르크스주의에서 일본 회귀로'라는 형태로 정식화되어 있다. 여기서는 흔히 각자의 내면에서 보편적 법칙성을 체현하는 마르크스주의로부터 특수주의적 내셔널리즘으로 전환했다는 사실이 자명한 전제가 되어 있는 것 같다. 하지만 일견 내셔널리즘으로의 단순한 회귀로 해석되기 쉬운, 1930년대에 많이 사용된 '향토'나 '공동체'의 표상을 자세히 검토해 보면, 오히려 다이쇼 사회주의의 내셔널리즘 비판을 뚫고 나간 중층적 구조를 갖는 경우가 결코 적지 않다. 이는 바로 강좌파* 마르크스주의 총수 히라노 요

---

* 강좌파(講座派): 일본 자본주의 논쟁에서 노농파(勞農派)와 대립한 마르크스주의자들. 1930년대 전반에 출판된 『일본 자본주의 발달사 강좌』를 집필한 그룹이 중심이 되었다.

시타로平野義太郎에게 가장 잘 들어맞는다. 전전기의 히라노에 관한 기존 연구는 오로지 강좌파의 이론적 지도자인 히라노가 어떤 이유에서 전중기에 대아시아주의 신봉자로 바뀌었을까라는 문제에 관심을 두었다. 하지만 '전향 전'과 '전향 후'를 관통하는 히라노의 발상을 이해하려면 지금까지 별로 염두에 두지 않았던, 1924년(大正13)에 출판된 히라노의 처녀작 『민법에서의 로마 사상과 게르만 사상』57을 검토할 필요가 있다. 종장에서 다시 논하겠지만,58 히라노의 저작은 기르케Otto Friedrich von Gierke*에 의거하여 계약설적 사회 구성을 협동체적 사회 구성으로 치환시키는 가운데 '근대의 초극'을 읽어 들이는 지향성을 내포한 것이었다. 히라노 발상의 밑바탕에는 기르케가 열어 놓은 질서상이 있었다.

이렇게 생각하면 1930년대 대아시아주의가 나름대로 '네이션의 초출超出'이란 주제를 받아들이게 된 경위도 잘 이해될 수 있다. 다원국가론에 지대한 영향을 미친 기르케의 사상은 주권론의 문맥에서는 주권의 유일·불가분성을 주장하는 보댕-홉스적 주권론이 아니라 사회에서 각종 단체의 연합에 주권을 기초지운

---

57 平野義太郎, 『民法に於けるローマ思想とゲルマン思想』(有斐閣, 1924).
58 종장 제3절, 339-344쪽.
* 기르케(Otto Friedrich von Gierke, 1841-1921): 독일의 법학자·역사법 학파. 게르만주의자의 입장에서 독일 민법 제1초안을 비판하였다.

알투지우스Johannes Althusius* 주권론의 계보와 연결된다. 다치바나도 농민 자치는 직업 자치로 연결되며, 직업 자치는 나아가 '국제적 정당'으로까지 발전하는 것으로 파악했다.⁵⁹ 아시아 사회의 토대를 이루는 농촌 자치는 점차 위로 확대되면서 최종적으로 국민국가의 벽을 돌파하고 자치 단체의 중첩적 구성을 갖는 지역 질서로 성장한다는 것이다. 다이쇼기의 주권국민국가 비판이 만주사변을 거쳐 아시아주의로 유입된 것을 이해할 수 있을 것이다. 글머리에서도 말했듯이 쇼와 10년대의 국제질서론이 단순히 내셔널리즘 예찬으로 흐르지 않았던 배경에는 이러한 사정이 있었다.

이리하여 다치바나의 아시아주의는 '자치'의 유토피아라는 성격을 부여받게 되었다. 아시아주의 지도 원리는 첫째, 비자본주의적이고 국제주의적이어야 하며, 어떤 의미에서건 국가주의적이어서는 안 된다. 둘째, 어떤 계급이나 직업도 일반적 우월이나 독재적 입장에 서면 안 된다. 아시아 연합은 민족·직업·지역의 세 가지 유대로 구성되며, 이들 제 요소를 모순 없이 관철하는 일체의 단계를 통하는 자치 기관의 조직화가 요구된다. 이러

---

59 橘樸,「國家內容としての農民自治」, 14쪽.

* 알투지우스(Johannes Althusius, 1557-1638): 독일의 법학자·정치철학자. 근대 대륙법의 선구자. 사회 계약설 수립자의 한 사람으로서 칼뱅파 특유의 인민 주권론과 저항권 이론 등의 통치 계약설을 전개하였다.

한 지도 원리에 기초한 일본 개조의 원동력은 군부·농민·노동자라는 세 직업 단체의 결속체다.[60] 이러한 개조를 통해 건설된 직업 자치를 내용으로 하는 아시아 사회주의 국가는 이들 국가들 위에 종합 기관을 설정한다. 이 종합 기관은 어디까지나 "각국 당의 대표자로 구성하는 분권 조직"이어야 한다.[61] 여기에는 분명 전간기의 다양한 이즘ism, 특히 마르크스주의에 대한 다치바나의 지적 자립성이 표명되어 있다. 특정 계급에 특권적 해방 세력의 자리를 부여하는 것에 대한 거절, 사회적 유대를 계급 관계로 환원시키지 않고 다양한 사회적 결합성이 엮어내는 복합체로 파악하는 시점, 그리고 무엇보다도 '자치'에 정초된 사회주의라는 이미지에서 다치바나의 일관된 무정부주의적 관심을 읽어낼 수 있을 터다. 적어도 이것들이 사회 구성의 논리로서 갖는 의의는 결코 무시할 수 없을 것이다.

그러나 이것을 인정한다고 해도 이 시기 이후 다치바나의 의론이 다이쇼 때보다 크게 활기를 잃어버리게 된 사실은 감추기 어렵다. 물론 가장 큰 이유는 다치바나의 의론이 국가 권력에 대한 저항의 논리에서 점차 전시하 총동원의 논리로 재편되어 간

---

60 橘樸,「日本改造の原動力: 汎亞細亞運動の新理論の四」,『滿洲評論』제5권 제7호, 12-13쪽.

61 橘樸,「獨裁政黨論(下)②: 汎亞細亞運動の新理論の六」,『滿洲評論』제5권 제12호, 16쪽.

데 있었다. 다치바나의 경우 '군부'를 정치 계급인 '군벌'과 구별하였고 장교단을 직능 단체의 하나로 상정했기 때문에 군부의 대두는 '직업 자치'의 요구와 일단 모순되지 않는 것으로 파악될 수 있었다.[62] 그렇지만 2·26사건* 후 총동원 체제가 확립되면서 다치바나 정치론에 위로부터의 '지도'라는 계기가 도입되었다는 사실은 부정할 수 없다. 만주사변 때 다치바나 정치론의 핵심이었던 '직업 자치'론이 태평양 전쟁기에 '직역 봉공職域奉公'론으로 수평 이동했다는 사실에서 중점의 이동을 상징적으로 볼 수 있다.[63] 아시아주의론에서도 같은 것을 지적할 수 있다. 이미 말했듯이 다이쇼기의 다치바나는 쑨원의 대아시아주의 연설을 비판하는 근거를 쑨원의 화이 질서관에 보이는 자민족 중심주의에서 찾았는데, 태평양 전쟁기의 다치바나는 제 민족간의 실질적 불평등에 입각한 화이 질서를 오히려 "각자 자리를 얻는다"는, "일본 민족을 정점으로 한 견고한 피라미드"인 동아 공영권의 모형으로 설정하였다.[64] 다치바나는 일본 민족의 지도성을 말

---

62 橘樸,「山縣公の大陸政策上: 日本モンロー主義史論の四」,『滿洲評論』제4권 제18호, 15쪽.
63 橘樸,『職域奉公論』, 제6절.
64 橘樸,「滿洲政治力の特殊性」,『橘樸著作集』제3권(勁草書房, 1966), 213-214쪽.
* 2·26사건: 1936년 2월 26일 일본 육군 황도(皇道)파 청년 장교들이 일으킨 반란사건. 천황 친정을 쿠데타 명분으로 삼았지만 천황이 복귀 명령을 내리자 반란의 근거를 잃었다. 일부는 자결하고 일부는 투항함으로써 종결되었다.

할 때, 고대 이래 일본 문화가 타문화를 동화하는 능력을 보여 주었다는 데서 근거를 찾았는데, 이는 전전기 일본에서 되풀이해서 얘기된 극히 평범한 '제국'의 변증적 언사에 지나지 않았다.[65]

최종적으로 전중기 다치바나 의론의 허구성을 백일하에 드러낸 것은 다치바나가 본래 품었던 '무장적 자치'의 이상을 체현한 중국의 항일 게릴라였다. 이들은 지난날 향단 자위의 정신을 중·일 전쟁의 맥락에서 새롭게 소생시켰다. 전중기 다치바나는 여러 논설에서 항일 전쟁에서 보여 준 중국의 높은 도덕성에 경탄을 나타냈다.[66] 그리고 무정부주의적 상상력의 귀결이었던 다치바나의 대아시아주의는 마찬가지로 무정부주의에 뿌리내린 파르티잔 논리에 의해 철퇴를 받게 된다.

●

맺음말

●

이상으로 매우 소략하나마 다치바나 시라키의 언설을 추적하면서 무정부주의적 다이쇼 사회주의라는 주제가 어떠한 국제질서론을 만들어냈는지를 개관해 보았다. 마지막으로 다치바나의 언

---

65 橘樸,「東洋樞軸論」,『橘樸著作集』제3권, 26-27쪽.
66 橘樸,「東洋社會の創造」,『橘樸著作集』第3卷, 17쪽.

설까지 포함해서 다이쇼기 사회 개념의 석출 과정이 국제관계사상에서 갖는 의의를 약간 언급하면서 이 장의 맺음말로 삼고자 한다.

다이쇼기의 정치사상은 '사회' 개념의 구성을 통해 국가 주권의 절대성을 다양하게 비판한다는 점에 특색이 있다. 사회 개념의 이러한 석출 과정은 일반적으로는 다원국가론으로 대표되는 정치적 다원주의의 일환으로 이해된다. 전간기의 정치적 다원주의는 전후 미국 정치학에서는 이익 집단의 경합 이론으로만 계승되었고 정치해졌다. 국제정치학에서는 명확하게 얘기되는 일은 적었는데, 이 발상은 전후 미국 정치학의 다원주의 이해를 전제로 하면서 주로 레짐론이나 기능주의적 통합론에 편입되어 있는 것으로 보인다. 즉 정치적 다원주의는 일단 이익 집단론으로 환원되었고 국제정치학에서는 자유주의 계보 속에 자리잡은 것이다.[67]

이러한 이해는 틀리지는 않았지만, 적어도 전간기 일본에서 정치적 다원주의의 위상을 감안해서 생각한다면, 지나치게 단순화되었을 가능성이 있어 보인다. 이 장에서 다룬 다치바나 시라키의 사례에서 보듯이, 다원적 자치 단체 연합에 의해 주권을 기

---

67 Richard Little, "The growing relevance of pluralism," Steve Smith, Ken Booth and Marysia Zalewski, *International Theory: Positivism and Beyond* (Cambrigde University Press, 1996).

초지우는 등 다원국가론이 제기한 문제는 다이쇼기 일본에서는 전후 미국 정치학이 상정한 것처럼 자유주의 문맥에서 이해되기보다는 오히려 무정부주의적 사회주의와 겹쳐서 포착되는 일이 많지 않았을까. 시미즈 이쿠타로清水幾太郎는 회상록에서 중학 시절 관동 대지진으로 재난을 입은 뒤 독학으로 사회학을 연구하기로 마음먹고 정치적 다원주의를 소개한 다카타 야스마高田保馬의 저작 『국가와 사회』를 접하게 되는 한편, 지진 당시 오스기 사카에大杉榮* 참살을 계기로 갖게 된 무정부주의적 관심을 거기에 쏟아부었던 경험을 아주 인상적으로 묘사하고 있다.[68] 조숙했던 소년 시절의 시미즈가 직감적으로 읽어낸 다원국가론과 무정부주의적 근대 비판 논리 사이의 친화성은 원래 다이쇼기 정치 사조에 내재해 있었던 것 같다. 이러한 의미에서 1930년대에 근대 자유주의에 대한 비판이 대두한 것은 단순히 자유주의자의 좌절이나 전향이 아니라 다이쇼기의 사회 개념 석출 상황이 권위주의적인 협동체적 사회 구성으로 대체되는 과정이라는 점을 정밀하게 재검토할 필요가 있다.[69] 이미 논했듯이 다치바나

---

68 『清水幾太郎著作集』 제14권(講談社, 1993), 189-192쪽.
69 도쿄대학 신인회(新人會) 회원으로 당시 대표적 정치학자였던 로야마 마사미치가 보인 다원국가론으로부터의 전환에 관해서는 이 책 제3장 제2절, 181-188쪽.
* 오스기 사카에(大杉榮, 1885-1923): 사상가·사회운동가·작가. 무정부주의자였고, 관동 대지진 직후 이토 노에(伊藤野枝) 등과 함께 소위 '아마카스(甘粕) 사건'으로 연행되어 살해당했다.

의 사례는 다이쇼기의 길드 사회주의적 질서상이 일단 중국 사회에 적용된 뒤 아시아주의로 환류되는 과정으로 이해할 수 있다. 여기에서 제국질서와 무정부주의 간에 어떤 친화성을 읽어낼 수도 있다. 이처럼 다이쇼기 일본의 주권국민국가 비판이 동아 신질서론으로 흡수되어 간 경우가 많았음은 부정할 수 없다.

그렇다고 다이쇼 사회주의가 제기한 문제 자체가 무의미하다는 말은 아니다. 다치바나 국제질서론의 바탕에는 중첩적 자치단체에 의한 지역 질서(국제 공동체) 구상이 있는데, 이것은 유럽연합EU의 보완성 원칙에서 알투지우스 주권론이 복권되면서 원리적으로 재론되는 문제와 비유될 수 있다.[70] 국제정치학은 본래 주권국가 체계에 관한 인식과 관련된 학문인데, 묘하게도 지금까지 주권론에 관한 원리적 고찰이 가장 화려하게 전개된 전간기의 국제관계 사상에 주의를 기울이는 일은 적었던 것 같다. 이러한 의미에서 다이쇼기 일본에서 제기된 주권국민국가 비판의 복잡한 위상을 고려하고 그 현재적 의의를 생각하는 것이 부질없는 짓은 아닐 것이다. 또한 다양한 '사회' 개념을 구성함으로써 국제관계를 재인식해야 한다고 주장한 다이쇼기의 의론은, 맹아적이긴 하지만, 의외로 국제관계에 대한 풍부한 사회학적 통찰을 제공하는 측면이 있다. 최근 국제관계론의 한 흐름으로

---

[70] Ken Endo, "The Principle of Subsidiarity: From Johannes Althusius to Jacques Delors," 『北大法學論集』 제44권 제6호(1994).

서 '구성주의'와 같은 사회학적 접근 방법에 대한 관심이 높아지고 있음을 생각한다면, 사회 개념의 석출 상황을 국제관계 사상사 속에 어떠한 형태로 끌어들일까라는 다이쇼기의 문제는 여전히 새로운 것이라 말하지 않을 수 없다.[71] 또한 국제관계론에서 사회학적 관심의 복권을 주장하면서도 국제관계 사상사에서 '사회주의'의 위상을 설정하는 문제는 아주 애매한 채 방치되어 왔다. 종래 국제관계 사상사 연구는 기껏해야 마르크스·레닌주의적 제국주의론이거나 아니면 권력 정치적인 '소비에트 블록'론, 어느 한쪽에 초점을 맞춰 적당히 얼버무려 온 것이 사실이다.[72] 그러나 20세기 초부터 전간기에 걸친 시기의 국제관계 사상을 주의 깊게 관찰해 보면, 당시 '사회주의'와 결부되어 등장하고 이해된 다양한 주장들이 이러한 좁은 틀에 한정된 것이었는지 의문의 여지가 있다. 현대 국제정치학에서 일견 '사회주의'와 무관하게 보이는 기능주의·연방제·지역 계획이라는 주제들이 적어도 전간기의 의론에서는 '사회주의'의 짙은 그림자를 드리우

---

[71] 예컨대, 구성주의와 다나카 고타로(田中耕太郎)의 세계법론을 중첩시켜 읽는 흥미로운 시도로는 芝崎厚士, 「田中耕太郎の國際文化論」, 『國際關係論硏究』 제13호 (1999), 58-63쪽.

[72] 예컨대, 국제관계 사상의 표준적 텍스트인 Michael W. Doyle, *Ways of War and Peace: Realism, Liberalism and Socialism* (N.Y.: W.W.Norton, 1997)에서도 표제처럼 '사회주의'는 현실주의, 자유주의와 대등한 위치를 부여받고 있지만, 실제로는 시종 마르크스·레닌주의를 단조롭게 서술하고 있으며 '사회주의' 사상에 대한 이해와 상상력을 결여하고 있다.

는 일이 많았다는 사실에 유의할 필요가 있다.[73]

일찍이 하세가와 뇨제칸은 「1921년에서 22년으로」라는 논설에서 제1차 세계대전 후의 정신을 종래의 정신과 구별하여 "지금까지의 이른바 인터내셔널리즘internationalism이 인터 스테이트Inter-State, 아니면 적어도 인터 네이션Inter-Nation의 경향에 한정되어 있었던 데 비해, 오늘날의 그것은 얼마간 인터 소셜Inter-Social의 정신과 관련되어 있다"[74]고 갈파하였다. '사회 연대'의 정신은 바로 '사회주의'의 골격을 이루는 것이다. 탈냉전의 오늘날 '사회주의'의 사정射程을 성찰하는 것은 아직 그 의의를 잃지 않을 것이다.

---

[73] 예를 들면, 홉하우스, 콜, 라스키가 국제정치학에서 기능주의의 대표적 존재인 미트러니에 미친 영향을 지적하는 것으로 David Long, "International functionalism and the politics of forgetting," *International Journal* (Spring 1993). 또한 제3장 제1절에서도 언급했지만, 기능주의의 선구적 존재인 레너드 울프처럼 전간기 국제정치학에서 '자유주의'의 대표로 여겨지는 인물이 흔히 페이비언계 사회주의를 거쳤다는 사실에 더 주의를 기울여야 할 것이다.

[74] 『長谷川如是閑集』 제4권(岩波書店, 1990), 162쪽.

5

'제국질서'와 '국제질서'

식민 정책학에서의 매개의 논리

본고와 직접 관련된 졸고는 「『植民政策學』から『國際關係論』へ」, 淺野豊美·松田利彦 編, 『植民地帝國日本の法的展開』(信山社, 2004); 「戰間期における帝國再編と國際主義」, 『國際問題』 제546호(2005년 9월)가 있다. 중복된 기술도 있음을 양해하기 바란다.

머리말

국제관계론의 역사에서 식민 정책학은 어떠한 위치에 있을까. '잊혀져 있다'는 말이 하나의 유력한 답일 것이다. 슈미트Brian C. Schmidt는 제2차 세계대전 이전 미국 국제관계론의 성립 과정을 처음으로 본격적으로 검토한 바 있다. 그는 20세기 초반 미국 정치학계에서 식민 통치colonial administration에 대한 관심이 급속히 확대되는 과정을 논하면서 "흔히 무시되거나 거의 주목받지 못하지만, 정치학에서 식민 통치는 국제정치 언설의 상당 부분을 차지하고 있었다"[1]고 말한다. 말하자면 국제관계론의 잊혀진 계보로서 식민 정책학을 상정하고 있다.

미국과 달리 전통적으로 마르크스주의의 영향이 강했던 일본의 국제관계론(특히 국제관계사) 연구에서는 '제국주의와 민족'이라는 문제 설정에서 보듯이 제국주의론의 중요성이 강조되었고 식민 정책학은 그 전사前史로서 언급되는 일이 많았다. 일본의 연구자들은 구미보다도 식민 정책학의 존재와 역사적 의의에 관해 더 많은 주의를 기울여 왔다.[2] 현재 일본의 국제관계론에서

---

[1] Brian C. Schmidt, *The Political Discourse of Anarchy: A Disciplinary History of International Relations* (N.Y.; State University of New York, 1998), pp.124-125.

마르크스주의의 영향은 소멸되었지만 아직도 상대적으로 지역 연구와 역사 연구의 비중이 크다는 사실에서 이러한 흔적을 찾을 수 있다. 다만, 제2차 세계대전 후 대학 강좌가 재편되면서 '식민 정책학'은 '국제경제론'으로 바뀌었고, 식민 정책학의 역사적 전개는 경제학사의 문맥에서 논하는 일이 많아졌다. 식민 정책학은 실제로는 정치학·경제학·농정학農政學 등에 걸쳐 있어 복합적 성격을 지니며, 좁은 의미의 경제학사 문맥에서 수용할 수 없는 내용을 갖는다. 이 장에서는 식민 정책학을 국제 현상에 관한 학술지學術知의 계보에 놓고 기왕에 별로 논하지 않았던 문제들을 다루고자 한다.

전전기 일본에서 국제 현상에 관한 학술지는 크게 구별하면 주권국가간 관계를 다루는 국제 법학·외교사(및 여기서 파생된 국제정치학)와 제국내 관계를 다루는 식민 정책학의 이원 구도로 편성되어 있었다. 그러나 이 장의 관심에서 본다면 이 두 계열은 단순한 분업 관계로 볼 것이 아니라 두 계열간의 관련까지 파악할 필요가 있다. 여기서는 주권국가간 관계에서 성립하는 '국제질서'와 제국내 관계에서 성립하는 '제국질서'가 무관하게 병렬된 것

---

2 식민 정책학에 관한 대표적인 연구는 金子文夫,「日本における植民地研究の成立事情」, 小島麗逸 編,『日本帝國主義と東アジア』(アジア經濟研究所, 1979); 原覺天,『現代アジア研究成立史論』(勁草書房, 1984); 淺田喬二,『日本植民地研究史論』(未來社, 1990).

이 아니라 어떤 논리적 연관을 갖고 존재하는 것으로 보고 이 둘을 동일한 시야에 놓고 파악하고자 한다.³ 실제 폴 라인슈Paul S. Reinsch*나 이즈미 아키라泉哲처럼 국제정치학(국제법학)과 식민 정책학을 함께 논한 예도 적지 않다. 그들은 어떠한 논리를 동원하여 '제국질서'와 '국제질서'를 매개하고자 했을까. 여기서는 그 논리 구조를 논의의 대상으로 삼을 것이다.

이하의 논술에서는 먼저 식민 정책학에서 '제국질서'와 '국제질서'를 매개하는 논리를 고찰할 때 필요한 기본 시각을 제시하고 약간의 방법론적 문제를 제기한다. 그리고 20세기 초, 제1차 세계대전기, 1920년대, 1930년대의 시계열을 따라가면서 식민 정책학자들의 언설을 중심으로 식민 정책학에서 양자를 매개하는 논리가 어떻게 전개되었는지를 논할 것이다. 이는 식민 정책학을 씨줄로, 법학·정치학을 날줄로 삼으면서 국제관계론의 계보학적 고찰 속에서 '제국 편성의 계보'를 다루는 문제 설정⁴을 확인하는 작업이 될 것이다.

---

3 국제법 학자의 언설을 다루면서 이러한 관점의 가능성을 보여 준 연구는 졸고, 「書評·小林啓治 『國際秩序の形成と近代日本』」, 『歷史學研究』 798호(2005).

4 이러한 문제설정에서 「제국 편성의 계보」를 둘러싼 학술지를 재고찰한 논집으로 酒井哲哉編, 『岩波講座 「帝國」 日本の學知』 제1권 「帝國」 編成の系譜(岩波書店, 2006).

* 폴 라인슈(Paul S. Reinsch, 1869·1923): 미국의 정치학자·외교관. 중국 대사(1913-1919).

1. 예비적 고찰 : 매개 논리로서의 '사회' 개념

식민 정책학자들의 언설을 논할 때 전형적인 의론의 한 유형은 식민 정책학자가 '제국주의자'인지 '국제주의자'인지를 따지는 이항 대립적인 문제 설정이다. 대표적인 예로 니토베 이나조新渡戶稻造*와 관련된 유명한 논쟁을 들 수 있다. 5천엔권 지폐에 니토베 이나조 초상을 새로 넣는다는 발표가 났을 때 『마이니치 신문』지상에는 니토베 이나조 평가를 둘러싸고 이누마 지로飯沼二郎와 사토 마사히로佐藤全弘 간에 논쟁이 벌어졌다.[5] 이누마는 니토베 이나조가 "순수한 제국주의자"였으며, 만주사변을 계기로 자유주의자에서 제국주의자로 변절한 것이 아니라고 주장하였다. 이에 대해 사토는 니토베 이나조의 식민 사상에는 "세계 토지 공유론"에서 보듯이 "인류 협화의 이상"이 있고, 니토베는 "평생 그리스도를 따랐던 자, 진정한 자유주의자, 인격주의자, 평화주의자"였다고 반박하였다. 이 배경에는 일본의 많은 식민

---

[5] 飯沼二郎,「新渡戶稻造は自由主義者か」,『每日新聞』1981년 8월 26일 석간; 佐藤全弘,「新渡戶稻造は'生粹の帝國主義者'か」,『每日新聞』1981년 9월 4일 석간.

* 니토베 이나조(新渡戶稻造, 1862-1933): 농학자·교육자. 국제연맹 사무차장. 저서 『무사도』는 유려한 영문으로 쓰여져 있어 명저로 평가받는다.

정책학자들이 기독교나 마르크스주의를 사상적 지주로 삼고 있었다는 사정이 있다. 이러한 논쟁의 대립축 자체는 식민 정책학이 놓인 사상사적 문맥을 역으로 보여 주며, 기존 연구가 이러한 대립축에 의거해서 전개되어 왔음을 충분히 이해할 수 있다.

그런데 '제국주의'와 '국제주의'는 정말 대립적이었을까. 흔히 양자를 대립적으로 보지만, 실제로는 동일 인격 안에 두 계기가 공존하는 경우가 많았던 것은 아닐까. 한 예를 들어 보자. 1893년(明治26) 구가 가쓰난陸羯南은 근대 일본 최초로 체계적인 국제관계론 저작이라 할 수 있는 『국제론』을 세상에 내놓았다.[6] 구가가 이 책에서 강조한 것은 '낭탄狼吞'과 '잠식蠶食'이라는 개념이었다. 구가는 국가를 주체로 하는 의도적 침략인 '낭탄absorption'과, 사인私人을 주체로 하되 비의도적으로 타 국민의 통합을 해체하는 '잠식elimination'을 구별하였다. 특히 언어·학술·종교 등의 문화적 침식에 의한 심리적 잠식의 위험성을 강조하였다. 물론 구가의 이러한 의론은 로쿠메이칸鹿鳴館 시대의 서구화주의에 대한 비판과 조약 개정에 대한 대외 강경파로서의 입장에서 나왔을 것이다.

---

[6] 『陸羯南全集』 제1권(みすず書房, 1968). 한편 노비코프 저작과 구가 가쓰난 『국제론』의 관계에 관해서는 本田逸夫, 「明治中期の『國際政治學』: 陸羯南 『國際論』と Novicow J., *La politique internationale* をめぐって」, 『法學』 제59권 제6호(東北大學, 1996)에 상세하다. 본고도 이 논문에서 많은 도움을 받았다.

구가가 『국제론』을 집필할 때 가장 많이 참조한 문헌은 노비코프Jacques Novicow*의 『국제정치』였다.[7] 노비코프는 콘스탄티노플 태생의 러시아 사회학자인데, 사회 진화론에 기초해서 다양한 저작을 남긴 인물이었다. 구가는 노비코프의 이 저작에서 '낭탄' '잠식' 개념을 받아들였다. 노비코프는 두 개념을 가지고 서구 국가들이 사회 진화가 낮은 단계에 있는 비서구 국가에 진출하는 현상을 설명하고자 했다. 그런데 구가는 평가의 벡터를 반대로 돌려 두 개념을 서구 국가들의 '문화 제국주의'를 고발하는 이론 틀로 바꿔 읽었다. 오늘날 구가의 이러한 평가를 좇아 일본 근대사에서 노비코프의 이름은 대체로 서구 지식인의 오만함을 상징하는 '문화 제국주의자'로 언급되는 일이 많다.[8]

노비코프는 오늘날 유럽사에서 거의 잊혀진 존재인데, 드물게나마 이름이 언급될 때는 '제국주의자'로서가 아니라 평화 운동사의 문맥에서다.[9] 실제 노비코프는 열렬한 유럽 연방론자였고 유럽 각국의 평화 운동가들과 교류를 꾀하였다. 예컨대 『유럽 연

---

[7] Jacques Novicow, *La politique internationale* (Paris : Felix Alcan, 1886).

[8] 本田逸夫, 「明治中期の'國際政治學'」, 17-18쪽; 朴羊信, 「陸羯南の政治認識と對外論(1)」, 『北大法學論集』 제49권 제1호(1998), 97-99쪽.

[9] 本田逸夫, 「明治中期の『國際政治學』」, 2-3쪽.

* 노비코프(Jacques Novicow, 1849-1912): 러시아 사회학자. 스펜서의 영향을 받아 사회 유기체설을 지지하였고, 생물학적 사회학을 내세웠다. 인간의 투쟁은 생리적, 경제적, 정치적, 지적 단계의 4단계를 거치며 최후의 지적 단계에서 투쟁은 경쟁이 되고 폭력은 배제된다고 하면서 투쟁에서 평화에 이르는 길을 찾았다.

방』을 비롯한 노비코프의 많은 저작들을 독일어로 번역한 알프레드 프리트Alfred H. Fried*는 당시 독일 평화 운동의 대표적 활동가였고, 젊은 날의 요시노 사쿠조吉野作造는 『국가 학회 잡지』에 「근세 평화 운동론」이란 논문에서 프리트에 공감하여 그의 저서를 상세히 소개한 바 있다.[10] 이처럼 노비코프는 '제국주의자'와 '국제주의자'의 양면을 공유하고 있었으며, 어느 면에 주목하느냐에 따라 정반대의 평가가 이루어졌다. 메이지 시대의 사회학자 다케베 돈고建部遯吾*는 노비코프의 주요 저서들 간에 보이는 모순을 지적하면서 "그 국제 정책… 유럽 동맹론… 같은 것은 유럽인들 간의 동맹으로써 평화를 진척시키고 이상을 실현할 수 있지만, 유럽인 이외 민족들과의 전쟁 투쟁은 꼭 평화와 이상의 복음이 간여하는 바가 아니라 할 수 있다. 이는 불가사의

---

10 프리트가 번역한 노비코프의 독일어 본은 J. Novicow, *Die Foderation Europas* (Berlin : Akademischer Verlag fur sociale Wissenschaften, 1901), *Das Problem des Elends* (Leipzig : T. Thomas, 1909), *Der Krieg und seine angeblichen Wohltaten* (2., verb. Aufl. Zurich : Art. Institut Orell Fussli, 1915) 등이 있다. 吉野作造, 「近世平和運動論」, 『國家學會雜誌』 제23권 제9호~제12호, 제24권 제1호~제2호(1909-1910). 요시노는 대일본평화협회 회원이었던 것으로 추측된다(三谷太一郎, 『新版・大正デモクラシー論』, 東京大學出版會, 1995, 202쪽).

* 알프레드 프리트(Alfred H. Fried, 1864-1921): 오스트리아 평화주의자. 1892년 독일평화협회를 창설하여 세계 평화 운동을 전개하였다. 1911년 노벨 평화상 수상.

* 다케베 돈고(建部遯吾, 1871-1945): 사회학자・정치가. 도쿄제국대학 사회학 강좌의 초대 담당 교수.

한 의론이 아니겠는가"[11]라고 말하였다. 이렇게 동일 인격에서 '제국주의'와 '국제주의'를 공존하게 만든 논리가 무엇인지 다시 따져볼 필요가 있다. 이 장의 첫번째 시각은 '제국주의'와 '국제주의'의 상호 관계를 고찰하는 것이다.

'제국주의'와 '국제주의'의 양립은 서구 국가 체계의 핵심인 문명 개념의 야누스적 성격일 수도 있다. 주지하듯이 근대 국제법은 문명국 표준주의를 채용하였다. 서구 국가들은 법전 정비 등 일정 요건을 채우지 못한 국가에 대해서는 완전한 법 주체성을 인정하지 않았고, 치외 법권을 설정하는 등 불평등 조약을 체결했으며, 식민지 대상으로 삼은 경우도 있었다. 이러한 관점에서 본다면 문명의 발전 단계라는 시간적 차이를 '서구'와 '비서구'라는 공간적 차이에 투영시켰을 때 '국제주의'와 '제국주의'는 문명의 도달 단계에 조응하는 대응으로서 모순 없이 설명될 수 있을지 모른다.

이 장에서는 '제국질서'와 '국제질서'를 매개하는 논리로서 '사회' 개념의 위상에도 유의하고자 한다. 식민 정책학은 자칫하면 대단히 국가주의적인 이론 장치로 무장된 것으로 생각하기 쉽다. 하지만 이는 사실의 일면에 지나지 않는다. 오히려 반대로 제국질서는 사회의 자율성을 예찬하는 관점에서 이론화되는 일

---

11 建部遯吾, 『戰爭論』(金港堂書籍, 1906), 20-21쪽.

이 아주 많다. 예컨대, 근대 일본의 제국적 인식 공간의 위상에 관해 다양한 시사를 주는 오구마 에이지小熊英二의 『'일본인'의 경계』는 한 장을 할애하여 프랑스 사회학의 동화주의 식민 정책 비판이 동시대 일본에 어떠한 영향을 미쳤는지를 다루고 있다.[12] 이 책은 먼저 구가 가쓰난이 '국가'와 구별된 '사회' 개념을 획득할 때 참조한 르루아 볼리외Paul Leroy-Beaulieu*[13]의 식민 정책론을, 그리고 크로포트킨*의 상호 부조론과 대만 총독부 관료 도고 미노루東鄕實의 민족 정책론 사이의 관련성을, 또한 반드시 명시되어 있지는 않지만 오토 기르케Otto Friedrich von Gierke가 태평양 전쟁 중에 대아시아주의를 제창한 히라노 요시타로平野義太郎에게 미친 영향을 다루고 있다. 진정 다원국가론이나 무정부주의로 연결되는 사상적 계보인 것이다. 제1차 세계대전 후 일본의 시대 사조는 메이지기의 국가 주권 지상주의에 대해 다양한

---

12 小熊英二, 『'日本人'の境界』(新曜社, 1998), 第7章「差別卽平等」. 이 책에 대한 서평으로는 졸고,「大胆な構圖と入念な細部」, 『相關社會科學』제9호(1999).

13 宮村治雄,「自由主義如何: 陸羯南の政治思想」, 宮村治雄, 『開國經驗の思想史: 兆民と時代思想』(東京大學出版會, 1996), 206-209쪽.

* 르루아 볼리외(Paul Leroy-Beaulieu, 1843-1916): 보호주의를 반대한 프랑스의 정치 경제학자. 유럽 분쟁으로 인한 인명과 재산의 손실에 관한 연구를 수행하였다.

* 크로포트킨(Kropotkin, 1842-1921): 러시아 지리학자. 아나키스트 운동가·철학자. 바쿠닌과 함께 19세기 후반 러시아 사회주의 아나키즘을 대표한다. 아나키즘 이론의 과학적 정립을 지향했고, 『상호 부조론』을 통해 다윈주의에 대항하여 종의 진화에 가장 중요한 요소는 경쟁이 아닌 협동이라고 주장. 사유재산에 반대해 물자와 인력의 무상 분배를 주장했다.

형태의 '사회' 개념을 구성하여 비판적 관점을 제시하는, '사회의 발견'이라 칭하는 특질을 지녔다.**14** 이러한 '사회의 발견'에 의해 제시된 비국가 주체의 상호 작용으로서 국제관계를 파악하는 초국가적인 이론 장치는 어떻게 제국질서와 공명 관계를 이루었던 것일까.**15** 그 인식 기제를 식민 정책학이라는 학술지의 전개에 따라 논하는 것이 이 장의 두번째 시각이다.

이 장의 세번째 시각은 '식민 정책학에서의 미국'이라는 문제다. 원래 근대 일본의 식민 정책학은 미국인 교사의 훈도를 받은 삿포로농학교 졸업생들이 시작한 것임을 감안한다면, 이 문제를 간과해 온 것이 이상하게 생각될 수도 있다. 물론 기왕의 연구에서도 삿포로농학교의 '개척자 정신'(또는 그 이면에 있는 선주先住민족 문제)은 꼭 언급되었다. 하지만 지금까지 미·일 양국이 신흥 제국주의 국가로 대두한 20세기 초 이후 식민 정책학에 드리워졌던 '미국의 그림자'에 관해서는 좀 무관심했던 것 같다. 이를테면, 앞에서 말한 니토베 이나조를 둘러싼 논쟁에서도 엿볼 수 있듯이, 지금까지 니토베 이나조론에서는 20세기 미국 문제는 '태평양의 교량'으로서 활약한 '국제주의자'라는 문맥에서만 등

---

14 이 개념에 관해서는 飯田泰三, 「吉野作造: "ナショナル·デモクラット"と社會の發見」(小松茂夫·田中浩編 『日本國家思想史』下卷(青木書店, 1980). 飯田泰三, 『批判精神の航跡』(筑摩書房, 1997)에 수록됨.

15 졸고, 「國際關係論と『忘れられた社會主義』: 大正期日本における社會概念の析出狀況とその遺産」, 『思想』 945호(2003).

장했고, '제국주의자'라는 문맥에서는 불문인 채 남아 있다. 이 때문에 니토베 이나조론에서는 미국상이 분열되어 있다는 인상마저 든다.

그렇지만 '식민 정책학에서의 미국'이라는 문제가 의외로 해결하기 어려웠던 사정의 일단을 상상 못하는 것은 아니다. 20세기 초에 발행된 미·일 양국의 식민 정책학 교과서를 한번 보기만 해도 된다. 미·일 양국 모두 식민 통치 경험을 결여한 신흥 제국주의 국가인 이상, 어느 쪽도 그 내용은 영국, 프랑스 등 유럽 국가들의 선례를 늘어놓은 것에 불과하다는 사실을 금방 알 수 있다. 따라서 미국이 일본의 식민 정책학에 미친 영향을 텍스트에서 직접 논증하는 것은 사뭇 어려움이 따른다.

하지만 보다 거시적으로 본다면, 미국의 사례를 보조선으로 긋는 것은 '제국질서'와 '국제질서'의 매개 논리를 생각할 때 문제의 윤곽을 그리는 유력한 실마리가 될 것이다. 일본의 정치학이 메이지기에 독일 국가학을 수용한 이래 다이쇼기의 '사회의 발견'을 거쳐 보다 현대적인 정치학으로 전환했음은 주지의 사실이지만,[16] 이러한 노정은 일본에만 한정된 것은 아니었다. 일본 근대사 연구자들은 모델 국가가 영국형에서 프로이센형으로 바뀌게 된 메이지 14년 정변을 염두에 두면서 독일 국가학을 대체

---

[16] 당사자에 의한 고전적인 정리로는 蠟山政道, 『日本における近代政治學の發達』(實業之日本社, 1949).

로 반半봉건적·후진적 이론으로 여기는 경향이 있는데, 이는 메이지 헌법 제정기인 1880년대 세계 각국에 나타난 독일 국가학 상像과는 상당히 어긋나는 견해다. 이를테면, 미국에서 본격적인 대학원 교육은 1880년대에 독일 국가학을 모델로 삼아 공공 정책 전문가를 양성하는 형태로 시작되었다.[17] 사토 마사스케佐藤昌介*와 니토베 이나조가 삿포로농학교를 졸업한 뒤 유학한 존스홉킨스대학은 독일 국가학을 미국에 이식한 장소였다.

미국의 식민 정책학과 국제정치학은 이러한 지적 문맥에서 거의 같은 시기에 성립하였다. 양자의 개척자가 후술하는 폴 라인슈Paul S. Reinsch였다.[18] 이 장에서는 라인슈의 저작들을 참조하면서 '식민 정책학에서의 미국'이라는 문제 영역도 시야에 넣어 논하고자 한다. 이는 '미국의 세기'로 불렸던 20세기의 학술지로서 식민 정책학이 갖는 의의를 재성찰하고, '제국질서'와

---

[17] John G. Gunnell, *The Descent of Political Theory* (Chicago: The University of Chicago Press, 1993), pp. 50-51. 메이지 헌법 제정기에 일본에서 자주 참조된 블룬츨리의 『일반 국가학(*Allgemeine Staatslehre*)』은 1885년에 영역본이 출판되었고, 당시 미국에서 가장 표준적인 정치학 교과서가 되었다. John G. Gunnell, *The Descent of Political Theory*, p.35.

[18] 라인슈에 관해서는 Noel H. Pugach, *Paul S. Reinsch: Open Door Diplomat in Action* (New York.: KTO Press, 1979); 篠原初枝,「ポール・ラインシュとトーマス・ベイティ」,『外交時報』제1308호, 1994년 5월).

* 사토 마사스케(佐藤昌介, 1856-1939): 농학자. 존스홉킨스대학에서 경제학자 일리(Richard T. Ely)에게 수학했고, 홋카이도제국대학 초대총장을 지냈다.

'국제질서'의 매개 논리를 현재적 관점에서 재검토하는 계기가 될 것이다.

2. 문명의 흥망 : 니토베 이나조의 식민 정책 강의

제1차 세계대전이 한창이었을 때 니토베 이나조는 도쿄제국대학의 식민 정책 강의에서 다음과 같이 개강사를 말했다.[19] 사토 잇사이佐藤一齋*는 "기운에 큰 성쇠와 작은 성쇠가 있음은 마치 바다에 큰 조류와 작은 조류가 있음과 같다"고 말했다. 인생에는 영고榮枯 성쇠 흥망이 있고, 한줄기 오르막길도 아니고 내리막길도 아니며, 또한 같은 높이의 수평적 진행도 아니고 오히려 파동적이다. 스펜서Herbert Spencer는 우주의 운동, 인생의 역사는 운

---

19 니토베가 생전에 강의록을 출판한 일은 없다. 강의록은 사후인 1942년(昭和17)에 강좌 후계자인 야나이하라 다다오(矢內原忠雄)가 편집하여 『新渡戶博士‧植民政策講義及論文集』으로 출판되었다. 이 강의록은 야나이하라가 다이쇼 5‧6년도에 청강한 강의 노트를 토대로 하고 다카기 야사키(高木八尺)의 다이쇼 3‧4년도 노트, 오우치 효에(大內兵衛)의 다이쇼 1‧2년도 노트로 보충하는 형태로 편집되었다. 이 책 내용은 제1차 세계대전기의 강의와 거의 동일한 것으로 볼 수 있다.

* 사토 잇사이(佐藤一齋, 1772-1859): 에도 시대 말기의 유학자. 이와무라(岩村) 번정(藩政)에 참여했고, 1841년 막부의 명을 받아 유자(儒者)가 된 후 3천여 명의 문하생을 두었다. 낮에는 주자학을 하고 밤에는 양명학을 했다고 알려져 있다(陽朱陰王).

율적이라 말했고, 오스트발트Wilhelm Ostwald*는 우주에 운동의 법칙이 있다고 말했다. 또한 순환의 법칙을 말하는 사람도 있다. 이것이 사토 잇사이가 말하는 "생생지역生生之易", 즉 살아 있는 모든 생물의 법칙이다. 니토베 이나조는 이렇게 말한 뒤 갑자기 칠판에 물결이 교차하는 모양을 그렸고 '파동설'을 가지고 동서 문명의 접촉과 흥망을 설명하였다.

첫 강의를 '파동설'로 시작한 니토베 이나조는 식민지의 통치·토지 문제·원주민 정책 등 식민 정책에 대해 각론을 말한 뒤 강의 최종회도 문명의 흥망이란 주제로 마무리를 지었다. 니토베 이나조는 이렇게 말했다. "생각건대 지구는 5백만 년 후에는 차가워질 것이다. 국가도 2만 년 후에는 크게 변화할 것이다. 따라서 식민 문제도 소멸할 것이다." 그러나 정치적 군사적 식민은 소멸해도 어느 곳의 사상이 어느 곳을 정복하는가라는 정신적 식민의 문제는 남을 것이다. 이는 어느 나라가 동양의 문화에 가장 공헌할까, 어느 나라가 정신적으로 동양을 식민지로 삼을까의 경쟁이다. "식민은 문명의 전파다. 제군은 마땅히 비전을 보지 않으면 안 된다."[20]

일본 대외 활동의 의의를 동서 문명론의 문맥에서 근거지운

---

[20] 新渡戶稻造,『新渡戶稻造全集』제4권(教文館, 1969), 17-18쪽, 167쪽.

* 오스트발트(Wilhelm Ostwald, 1853-1932): 독일의 화학자·과학철학자. 아레니우스 이온설의 확립과 보급에 크게 공헌했고, 노벨 화학상 수상.

이 의론은 니토베 풍의 명논조였는데, 일본이 제국주의에 나서면서 '동서 문명 조화론'으로서 인구에 회자되었다. 삿포로농학교 제2기생으로 니토베와 동창이었던 우치무라 간조內村鑑三도 이러한 문명론의 계보에 자리매길 수 있다. 우치무라의 초기 저작인『지인론地人論』[21]은 "지리와 역사는 무대와 희곡의 관계"라 하면서 인류 세계사와 지리적 구조 사이의 밀접한 상호 관계를 상정하고 그 법칙성을 해명하는 일종의 목적론적 역사 지리론이었다. 우치무라는 여기에서 동양 문명의 동점東漸과 서양 문명의 서점西漸의 교착점에 일본 지리를 상정하였고, "일본의 천직"을 동서양의 매개자인 점에서 찾았다. 우치무라가 보기에 개인-국민-세계는 중층적으로 겹쳐 있었고, "지구 자체가 일개의 유기적 독립인이다"라는 표현에 상징되듯이 인류와 자연은 유기적 연대 관계에 있었다.[22]

동서 문명의 매개자에서 일본의 국민적 사명을 찾는 의론은 러·일 전쟁 후 우치무라의 원래 의도를 넘어 비서구 국가이면서 서구 제국주의 국가의 일원이 된 일본의 대외적 자기 표현으로서 널리 통용되었다.[23] 그것은 서구 국가들에 대해서는 동양 문

---

[21] 內村鑑三,『日本の名著38 內村鑑三』(中央公論社, 1971)에 수록됨. 이 책은 1897년(明治 30)에 간행되었는데, 청·일 전쟁 한창 중에 간행된『지리학고(考)』를 개제(改題)한 것이다. 제목을 바꿔 간행하면서 붙인 제2판 서문에서 우치무라 간조는 「나의 이 공구(攻究)에 적지 않은 장려와 원조」를 준 오랜 친구 니토베에게 감사를 표하고 있다.
[22] 內村鑑三,『日本の名著 38·內村鑑三』, 松澤弘陽 해설, 29-38쪽.

명의 독자성을 강조함으로써 문화적 대등성을 승인하도록 압박하는 동시에, 근린 아시아 국가들에 대해서는 문명 개념으로써 일본 제국주의를 정당화하는 의론이었다. 말하자면 서구에 대해서는 문화 상대주의를, 아시아 국가들에 대해서는 단선형 문명 발전론을 선택적으로 채용한 것이 특색이었다.[24]

니토베도 이러한 지적 분위기에서 활약한 세대였다. 니토베는 구미 국가들에 대해서는 『무사도』에서 보듯이 영문으로 일본을 소개하였고, 동시에 식민 정책학자로서 일본 식민 통치자에 정책을 건의하는 입장에 있었다. 그는 분명 '동서 문명 매개자'의 역할을 맡고 있었다.[25] 니토베의 경우 '동서 문명 조화론'은 식민 정책학자로서의 자기와 대對구미 문화 교류 담당자로서의 자기를 이어 주는 이음새와 같은 위치를 차지하고 있었다. '제국질서'와 '국제질서'를 매개한 것은 우선 이러한 '문명' 논리였다.[26]

또한 다이쇼 초기의 니토베는 「식민의 궁극 목적」이라는 논설

---

23 松本三之介,「國民的使命感」,『近代日本思想史講座』제8권(筑摩書房, 1961). 국제 문화 교류에서 동서 문명 조화론이 갖는 의미에 관해서는 芝崎厚士,『近代日本の國際文化交流: 國際文化振興會の創設と展開』(有信堂, 1999), 제2장.

24 이러한 '동양' 개념 구축의 의미에 관해서는 Stefan Tanaka, *Japan's Orient: Rendering Pasts into History* (L.A.: University of California Press, 1993), ch.1이 시사적이다. 이 저작에 관해서는 이 책 종장에서 재론한다.

25 니토베 이나조의 대외사상에 관해서는 太田雄三,『'太平洋の橋'としての新渡戶稻造』(みすず書房, 1986); 北岡伸一,「新渡戶稻造における帝國主義と國際主義」,『岩波講座・近代日本と植民地』제4권(岩波書店, 1993)이 시사적이다.

을 남겼는데, 여기서 "지구의 인화人化와 인류의 최고 발전"을 꾀하는 식민의 궁극 목적을 위해 "세계 토지 공유"가 필요한 "세계 사회주의"의 이상에 대해 말하고 있다. 니토베는 "사람이 하는 일은 단지 자연 도태에만 의존하지 않고 삶 속에 일종의 미묘한 작용이 있어 경우에 감응하고 경우에 따라 변화한다"는 베르그송의 언설을 인용하면서 인류가 능동적으로 지구를 인화人化할 뿐 아니라 수동적으로 삼라만상의 감화를 받는다는 것을 강조하고 있다.[27] 여기서 볼 수 있듯이 니토베의 인류·세계 개념에는 "다이쇼 생명주의"로 불리는 사조가 각인되어 있었다.[28] 우치

---

[26] 전전기 일본 식민 정책학자의 계보와 국제 문화 교류 관계자의 계보를 추적하면, 두 계보는 고토 신페이(後藤新平)와 연결되는 인맥으로 환류되는 경우가 많다. 이것이 갖는 의미에 관해서는 졸고, 「後藤新平論の現在: 帝國秩序と國際秩序」, 『環』제8호(藤原書店, 2002年 冬季號).

[27] 新渡戸稻造, 「植民の終極目的」, 『新渡戸稻造全集』제4권, 360쪽.

[28] 鈴木貞美, 『'生命'で讀む日本近代』(日本放送出版協會, 1996). 또한 小熊英二, 『'日本人'の境界』는 니토베에 관한 선행 연구를 평하면서 "대체로 말하면, 니토베가 현재 우리가 생각하는 '인종 차별주의자' '제국주의자'의 카테고리에 해당되는지 아닌지의 기준에서 논의되는 경향이 있으며, 그와는 다른 종류의 사상을 가졌던 것은 아닌가라는 관점은 적은 것 같다"고 지적하고 있다(小熊英二, 『'日本人'の境界』, 696쪽). 이 관점은 니토베에 국한되지 않고 당시 사회 진화론·유기체론으로 구성된 의론을 다룰 때에도 대단히 중요한 지적이다. 한편, '생명주의'가 우주·인류·국가·사회·개인 등 제 단계를 갖추고 있고, 당면하는 문제에 응해 인류 보편주의, 아시아주의, 일본주의와 같은 잡다한 양상을 보인다는 것에 관해서는 鈴木貞美, 「西田幾多郎 『善の研究』を讀む: 生命主義哲學の形成」, 國際日本文化研究センター紀要 『日本研究』제17집(角川書店, 1998), 134쪽.

무라에서 보였던 것처럼 기계론적·원자론적 자연관과 대립하는 유기체론적·연대론적인 우주론과도 호응하는 것이었으리라. 『세계법의 이론』으로 알려진 가톨릭주의 자연법론자 다나카 고타로田中耕太郎는 니토베가 "생각보다 유물론적"[29]이었다고 평하였다. 이러한 니토베가 이상을 말할수록 자연 도태라는 진화론이 가진 투쟁설적 측면보다도 유기적 조화라는 호조설互助說적 측면을 끌어내는 것은 흥미로운 일이다. 그것은 니토베를 다이쇼기의 '사회의 발견'으로 불러들이는 회로이기도 했다.[30]

글머리에서 인용한 니토베의 강의에서는 제1차 세계대전기 일본에 나타난 황백인종 대립이란 맥락에서 전쟁을 해석하는 의론의 영향을 받아서인지 동서 문명의 '조화'보다도 '대결'이라는 뉘앙스가 더 강하게 느껴진다.[31] 하지만 어쨌든 지금까지의 서술에서 니토베의 사고 양식이 메이지 중기에서 다이쇼 초기까지 많은 논자들이 공유했던 문명론의 계보에 편승해 있음을 알 수 있을 것이다. 니토베의 강의는 메이지 30년대였다면 격조 높

---

29 田中耕太郎,「新渡戶先生の人」,『新渡戶稻造全集』別卷(教文館, 1987), 288쪽.
30 일본의 진화론 수용 자체는 투쟁설적 측면보다도 호조설(互助說)적 측면에 더 기우는 경향이 있었다. 가토 히로유키(加藤弘之)가 훗날 전환해서 세계 정치가 고차원의 통합 상태에 이르는 '우내(宇內) 통일국'론을 주장한 것은 유명한 사례다(졸고, 「『植民政策學』から『國際關係論』へ」, 14쪽, 25-26쪽).
31 ジョージ・アキタ, 伊藤隆,「山縣有朋と『人種競爭』論」,『年報近代日本研究 7·日本外交の危機認識』(山川出版社, 1985).

은 것으로서 학생들에게 깊은 감명을 주었을지도 모른다.

그러나 제1차 세계대전 중에 니토베의 강의를 청강한 학생들에게 그의 주장은 너무나 통속적인 인상론처럼 들렸다. 일반적으로 아카데미즘 확립기였던 러·일 전쟁 후부터 다이쇼 초기에 걸친 시기에 제국대학생들은 학자관료적인 메이지기 제국대학 교수들에게 아주 냉담했다. 이러한 의미에서 대외 활동에 매진했던 니토베가 미래의 아카데미즘을 담당할 젊은이들의 마음을 붙잡았다고 하기는 어렵다.[32] 더욱이 제1차 세계대전기에 일본 외교 자체는 전환기를 맞이하고 있었다. 니토베는 강의를 끝내면서 "식민은 문명의 전파다"라고 언급했는데, 이는 미국 식민 정책학자·국제정치학자였던 폴 라인슈의 말을 차용한 것이었다.[33] 라인슈는 이때 윌슨 정권의 중국 공사로서 일본의 대중국 21개조 요구를 비판하는 데 앞장섰다.[34] 윌슨주의와 중국의 반제국주의 내셔널리즘이 공명하면서 지금까지 일본 외교의 준거 틀이었던 서구 고전 외교의 자명성自明性이 흔들리는 시대가 찾아온 것이다. 조용한 상아탑 바깥에는 새로운 시대의 탄식이 있었다.

---

[32] 일본 정치학에서 아카데미즘의 성립을 상징하는 인물인 오노즈카 기헤이지(小野塚喜平次)는 니토베의 대외 활동에 아주 비판적이었다고 한다(森戶辰雄, 「教育者としての新渡戶稻造先生」, 『新渡戶稻造全集』別卷, 307-308쪽; 北岡伸一, 「新渡戶稻造における帝國主義と國際主義」, 192-193쪽).

[33] 新渡戶稻造, 『新渡戶稻造全集』 제4권, 328쪽.

[34] 北岡伸一, 「二十一ヵ條再考」, 『年報近代日本研究 7·日本外交の危機認識』 수록.

3. 사회의 발견 : 제국 재편과 식민 정책학

그렇다고 니토베 이나조가 제1차 세계대전이 국제정치에 초래하는 변화에 둔감했던 것은 결코 아니다. 니토베는 전술한 강의에서도 대전이 식민지와 본국의 관계에 미치는 영향을 간결하나마 적확하게 지적하고 있었다. 니토베는 영국 본국과 캐나다·오스트레일리아 자치 식민지의 관계를 개관하면서 자치 식민지가 본국으로부터 분리하는 경향과 체임벌인Neville Chamberlain의 '제국적 연합imperial federation' 구상으로 대표되는 식민지와 모국의 결합 관계를 공고히 하는 정책을 언급한 뒤 이렇게 말하고 있다. "이번 대전쟁의 결과 식민지와 모국의 관계는 일약 여러 걸음을 내딛었다. 하지만 이번 결합은 감정적인 것을 벗어나지 않는다. 정치적이거나 군사적인 것이 아니다. 그러므로 전후 관계는 뭐라 단언하기 어렵다. 오히려 하루아침에 유사시에 이처럼 결합되는 것이기에 평소는 국가로서 분리되어 있어도 좋다는 의론을 낳고, 그 결과 식민지는 독립하게 될지도 알 수 없다."[35]

---

[35] 新渡戶稻造, 『新渡戶稻造全集』 제4권, 119-121쪽.

제1차 세계대전은 유럽 국가들에게는 총력 전쟁이었다. 그것은 본국-식민지 관계에도 파급될 수밖에 없었다. 전시하의 식민지 방위 협력은 제국내 식민지의 발언권 확대로 이어졌고 전후 제국 재편의 움직임을 가속화시켰다. 니토베가 말했듯이, 그것은 본국과 식민지의 유기적 관계를 강조하는 구심성을 모색하는 것이었지만, 실은 식민지의 분리주의적·원심적 경향을 예상하고 있었기에 생겨난 것이기도 했다. 제1차 세계대전 후 니토베는 "무릇 식민지가… 전반적으로 외국 세력에 통치받는 것을 싫어한다는 것은 거의 의심할 바 없다. 식민지 정부는 피치자의 동의를 받지 않았다. 또한 식민 세력이 백인이건 갈색인이건 그들이 맡겨진 민중의 운명을 개선하기 위해 희생을 치르고 무거운 짐을 짊어질 것이라 믿을 이유는 별로 없다"고 말하면서, 본국과 식민지의 교제가 '호양give and take'의 법칙에 따라 이루어지며 '상호 이익'을 규칙으로 삼는다는 관계성을 주장하였다.[36] 즉 제1차 세계대전 후 민족자결주의의 충격 속에서 제국을 '상호 부조'적 관계를 갖는 유기적 협동체로 파악함으로써 존속의 의의를 강조하는 제국 재편론이 대두한 것이다.[37]

전시하의 제국내 협력 관계는 전후 국제 협력의 추형雛型이기도 했다. 남아프리카 연방의 지도자 스머츠Jan Christiaan Smuts*

---

36 新渡戶稻造,「日本の植民」,『新渡戶稻造全集』 제21권(教文館, 1986), 492-493쪽. 1919년(大正8) 12월 일본협회에서 행한 강연의 한 구절이다.

가 대표하듯이 전시하 영 제국 내의 협력 관계에 관련했던 인물 중에서 전후 국제연맹의 열성적인 지지자가 나오게 된 예도 적지 않다.[38] 제1차 세계대전기에 제국 재편의 동향을 맨먼저 주목했던 니토베도 1919년부터 국제연맹 사무차장으로 활약하였다.

여하튼 영제국의 연방Commonwealth 형성은 일본 식민 정책학자들에게도 제국질서의 장래를 생각할 때 꼭 참조해야 할 준거 틀이 되었다. 니토베의 후배 식민 정책학자로서 연방을 상정하면서 일본 제국을 재편하는 과제와 먼저 마주했던 자는 이즈미 아키라泉哲였다. 이즈미는 1873년(明治6) 홋카이도 태생으로

---

[37] 대만 총독부 관료였던 도고 미노루(東鄉實)는 크로포트킨의 『상호 부조론』을 원용하면서 본국과 식민지의 '공존 공영' 관계를 변증하고 있다(東鄉實, 『植民政策と民族心理』, 岩波書店, 1925, 327쪽). 또한 피터 두스는 1917년(大正6) 초까지 일본의 중국 정책에는 새로운 변화가 보이게 되었고, 정치적 성명에 전략적·통상적 '특수의 관계'라는 문구 이외에 '공존' '공영'이란 "이타주의적 이익"을 포함하게 되었다고 지적하고 있다(ピーター·ドウス, 「日本／西歐列强／中國の半植民地」, 『岩波講座·近代日本と植民地』 제4권, 岩波書店, 1992, 73쪽).

[38] 亘祐介, 「國際聯盟をデザインした男」, 『創文』 제434호, 2001). 스머츠는 '전체론' (holism)적 방법에 기초해서 근대 과학을 재통합하고자 한 운동의 주창자이기도 했다 (亘祐介, 「國際聯盟をデザインした男」, 6쪽). 스머츠에게 세계 질서 재편 자체는 이러한 유기체적·전체론적 인식론에 정초되어 있었다. 이러한 인식 틀의 존재는 일본의 사례를 생각할 때 흥미롭다.

* 스머츠(Jan Christiaan Smuts, 1870-1950): 남아 연방·영 연방의 정치가·군인·철학자. 남아 연방이 성립하자 국방 장관 ·재무 장관 등을 역임했고 제1차 세계대전 때 동아프리카 군 사령관, 영국 각료를 역임했고, 전후에는 국제연맹 창립에 공헌하고, 연방 수상·법무 장관 등을 역임했다.

니토베보다 11살 아래였다. 삿포로농학교를 중퇴하고 미국에서 16년간 유학 생활을 보낸 뒤 귀국 후 1914년(大正3)부터 메이지대학에서 교편을 잡았다.[39] 이즈미는 1922년(大正11) 「국제 경찰권의 설정」이란 논문으로 도쿄제국대학에서 법학박사 학위를 받았다. 저서 대부분은 국제법에 관한 것이었다. 하지만 1921년(大正10)에 출판된 『식민지 통치론』에서 보듯이 다이쇼기의 대표적인 식민 정책학자의 한 사람이기도 했다.

이즈미는 『식민지 통치론』의 글머리에서 미국 유학 중에 훈도를 받은 폴 라인슈의 강의와 저서에서 영향을 받았음을 밝히고 있다.[40] 라인슈는 혁신주의 사상 조류가 강했던 위스콘신대학을 졸업한 뒤 모교에 남아 교편을 잡은 미국 국제정치학·식민 정책학의 제1인자였다. 라인슈는 세기 전환기 국제정치에서 미국의 등장이 갖는 의의를 재빨리 통찰하였고, 극동 문제와 식민 정책에 관심이 깊었다. 윌슨 정권기에 중국 공사에 임명된 것도 이러한 경력이 평가를 얻었기 때문이다.[41]

---

39 이즈미 아키라에 관해서는 淺田喬二, 『日本植民地硏究史論』, 제3장.
40 泉哲, 『植民地統治論』(有斐閣, 1921), 「例言」.
41 라인슈가 1899년도에 위스콘신대학에서 개설한 '현대 정치(Contemporary Politics)'는 미국에서 최초로 세계 정치를 집중적으로 다룬 과목이었다고 한다 (Schmidt, *The Political Discourse of Anarchy: A Disciplinary History of International Relations*, p.70). 한편 라인슈의 주중 공사 취임의 경위에 관해서는 Pugach, *Paul S. Reinsch: Open Door Diplomat in Action*, pp.54-57.

일본에서도 라인슈의 저작은 일찍부터 주목을 받았다. 국제정치와 중국 문제를 다룬 『세계 정치』는 원서가 출판된 이듬해 다카다 사나에高田早苗*가 초역을 간행하였다.⁴² 라인슈는 이 책 머리에서 르네상스 이후 중세적 세계 통일 국가의 이상이 내셔널리즘으로 치환되는 추세를 개관하였고, 20세기는 영토 확장이 골자인 19세기 제국주의와 달리 '국민 제국주의national imperialism'의 시대이며 신세기의 제국주의는 경제적 팽창에 관련된 것이라 주장하였다.⁴³ 신세기 제국주의의 특색이 가장 잘 드러난 것은 중국 문제를 둘러싼 세계 정치였다. 라인슈는 유럽 열강들이 조차지 획득에 경주하는 등 중국에서 세력권을 설정하는 것을 중국 분할의 전조로 보는 견해를 배격하였고, 세력권 내에서 상업상의 기회 균등이 유지된다면 문호 개방 정책과 모순되지 않는다고 보았다.⁴⁴ 국민들은 팽창하는 한에서는 자연스럽게 서로 협력할 수 있게 마련이다. 라인슈는 영토 획득과 구별되는 상업적 팽창은 제국주의적 각축이라는 권력 정치를 만들어내

---

42 Paul S. Reinsch, *World Politics: At the End of the Nineteenth Century* (New York: Macmillan, 1900). ラインシュ, 高田早苗抄譯, 『帝國主義論』(東京・門學校出版部, 1901).

43 Paul S. Reinsch, *World Politics*, pp. 3-14.

44 Paul S. Reinsch, *World Politics*, pp. 184-185.

* 다카다 사나에(高田早苗, 1860-1943): 정치가・정치학자・문예비평가. 중의원・귀족원 의원, 와세다대학 총장, 문부 대신 역임. 주저는 『영국 정전(英國政典)』 『대의 정체론』이 있다.

는 것이 아니라 오히려 국제 협력을 추진시키는 계기를 내포한다고 생각했다.[45] 이것은 각국이 조차지를 획득하는 등 각자 세력권을 설정하면서도, 일국이 중국 전토에 배타적 지배권을 미치지 않고 복수의 열국이 최종적으로 다국간 조약을 통해 전체로서 중국에 영향력을 행사하는 "집단 비공식 제국"[46] 속에서 국제주의의 계기를 찾아내려는 견해였다고도 할 수 있다.

라인슈의 의론은 중국 보전론을 내걸고 미국처럼 신흥 제국주의 국가로서 중국에 진출하고자 한 일본의 입장에서도 공감할 수 있는 것이었다. 아마도 와세다대학 계열 정치학자로서 다카다 사나에와 관계가 깊었던 우키타 가즈타미浮田和民*의 "윤리적 제국주의"론의 배경도 되었을 것이다.[47] 실제로 이 시기 우키타의 논설에서는 군사적·침략적 팽창과 경제적·자연적 팽창을

---

45 Paul S. Reinsch, *World Politics*, pp. 256-257.

46 이 개념에 관해서는 ピーター・ドウス,「日本/西歐列强/中國の半植民地」, 66쪽. 중국은 조약 체계에서는 종속적 위치를 부여받았지만, 국제정치에서의 '중국 문제'는 양국간 틀이 아니라 다국간 틀에서 해결되는 경향을 갖고 있었음이 중요하다. 이를테면, 중국 국제 차관단에 대한 평가가 윌슨주의적인 '신외교' 이념에 즉응한 것으로 높게 평가되는 한편, 열국의 중국 '국제 공동 관리'론에 연결되는 '제국주의'적 성격을 갖는다는 부정적 평가를 내린 것은 이러한 사정에 유래한다. 이러한 의미에서 '중국 문제'의 위치 설정을 추적하는 것은 '제국질서'와 '국제질서'의 상호 관계를 고찰할 때 대단히 흥미로운 주제가 될 수 있다. 또한 酒井一臣,「中國共同管理論の展開:『文明國標準』と協調外交」, 淺野·松田,『植民地帝國日本の法的展開』.

47 朴羊信,「陸羯南の政治認識と對外論」(4),『北大法學論集』제50권 제1호(1999), 103쪽.

구별하고 저개발 지역의 부원富源을 개발해서 상호 이익을 촉진해야 한다는, 라인슈의 『세계 정치』와 겹치는 의론이 곳곳에 보인다.[48]

이 책 다음으로 라인슈는 『식민 통치론』 출판에 몰두했다. 이 책도 원서가 나온 지 4년 뒤 타이완 관습연구회가 번역해서 타이베이에서 간행되었다.[49] 라인슈는 미국의 필리핀 동화정책에 비판적이었는데, 이러한 관점에서 현지의 관습을 중시하는 식민정책을 요령 있게 해설한 책이었다. 본국과 동일한 법제를 식민지에도 적용해서 의회·정당의 발언권을 식민지에까지 미쳐야 한다는 내지 연장주의에 대항해서 총독부의 자율성을 주장하는 입장에서 본다면, 라인슈의 동화주의 비판은 동조하기 쉬운 것이었다. 라인슈의 이 책은 러·일 전쟁 이후 일본 식민 정책학에 가장 큰 영향을 미친 저작의 하나로서 "실로 우리 나라의 이 학문

---

[48] 松田義男, 「浮田和民の倫理的帝國主義」, 『早稻田政治公法研究』 제12호(1983), 93-96쪽; 清水靖久, 「二十世紀初頭日本の帝國主義」, 『比較社會文化』 제6권(九州大學, 2000), 8-12쪽. 한편 우키타 가즈타미의 '윤리적 제국주의'는 훗날 우키타 자신이 밝힌 대로 트라이츠케의 영향을 받은 것으로 흔히 설명되지만, 라인슈를 포함한 동 시기의 다양한 제국주의론도 참조했던 것이 아닐까 생각된다.

[49] Paul S. Reinsch, *Colonial Government* (New York: Macmillan, 1902). 臺灣慣習研究會譯, 『植民統治策』(臺北: 臺灣慣習研究會, 1906).

* 우키타 가즈타미(浮田和民, 1860-1946): 정치학자. "안으로는 입헌주의, 밖으로는 제국주의"라는 '윤리적 제국주의'를 표방하였고, 민본주의로 연결되는 이론을 최초로 제창한 것으로 알려져 있다.

은 라인슈에 의해 비로소 체계화되었다"[50]는 평까지 있었다.

그런데 라인슈 저작이 제1차 세계대전 후 일본에서 갖는 의미가 단지 총독부 권한을 유지하는 데만 있었던 것은 아니다. 전후의 자유주의적 사조는 식민지까지 파급되었고, 당시 많은 식민 정책학자들은 현지 주민의 정치 참여 요구에 어떤 형태로든 대응할 필요성을 느끼고 있었다. 이들의 주장은 식민지 의회 설치론으로 집중되는 경향이 강했다. 1920년대에는 타이완 의회 설치 운동에서 보듯이 실제로 정치 참여를 요구하는 운동이 등장하였다. 메이지대학에서 식민 정책학을 강의했던 이즈미 밑에서 공부한 린청루林呈祿*·차이쉬구蔡式穀* 등 많은 타이완 학생들이 이 운동에 관여하였다.[51] 이즈미는 이러한 분위기를 언급하면서 라인슈의 동화주의 비판을 "식민지 본위"의 식민 정책을 옹호하는 의론으로 받아들였다.

또한 이즈미가 식민지의 장래를 논하면서 준거 틀로 삼은 것은 연방으로 재편된 영 제국이었다. 경제학과 다른 정치학적 관

---

50 金持一郎, 「我國に於ける植民政策學の發達」, 『經濟論叢』 제38권 제1호(1934), 422쪽. 또한 小熊英二, 『'日本人'の境界』, 178-179쪽.

51 若林正丈, 『臺灣抗日運動史研究』(硏文出版, 1983), 96쪽.

* 린청루(林呈祿, 1886-1968): 타이완 소설가. 식민지 타이완에서 민주화 운동에 종사했고, 「타이완 청년」 잡지사에 관여하였다. 1923년 치경(治警) 사건으로 체포됨.

* 차이쉬구(蔡式穀, 1884-1951): 타이완의 변호사. 메이지대학에서 법학 전공. 1923년 치경(治警) 사건으로 체포됨.

점에서 자신을 식민 정책학자로 규정했던 이즈미는 제국 재편의 제도론까지 생각했고, 식민지와 본국의 대등한 관계성을 수립하기 위해 영 제국의 연방 조직 설계도를 그리기까지 했다.⁵² 이러한 의론이 곧바로 일본과 조선·타이완의 관계에 적용된다고까지 주장하지는 않았지만, 이즈미의 식민지 의회 설치론이 장기적 전망을 갖고 이러한 관점 속에서 설정되었음은 흥미로운 일이다. 연방제나 복합 국가론은 현대 일본인들에게는 익숙하기 힘든 제도론이지만, 1920년대 다이쇼 데모크라시의 일본에서는 많은 논자들이 관심을 보였던 의론이다. 제국 재편의 제도론이기 때문이기도 했지만, 당시 영향력이 컸던 다원국가론 같은 주권 분산에 관심을 갖는 이론 장치에도 친숙해지기 쉬웠기 때문이다. 무정부주의자 시절의 야마카와 히토시山川均*가 혁명 러시아가 소자치체의 자유 연합이어야지 중앙 집권적 국민국가여서는 안 된다고 갈파하고, 1920년대 전반의 요시노 사쿠조가 중국의 연성聯省 자치 운동에 관심을 보였을 때, 동시대 타국의 국가 건설을 보는 이들의 시선에서도 이 시기 특유의 관심을 엿볼 수 있다.⁵³

다이쇼 데모크라시기에 대두한 식민 정책학의 동향을 가장 체

---

52 泉哲, 『植民地統治論』, 1쪽, 372-374쪽.

* 야마카와 히토시(山川均, 1880-1958): 경제학자. 사회운동가·평론가. 노농파 마르크스주의의 지도적 이론가였다.

계적으로 전개한 사람은 니토베 이나조의 후계자인 도쿄제국대학의 야나이하라 다다오矢內原忠雄였다. 야나이하라 의론의 특색은 독특한 식민 개념에 있었다. 야나이하라는 식민 정책학의 대상을 종래의 식민 정책학과 달리 식민지 영유에 따른 통치 정책에 한정시키지 않고 사회군群의 이동에 따른 정치적·경제적·사회적 상호 작용을 해명하는 데까지 확대할 수 있게 넓은 의미의 식민 개념을 채용하였다. 현대식으로 말한다면, 이는 사람들의 광역적·월경越境적 이동에 수반되는 상호 작용의 해명을 문제화한 것이며, 야나이하라가 뜻하지는 않았지만 제국론이 지구화론의 문맥에서 다시 읽혔을 때 주제화되는 문제군을 언급하고 있었음을 시사한다.[54]

'사회의 발견'이라 불리는 다이쇼기 사회 개념의 석출 상황도 밀접한 관련이 있다. 제1차 세계대전 후 일본에서는 사회 개념의 구성에 의존하면서 국가 주권 개념의 절대성을 부정하거나 상대화하려는 움직임이 강했다. 그리고 요람기였던 당시 일본 국제

---

53 三谷太一郎, 『大正デモクラシー論』[舊版](中央公論社, 1974), 99쪽; 藤村一郎, 「吉野作造とワシントン體制」, 『久留米大學法學』 제44호(2002). 또한 제국 재편의 문맥에서 요시노 사쿠조를 재검토한 자극적인 논고로는 平野敬和, 「帝國改造の政治思想: 世界戰爭期の吉野作造」, 『待兼山論叢(日本學篇)』 제34호(2000년 12월); 米谷匡史, 「戰間期知識人の帝國改造論」, 歷史學研究會·日本史研究會編, 『日本史講座第9卷·近代の轉換』(東京大學出版會, 2005)가 있다. 이 책 제4장에서 검토한 다치바나 시라키도 이런 사례의 전형에 속한다.

정치학에서도 비국가 사회 집단이 만들어내는 월경적 상호 관계에서 국제관계를 파악하려는 관점이 제시되어 있었다. 이 책 제3장에서 논했듯이, 페이비언협회의 국제문제 전문가였던 레너드 울프의 의론에 자극을 받아 기능주의 통합론으로 이어지는 국제정치론을 전개한 로야마 마사미치가 대표적이었다. 제1차 세계대전 직전의 라인슈도 이러한 의론과 같은 취지를 국제행정론에서 전개하였다.[55] 야나이하라가 국가의 통치 정책과 구별되는 광

---

[54] 村上勝彦,「矢內原忠雄における植民論と植民政策」,『岩波講座・近代日本と植民地』제4권); 米谷匡史,「矢內原忠雄の'植民・社會政策'論」,『思想』945호(2003). 한편 사회군(群)의 이동에 따른 사회적・문화적 상호 작용의 해명이라는 야나이하라의 방법을 전후 일본의 국제관계사 연구에서 가장 잘 계승하고 있는 것은 Hirano Kenichiro, "The Japanese in Manchuria 1906-1931: A Study of the Historical Background of Manchukuo"(Ph.D dissertation, Harvard University, 1983)이다. 히라노 겐이치로(平野健一郎)의 논문은 '일본의 대만주 정책'이 아니라 '만주에서의 일본인'의 활동이 산업・통화・교육 등 다양한 영역에서 만주의 기능적 통합을 가져오고, 이렇게 해서 형성된 지역적 일체성이 만주에서 중국 내셔널리즘을 배태시키는 계기가 됨으로써 만주사변의 서곡이 되어간다는 시각을 보인다. 야나이하라가 제시한 비국가 주체인 사회군의 이동에 의한 상호 작용에 착목하면서 카를 도이치(Karl Deutsch)의 기능적 통합론을 원용하여 재구성하는 함의를 가진 것이라 할 수 있다. 또한 야나이하라의 식민 정책학에 내재하는 '자본의 문명화 작용'에 대한 긍정적 평가와 1960년대 미국에서 일세를 풍미한 근대화론 발상 사이에 친화성이 있었음도 간과할 수 없다. 히라노 겐이치로가 "만주 연구에서 최근의 국제 교류론까지를 연결하는 것은 결국 국경을 넘는 사람의 이동인 것입니다"라고 말한 것은 상징적이다(『社會科學紀要』, 東京大學, 1997, 39쪽).

[55] Paul S. Reinsch, *Public International Union* (Boston: Ginn, 1911). 이 책은 상호 의존(interdependence)이란 용어를 국제정치학에 도입한 최초기의 사례다. Paul S. Reinsch, *Public International Union*, p.6.

의의 식민 개념을 채용한 것도 제국내 사회 집단의 이동에 수반되는 상호 작용을 주제화한 것이며, 이 점에서 로야마의 관점과 중첩된다고 할 수 있다.

흔히 식민 정책학은 극히 국가주의적인 이론 장치로 굳혀진 학문이라는 인상을 주지만, 이미 지적했듯이 이는 식민 정책학의 실상에서 벗어난 견해다. 앞에서 두세 차례 언급했듯이, 라인슈가 동화주의를 비판한 식민 정책학자인 동시에 기능주의 국제행정론의 주창자일 수 있었던 까닭은 원래 미국의 혁신주의를 특징짓는 형식적 국가 제도론에 비판적이었고, 법과 제도를 사회 집단의 동적 교섭 과정과 사회에 살아있는 관습·규범을 갖고 재인식하려는 일관된 관심이 있었기 때문이다.[56] 이러한 관심이 식민 정책에 적용되면, 식민 사회의 실태와 괴리된 본국의 제정법制定法을 기계적으로 적용하는 것에 대한 비판으로 발전할 수 있다. 또한 선진국 간의 상호 의존 관계에 적용되면, 월경적인 사회 집단 활동과 국제행정에 친화적인 정책 영역의 출현을 주시하게 된다. 이처럼 식민 정책학에는 흔히 형식적 국가 제도론

---

[56] 1899년에 간행된 라인슈의 처녀작은 식민지 시대 미국에서 모국인 영국의 보통법(Common Law)이 어떻게 적용되었는지를 역사적으로 검토한 저작이다. 당시 미국에서 보통법이 기계적으로 적용된 것이 아니라 민중의 관행에 맞게 법해석이 이루어졌음을 입증하고 있다. 훗날 식민 통치론에서 동화주의 비판과 구관(舊慣) 존중의 발상으로 연결되는 관심을 엿볼 수 있다. Paul S. Reinsch, *English Common Law in the Early American Colonies* (N.Y.: Decapo Press, 1970, reprinted).

과는 방법상 대립하는 이론 장치가 탑재되어 있었다.

오늘날 잊혀지기 쉽지만, 혁신주의기의 미국 정치학은 압도적으로 독일 국가학의 영향을 받은 세대의 업적에서 시작되었고, 사회 집단론적 관점을 도입하면서 정치 과정론의 시각이 열리는 형태로 발전하였다. 니토베 이나조와 라인슈는 각각 존스홉킨스와 위스콘신에서 미국경제학회 창설자이자 독일 사회 정책학파의 의론을 미국의 문맥에 도입하고자 했던 리처드 일리Richard T. Ely*의 가르침을 받은, 말하자면 형제제자 관계였다.⁵⁷ 또한 사토 마사스케佐藤昌介와 니토베 이나조에 이어 삿포로농학교와 홋카이도제국대학에서 식민 정책학을 대표하는 존재가 된 다카오카 구마오高岡熊雄*의 졸업 논문은 약 1백 호구에 대한 인터뷰를 중심으로 표본 조사를 통해 홋카이도 척식拓殖의 실태를 조사한 것인데, 당시 세계적으로도 드물었던 자연과학적인 "현미경적 관찰"에 기초한 연구로 평가받고 있다.⁵⁸ 동시대의 농정학 연구로 다카오카와 필적할 예외적인 사례로는 '정치 과정론'이란

---

57 田中愼一,「植民學の成立」,『北大百年史通說』(北海道大學, 1982), 584-585쪽; John G. Gunnell, *The Descent of Political Theory*, pp. 45-48. 존스홉킨스에서 교편을 잡고 있었던 일리(Richard T. Ely)와 정치사학자 허버트 애덤스(Herbert Baxter Adams)는 둘 다 하이델베르크에서 국법학자 블룬츨리와 역사학파 경제학자 크니스(Karl Gustav Adolf Knies)의 지도를 받았던 인물이었다.

* 리처드 일리(Richard T. Ely, 1854-1943): 미국의 경제학자·작가. 개인주의에 반대하고 사회적 양심을 배양하는 교육을 강조했고, 자본주의 불평등을 해소하기 위한 정부의 적극적인 개입을 주장하였다.

용어를 만들어낸 아서 벤틀리Arthur F. Bentley*가 젊은 시절 존스홉킨스에서 수행한 연구가 있다.[59] 벤틀리는 훗날 형식적 국가 제도론을 비판하면서 사회 집단이 경합하는 동태적인 정치 과정을 파악해야 한다고 제창했는데, 그의 알려지지 않은 처녀작은 네브라스카 촌락 조사를 통해 서부 농민의 "진정한 경제 조건"에 관한 "현실적 지식"을 획득하는 데 목적이 있었다.[60] 이렇게 보면 독일 국가학의 수용에서 '사회의 발견'으로 이행하는 도정은 일본에만 한정된 것은 전혀 아니었다.

---

[58] 高岡熊雄 卒業論文,「新植民地發達ノ順序」(奈井江植民地調査); 蝦名賢造,「札幌農學校"學派"の形成と高岡熊雄博士の地位」, 高岡熊雄著・蝦名賢造編,『イタリア領リビア開發政策史論』(北海學園大學, 1995), 365쪽.

[59] 蝦名賢造,「札幌農學校"學派"の形成と高岡熊雄博士の地位」, 379-380쪽. 다카오카 구마오(高岡熊雄)가 독일 유학에서 귀국한 뒤 1909년에 행한 조사도 훗날 고토 신페이(後藤新平)의 도쿄 시정 조사와 찰스 비어드(Charles A. Beard)의 관계를 상기시키는, 센서스(인구조사)를 중심으로 한 삿포로구 구정(區政) 조사였다(蝦名賢造,「札幌農學校"學派"の形成と高岡熊雄博士の地位」, 371-372쪽). 이 구정 조사는 '발견'된 '사회'를 향한 시선이 통계・조사라는 사회 공학적 테크놀로지의 창설을 수반하는 전형적 사례가 되고 있다. 이러한 관계성을 통찰력 있게 기술한 논고로는 有馬學,『「國際化」の中の帝國日本 1905-1924』(中央公論新社, 1999), 293-311쪽.

[60] Arthur F. Bentley, *The Condition of the Western Farmer as illustrated by the Economic History of a Nebraska Township* (Baltimore: The Johns Hopkins Press, 1893) p.7.

* 다카오카 구마오(高岡熊雄, 1871-1961): 농업경제학자. 삿포로농업학교 출신으로 독일 유학 후 니토베 이나조에게서 수학. 제3대 홋카이도제국대학 총장.

* 아서 벤틀리(Arthur F. Bentley, 1870-1957): 미국의 정치학자・철학자. 행태주의적 정치학 방법론 형성에 공헌하였다.

야나이하라의 『식민 및 식민 정책』은 글머리에서 독특한 식민 개념을 내세웠고, 마지막 장에는 「식민 정책의 이상」을 배치하였다. 야나이하라는 종속주의와 동화주의에 대해 자주주의를 식민 정책의 이상으로 삼았으며, 자유주의나 사회주의가 그러한 이상을 채워 주지는 못한다고 보았다. 이 부분은 냉전기 동서의 두 체제 사이에서 신음하는 지식인의 이미지를 투영시켜 이해해 왔던 유명한 대목이다. 하지만 실제로 야나이하라는 이어서 국제연맹과 영 제국에 관해 검토하였고, 식민 정책의 이상을 실현하는 방도로서 국제연맹보다 영 제국을 훨씬 높이 평가하였다. 연방은 상호 부조적인 협동체상을 받아들임으로써 이른바 '국제 협동체'의 모델로서 위상을 부여받았던 것이다.[61] 주권국가 집합체인 국제연맹은 식민지를 구성원으로서는 다룰 수 없고 서구 중심주의적 편향을 면할 길이 없다. 보다 포괄적인 질서는 오늘날 말하는 남북 관계를 포함하는 연방이다. 이러한 감각은 야나이하라에 국한되지 않고 전간기 일본의 지식인들에게 널리 보였다. 세계 질서론에서 제국 재편은 당위적인 국제주의를 생각했을 때 중요한 주제로 의식되었다.

하지만 국제연맹과 제국 재편은 꼭 이율배반은 아니며, 적어도 1920년대 야나이하라의 머릿속에서는 동시 진행의 현상으로

---

61 矢內原忠雄, 『矢內原忠雄全集』 제1권(岩波書店, 1963), 478-479쪽.

이해되었을 것이다. 또한 1920년대에는 워싱턴 체제와 태평양 문제조사회 활동에서 보듯이, 아시아·태평양에는 기능 통합적 상호 의존 관계도 진전되고 있었다. 다이쇼 데모크라시기의 식민 정책학자들은 제국 재편과 국제주의의 동시 진행적 전개를 상정하는 자유주의적 시나리오의 가능성을 꿈꾸었던 것이다.

4. 식민지 없는 제국주의: 광역질서 속의 식민 정책학

제국 재편과 국제주의의 자유주의적 전개는 만주사변 발발로 그 가능성을 빼앗겼다. 일본은 중·일 양국이 직접 교섭을 통해 해결할 것을 제안했지만, 중국 정부는 거절하고 국제연맹에 제소하였다. 여기서 일본은 만주사변이 기존 국제질서에 저촉하지 않는다는 변증을 할 의무를 지게 되었다. 주지하듯이 일본 정부는 만주사변이 자위권 행사이며 연맹 규약·9개국 조약·부전 조약을 위반하지 않는다는 입장을 보였다. 일본 국제법 학계는 대체로 일본 정부의 이러한 입장을 추인하는 입장에서 논진을 폈다.[62]

---

[62] 三谷太一郎,『大正デモクラシー論』[舊版], 제5장.

이러한 상황에서 이즈미 아키라는 국제법 학자로서 만주사변에 대해 고뇌에 찬 태도를 보였다. 일본 정부가 미국을 연맹 이사회 옵서버로 초청하는 안에 대해 이사회의 전원 일치를 요구하면서 반대하자, 이즈미는 이 문제가 단순한 절차 사항이지 전원일치를 요구할 사항은 아니라면서 간접적이나마 일본 정부를 비판하였다. 하지만 일본이 연맹을 탈퇴한 직접적인 계기가 된 연맹 총회의 만주국 불승인 결의에 대해서는 국가 승인은 각국의 자유 의지에 맡겨야지 이해 관계를 달리 하는 다수 국가들이 합동으로 불승인을 선언하는 것은 불합리하다고 연맹을 비판하였다. 이즈미는 점차 만주사변의 신중한 비판자에서 전적인 옹호자로 바뀌어갔다.[63]

이즈미가 원래 국제연맹에 냉소적이었던 것은 아니다. 이즈미는 연맹 규약 제11조를 중시했고 연맹 이사회의 알선·조정을 통한 국제 분쟁 해결에 큰 기대를 걸었다. 하지만 연맹의 분쟁 해결은 초국가적인 제재 조치가 아니라 어디까지나 독립 국가들의 호양互讓 협력에 의해야 한다고 생각했다.[64] 이는 만주사변 전후를 통해 바뀐 적이 없는 이즈미의 연맹관이었다고 해도 좋다. '국가주의와 국제주의의 조화'는 이즈미가 1920년대부터 보인 연맹관이었다. 연맹 규약의 정신을 제1차 세계대전 이전부터 있

---

63 淺田喬二, 『日本植民地研究史論』, 277-292쪽.
64 淺田喬二, 『日本植民地研究史論』, 275쪽.

었던 분쟁의 평화적 해결의 연장선상에서 이해하는 견해였다고 하겠다.[65] 이 점에서 이즈미의 연맹관은 동세대 국제법 학자였던 시노부 준페이의 연맹관과 크게 다르지 않았다. 제2장에서 논했듯이, 시노부는 부전조약을 전쟁 포기의 문맥에서 파악하지 않고 주선·조정·중재 재판·사법적 해결 등 제1차 세계대전 전부터 있었던 평화적 수단을 통한 국제 분쟁 해결의 연장선에 있는 것으로 보았다. 만주사변에 대한 이즈미의 태도는 시간이 흐르면서 일본 정부의 입장을 옹호하는 쪽으로 바뀌었는데, 국제연맹관 자체의 변질을 의미하는 것이었는지 아니었는지는 따져봐야 할 일이다. 하지만 만주사변 발발과 일본의 국제연맹 탈퇴가 이즈미가 생각한 자유주의적 제국 재편 시나리오에 장애가 되었음은 분명하다.

니토베 이나조도 국제연맹 상임이사국이었던 일본 스스로 초래한 혼란 때문에 어려운 처지에 놓였다. 하지만 "태평양의 교량"을 자처했던 니토베는 미국의 '오해'를 풀려는 태도를 보였다. 니토베는 1932년(昭和7) 4월 작심하고 미국으로 건너가 각지를 돌면서 만주사변에 관한 일본의 입장에 이해를 구하는 연설을 했다. 되도록 미국측에 통하기 쉬운 표현과 논리를 구사했지만, 청중의 반응은 소극적이었을지언정 호의적이었다고 하기는

---

[65] 泉哲, 『最近國際法批判』(日本評論社, 1927), 399-407쪽; 泉哲, 「國際調停」, 『立敎授還曆祝賀國際法論文集』(有斐閣, 1934).

어려웠다.⁶⁶

 그러나 니토베는 1920년대 국제연맹이 거둔 성과에 결코 부정적이지는 않았다. 니토베는 1931년(昭和6) 2월에 쓴「연맹 활동의 확대」라는 논설에서 국제연맹의 활동이 시간적으로, 공간적으로 확대되고 있음을 역설하였다. 연맹은 처음 6년 동안 주로 "유럽 대전의 잔해를 제거하는 데 정신이 없었지만," 이제는 정치적 성질을 가졌다기보다는 사회적·경제적·도덕적 활동에서 주목을 끄는 활동을 하고 있다. 이리하여 연맹은 평화시의 국제 협조 제도로서 성숙해졌고 유럽 바깥으로 기능을 넓혀 가고 있다. 니토베는 이렇게 말한 뒤 국제연맹 사무국 보건부장 라이히만이 중국에서 벌인 활동과 연맹이 극동에서 수행한 아편 및 인신 매매 금지 활동에 대한 주의를 환기시키고 있다.⁶⁷

 니토베가 국제연맹의 정치적 측면보다 경제·사회 정책 영역의 활동을 높이 평가한 의의를 잊어서는 안 될 것이다. 연맹의 활동은 안보 영역에서는 자칫 마이너스의 측면이 강조되기 십상이지만, 기술 원조·공중 위생·아편 금지 등 사회 정책에서 거둔 국제 협력의 실적은 비교적 성공적이었다는 평가가 많다. 흔히 간과되기 쉽지만, 이것은 식민 정책학이 가진 하나의 얼굴이기도 하다는 점에 유의해야 할 것이다. 이미 지적했듯이 식민 정책학

---

66 太田雄三,『'太平洋の橋'としての新渡戸稲造』, 99쪽, 105-113쪽.
67 新渡戸稲造,『新渡戸稲造全集』제20권(教文館, 1985),「編集餘錄」, 229쪽.

에는 이러한 월경적인 정책 영역의 출현과 이를 둘러싼 기능적 국제 협력의 추진이라는 주제에 친화성을 갖는 측면이 존재했기 때문이다. 식민 정책학자 니토베가 연맹을 응시하는 시선은 제1차 세계대전 직전 국제 협력 기관에서 새로운 국제정치의 전망을 찾아냈던 라인슈의 관심과 의외로 가까운 것이었다. '비정치적 영역에서의 국제 협력'이라는 주제는 눈에 띄지는 않지만 식민 정책학이 국제주의에 남긴 중요한 유산일지도 모른다.

하지만 분명 1930년대는 '정치의 계절'을 맞이한 시대였다. 자유주의적 회로가 단절된 식민 정책학은 '비정치적 영역에서의 국제 협력'을 성숙시키는 것이 아니라 상호 부조적 협동체를 설계하는 제국 재편론의 관심을 광역질서론에 접목시키는 형태로 새롭게 전개되었다. 분명 민족자결주의가 총론적으로는 채용되었지만, 실제로는 제국질서가 청산되지 않은 "식민지 없는 제국주의"[68]라 부를 전간기 국제질서론의 변주로서 1930년대 광역질서론은 자리잡고 있었다.

그러면 광역질서론은 식민 정책학에서 '제국질서'와 '국제질서'를 매개하는 논리에 어떠한 영향을 주었을까. 광역질서론은 국제질서의 기본 단위가 주권국가에서 광역으로 이행하고, 광역권 내에서는 주도국을 중심으로 질서가 유지되는 것을 전제로

---

[68] ピーター・ドウス,「植民地なき帝國主義」,『思想』제814호(1992).

한다. 근대 국제법의 기본 원리였던 국가 평등 원리는 개별 국가들이 구성하는 추상적이고 단조로운 원자론적 계약설로서 배척당하고, 주도국이 유지하는 광역권 질서가 구체적이고 유기적인 협동체 원리에 기초한 것으로 예찬되었다.[69] 따라서 광역질서론은 주도국 원리에 기초한 수직적 계층 구조를 예정한다는 점에서 이제까지 제국질서를 지탱한 통치 기술이 총동원되는 계기를 내포하고 있었다. 광역권에 새로 편입된 점령지 지역을 통치하려면 일찍이 공식 제국 내 식민지에서 행한 구관舊慣조사와 같은 실태 파악이 우선 필요해진다. 실제 중·일 전쟁 이후 중점 영역 연구 예산이 배분된 것은 이 분야의 공동 연구였다.[70]

또한 광역내 인적 및 물적 자원의 이동과 배분에 관한 계획적 관리도 필요해진다. 광역적 사회 정책이라 부를 수 있는 분야다.[71] 자유주의적 논조를 문제삼은 필화 사건으로 야나이하라 다다오가 대학에서 쫓겨난 뒤, 나가오 사쿠로永雄策郎가 잠시 맡은 뒤 도하타 세이이치東畑精一가 도쿄제국대학 경제학부의 식민 정책 강좌를 이어받았다. 도하타는 '역逆식민'이란 개념을 제창

---

[69] 광역질서론의 구성에 관해서는 이 책 제1장, 81-85쪽.
[70] 모리타 료지(盛田良治)는 만주사변 이후에 속출한 이러한 일련의 연구를 "식민지 사회과학"이라 부르고 있다(盛田良治,「戰時期 '植民地社會學'の隘路」,『ライブラリ相關社會科學 7・ネイションの軌跡』(新世社, 2001).
[71] 이 점에 관해서는 米谷匡史,「植民地/帝國の『世界史の哲學』」,『日本思想史學』제37호(2005).

하면서 본국이 식민지에 미치는 영향뿐 아니라 식민지가 본국에 미치는 경제 혁신 작용의 중요성을 역설하였다. 이러한 관심은 1920년대 야나이하라가 상호 부조적인 국제 협동체로서 코먼웰스Commonwealth에 착목했던 시각을 광역질서론 속에서 다시 계승·발전시킨 것으로 볼 수도 있다.[72] 코먼웰스라는 어감이 사회주의자까지 매료시켰듯이, 광역질서론에 빈출하는 협동주의 메타포는 다양한 복지 관심에서 나오는 전시 변혁의 가능성을 일깨웠다.

이리하여 좌우익에 걸친 다양한 입장을 끌어안으면서 국제 현상에 관한 학술지學術知는 재편되어 갔다. 야나이하라 다다오는 1951년(昭和26) 학계 전망에서 만철조사부, 동아연구소, 태평양협회 등의 전중기 지역 조사 연구를 개관하면서 이렇게 말하고 있다. "이상은 약간의 예시에 불과하지만, 이 밖에 외국의 권위 있는 저서가 다수 번역되고, 양자가 어울려 정말 장관을 이루었다. 일본이 중국에 관한 과학적 연구다운 것을 거의 갖지 못한 채 중·일 전쟁에 돌입한 것과 이 일을 함께 생각한다면 격세지감이 있다."[73] 즉 중·일 전쟁 후 대학을 쫓겨난 야나이하라의 눈에

---

[72] 東畑精一,「植民現象の本質」,『經濟學論集』제10권 제8호(1940). 도하타 세이이치에 관해서는 盛田良治,「東畑精一における『植民政策學』の展開」,『大阪大學日本學報』제17호(1998).
[73] 矢內原忠雄,「わが國國際經濟論の回顧と展望」,『矢內原忠雄全集』제5권(岩波書店, 1963), 382쪽.

도 전중기는 지역 연구 약진기로 비쳤던 것이다. 다음해인 1952년(昭和27)에 야나이하라의 손으로 도쿄대학 교양학부에 일본 최초로 '국제관계론'의 연구와 교육을 위한 기관이 설립된 것은 상징적이다.

총력 전쟁이 적국 사정을 파악하고자 지역 연구의 성립을 촉구한 사정은 어느 정도까지는 어느 나라에도 타당한 현상이다. 다만 일본의 경우는 '대동아 공영권'에 편입된 많은 지역이 영국, 네덜란드 등 구 종주국의 식민지였기 때문에 이들 지역에 대한 처우는 외부화해서 끝날 문제는 아니었다. 더구나 일본은 태평양 전쟁을 일으킨 뒤 전쟁 목적으로 '아시아 해방'이란 대의명분을 내세웠기 때문에 조만간 동남아 국가들 사이에 자결이라는 쟁점이 부상하는 것을 피하기 어려웠다. 물론 전쟁 목적의 결정은 임시변통에 지나지 않았고 혼미를 거듭했지만, 총력 전쟁이 탈식민지화를 추진하는 구조적 역학을 일본도 면할 수는 없었다.[74]

아시아 국가들의 자결권 주장은 탈식민지화 쟁점의 부상을 초래했는데, 이는 주도국 원리를 중심으로 하는 광역질서 구성이 재고되는 것을 뜻했다. 주도국 원리를 어디까지 고집할 것인가. 신흥 독립국에게 어디까지 국가 평등을 인정할 것인가. 제1장에서 상세히 논했듯이, 이러한 대립은 태평양 전쟁기 일본 정책 결

---

74 이 점에 관한 가장 상세한 연구로는 波多野澄雄, 『太平洋戰爭とアジア外交』(東京大學出版會, 1996).

정자를 원리적으로 규정하고 있었다. 이리하여 광역질서의 내부 모순은 광역질서론의 안쪽에서 전후 국제관계론 연구의 주요 동기인 '제국주의와 민족'이라는 문제 설정을 만들어냈다. 그것은 국제법과 외교사라는 '국제질서'에 관련된 학술지와 식민 정책학이라는 '제국질서'에 관련된 학술지의 이원적 편성이 '국제관계론'으로 일원화되는 과정이기도 했다.[75]

맺음말

식민 정책학에서 '식민' 개념은 논자에 따라 광의와 협의의 정의가 있다. 하나는 식민 개념을 공식 제국에 편입된 식민지와 같은 뜻으로 파악하여 오로지 식민지에 대한 통치 정책만을 식민 정책학의 대상으로 보는 사고 방식이다. 다른 하나는 식민을 인구가 희박한 지역으로의 이주·입식入植으로 보는 것, 더 일반화해서 말하면 사회군群의 광역적·월경적 이동을 식민 정책학의 대상으로 삼는 것이다. 야나이하라 다다오는 후자의 관점을 가진 대표적인 논자였다. 식민 정책학 강의에 나타난 니토베 이나조

---

75 졸고,「'國際關係論'の成立: 近代日本硏究の立場から考える」,『創文』제431호 (2001).

의 식민 개념은 전자에 해당한다.[76]

지금까지 광의와 협의의 식민 개념은 그 우열을 둘러싸고 다양한 평가가 있었다. 예를 들면, 사토 마사스케의 식민 개념은 "식민지는 정치상 본국과 관계를 갖지 않아도 식민지임에 지장이 없다"는 것인데, 이는 본국과 정치적 관계를 갖지 않는 고대 식민지와 근대 식민지를 직결시킴으로써 근대 식민지에 공유된 정치적 관계를 사상捨象시킨 비역사적 의론이었다. 반면 니토베 이나조의 식민 개념은 정치적 관계를 요건으로 삼음으로써 식민지를 병적 존재로 간주하는 비판 정신을 획득할 수 있었다고 보는 평가가 있다.[77] 또한 야나이하라의 광의의 식민 개념에 대해서는 이미 동시대의 오우치 효에大內兵衛*가 현대 식민 문제는 식민국과 식민지의 권력 관계이며, 야나이하라의 이해로는 제국주의 지배 문제가 애매해진다고 비판한 바 있다.[78] 이와 달리 야나이하라의 의론은 외국인 노동자 문제와 같은 지구화된 현대의

---

[76] 니토베는 "식민지란 신영토"라 정의했고, 본국과 식민지의 정치적 관계를 요건으로 삼았다(『新渡戶稻造全集』 제4권, 56-61쪽).

[77] 田中愼一, 「植民學の成立」, 599-602쪽.

[78] 大內兵衛, 「矢內原敎授の『植民及植民政策』」, 『大內兵衛著作集』 제9권(岩波書店, 1975).

* 오우치 효에(大內兵衛, 1888-1980): 다이쇼, 쇼와기 마르크스 경제학자. 전공은 재정학. 노농파의 논객으로 활동. 전후에는 호세이대학 총장. 사회당 좌파의 이론적 지도자로 활약.

문제를 생각할 때 오히려 시사적이라는 견해도 성립할 수 있다.[79]

그러나 '제국질서'와 '국제질서'의 매개 논리를 고찰하는 이 글의 관점에서 본다면, 식민 개념에 광의와 협의가 존재한다는 것은 우열의 문제가 아니라 식민 정책학이 가진 다의적 성격을 나타낸 것이라 할 수 있다. 식민 정책학의 대상은 국내와 국외, 공식 제국과 비공식 제국, 제국질서와 국제질서라는 이항 대립에는 익숙지 않는, 그것들을 걸치는, 중층적 영역에 있었다. 이것이 바로 식민 정책학이 '제국'의 학술지로서 가졌던 특질이며, 오늘날 식민 정책학의 전개를 성찰해야 할 까닭인 것이 아닐까. '국제주의'와 '제국주의'는 종이 한 장 차이다. '사회적'이라는 것이 곧 '자유주의적'이라 할 수는 없다. 이것은 오히려 식민지 없는 현대의 지구화론에서 '제국' 개념을 사용할 때 늘상 묻는 문제다. 이러한 의미에서 식민 정책학을 국제관계론의 잊혀진 계보에서 구출해내는 일은 현대 국제질서론에 대한 감수성을 연마하는 하나의 소재가 될 것이다.

---

[79] 村上勝彦,「矢內原忠雄における植民論と植民政策」, 232쪽.

종장

일본 외교사의 '낡음'과 '새로움'

오카 요시타케 「국민적 독립과 국가 이성」 재론

머리말

외교사 연구의 위기가 회자된 지도 이미 오래되었다. 사회적 문맥을 시야 바깥에 두고 대상을 정책 결정자에 한정시키는 엘리트주의, 이론과 소통하지 않은 채 외교 문서의 세부를 천착하는 실증주의, 그리고 무엇보다 주권국가의 대외적 실천에 관심을 집중하는 현실주의적 편향. 이들 시야의 편협함 때문에 외교사학은 신중히 말하면 보수적 영역에 머물렀고, 과감하게 말한다면 '절멸 직전의 종種'에 빠지고 말았다는 비난을 받아 왔다. 최근 구미 외교사학계에서는 사회사와 문화 연구의 성과를 반영하여 외교사학의 영역을 넓혀야 한다는 주장이 자주 제기되는데, 이는 전통적 외교사학의 양태에 대한 비판을 배경으로 하고 있다.[1] 이 정도로 비판적인 논자가 아니더라도 외교사학이 내정과 외교의 준별을 전제로 하는 현실주의 국제정치론의 계보와 연결된다는 것은 일상적인 외교사 이미지가 아닐까.

일본 외교사 연구의 현황을 잠깐 본다면 이러한 비판은 얼마

---

[1] 이러한 경향을 개관한 논고로는 예를 들면 Emily S. Rosenberg, "Walking the Boundaries," Michael J. Hogan and Thomas J. Paterson eds., *Explaining the History of American Foreign Relations* (Cambridge: Cambridge University Press, 1991)가 있다.

나 타당성이 있는 것일까. 이 질문에 답하기는 의외로 어렵다. 일본 외교사 연구의 '전통'은 무엇인가라는 근본 문제와 관련되기 때문이다. 국제관계론 연구자들은 일본 외교사 업적을 접했을 때 암묵리에 상정했던 외교사 이미지와 격차에 있다는 사실에 놀라는 일이 있다. 실제 일본 외교사 연구에는 외교사의 고전적 분야라 할 수 있는, 이를테면 양국 외교 문서를 꼼꼼히 섭렵한 양국간 외교 교섭사의 업적이 예상외로 적다.[2] 연구 축적이 많은 것은 대륙 정책의 형성 과정과 같이 정책 결정과 관련된 분야이다. 정책 결정의 경우도 협의의 외교 정책에 한정시키지 않고, 흔히 대륙 정책의 전개와 정당정치의 형성, 국제 협조주의의 좌절과 국내 민주제의 붕괴 등 거시적인 구도에서 내정과 외교의 상호 관계를 묘사하는 것을 선호한다.[3] 전통적 외교사학이 "정쟁은 파도가 밀려오는 물가에서 끝나는" 것을 전제로 외교 지도의 능력에 일차적 관심을 둔 것과 달리, 일본 외교사 연구는 내정과 외교의 불가분성을 주장해 왔다. '일본 정치 외교사'라는

---

2 다만 전전기를 다룬 연구에서는 이러한 고전적인 외교사 연구가 오히려 주류였던 것 같다. 최근의 전후 일본 외교사에 관해서는 복수의 당사국 외교 사료를 섭렵한 연구의 비중이 상대적으로 높다. 일본측 사료 공개가 구미 기준에서 보았을 때 상당히 뒤떨어졌던 것이 하나의 원인일 수도 있다.

3 北岡伸一, 『日本陸軍と大陸政策』(東京大學出版會, 1978); 小林道彦, 『日本の大陸政策 1895-1914』(南窓社, 1996); 졸저, 『大正デモクラシー體制の崩壞』(東京大學出版會, 1992) 등.

번역하기 힘든 명칭을 가진 분야가 학계에 정착한 것도 일본 외교사 연구의 이러한 특수성을 말해 준다고 하겠다. 아시아주의 연구와 같은 분야까지 외교사에 포함시킨다면, 외교사와 사상사 사이에 명확한 경계를 설정하는 것도 곤란해진다. '일본 외교사'가 애매한 영역을 포함한 분야의 총칭으로서 존재한다는 현실부터 얘기를 꺼내야만 한다.

이러한 사실을 염두에 두면서 이 글에서는 일본 외교사의 고전적 업적에서 다뤄진 주제들이 이후의 연구에서 어떻게 전개되었는지를 성찰하고, 이를 통해 일본 외교사의 현황과 과제를 생각하는 하나의 관점을 제시하고자 한다. 여기서는 먼저 1961년(昭和36)에 발표된 오카 요시타케岡義武의 논문 「국민적 독립과 국가 이성」[4]을 다루고, 이것을 오카의 후속 연구와 대비시키면서 일본 외교사에 나타난 '전통'과 '혁신'을 조명하는 형태를 취하고자 한다. 오카는 『국제정치사』, 『근대 일본 정치사 I』[5]과 같은 저작들이 알려져 있는데, 전후 일본에 활동한 정치사·외교사 연구의 선구자적 존재였다. 국민적 독립과 국가 이성이라는 관점

---

[4] 岡義武, 『國際政治史』(岩波全書, 1955); 岡義武, 『近代日本政治史 I』(創文社, 1962). 각각 『岡義武著作集』 제7권, 제1권(岩波書店, 1993, 1992)에 수록됨. 내정과 외교의 상호 연관이란 관점은 오카 자신도 명확히 자각하고 있었다(『岡義武著作集』 제7권, 解說 참조).

[5] 『近代日本思想史講座』 제8권(筑摩書房, 1961). 『岡義武著作集』 제6권(岩波書店, 1993)에 수록됨.

에서 근대 일본의 대외론을 분석한 이 논문은 장기간에 걸친 오카의 일본 외교사 연구 성과가 응축된 논문으로서 "협의의 역사 연구를 넘어선 정치학적 고찰"이란 높은 평가를 받고 있다.[6] 고전적 작품을 사학사의 문맥에 놓고 얼마간 일본 외교사에 관한 전망을 얻을 수 있다면 이 글의 과제는 달성될 것이다.

1. 아시아주의·탈아·내셔널리즘

「국민적 독립과 국가 이성」은 '서력 동점西力東漸'과 민족적 위기감, '탈아'의 시대, 아시아로의 회귀 등 3장으로 구성되어 있다. '서력 동점'의 위기감에서 탄생한 메이지 국가는 민족 독립을 달성함과 더불어 서구 제국주의 진영에 참여하는 탈아를 실현하는데, 1930년대에 들면 다시 아시아주의를 내세우면서 서구 열강에 도전하게 된다. 이러한 경위가 각 장마다 각 시기의 대외론을 통해 논술되어 있다. 장 설정에서도 엿보이듯이 이 논문을 관통하는 주제의 하나는 근대 일본의 대외론에 나타난 '아시아주의'와 '탈아'의 대치 구도다. 우선 이 문제를 둘러싼 의론을 소개하

---

6 丸山眞男, 『丸山眞男集』 제15권(岩波書店, 1996), 122쪽.

고, 이어서 아시아주의/탈아 구도가 갖는 사정射程을 논하기로 하자.

1960년대 초 무렵까지는 오카도 많은 논자들처럼 민족자결 내셔널리즘에 대한 평가가 사뭇 높다. 무엇보다 오카의 메이지 유신 평가에 잘 나타나 있다. 오카는 막말 존황양이尊皇攘夷 운동을 서력 동점에 대한 민족적 위기감의 소산으로 보고 메이지 유신을 '민족 혁명'이라 규정한다.[7] 메이지기의 대외론에 일관된 것은 민족의 독립 확보에 대한 강한 관심이었고, 그러한 관심은 정한론에 전형적으로 나타났듯이 대외 팽창을 통해 서구 열강과 힘의 균형을 이루어내야 한다는 주장을 낳았다. 하지만 메이지 초기에는 서력 동점의 무대인 중국에 대한 일종의 연대 감정이 보였고 일·청 제휴론으로 표출되었다. 일·청 제휴론을 지탱한 하나의 전제는 중국의 국력에 대한 전통적인 높은 평가였다. 하지만 메이지 유신 이래 일본의 근대화가 진전된 것에 비해 청국과 한국의 근대화가 지연되었음은 부정하기 어렵다. 여기서 청·한 양국의 국내 개조를 촉구해서 서력 동점에 대항하고자 하는 청한 개조론이 발생한다. 오카는 1881년(明治14)에 발간된 후쿠자와 유키치의 『시사 소언時事小言』을 그 전형으로 들었다. 하지만 한반도를 둘러싼 청·일 양국의 대항 관계는 바야흐로 일·

---

[7] 岡義武,『岡義武著作集』제6권, 242쪽.

청 제휴론과 충돌하지 않을 수 없었다. 대청 관계에서 고양되는 내셔널리즘의 지지를 받아 대륙 진출론이 태동하게 된 까닭이다. 1885년(明治18) 『시사 신보時事新報』에 실린 후쿠자와의 논설 「탈아론」은 청한 개조론에서 대륙 진출론으로 이행한 것을 상징한다. 그리고 청·일 전쟁을 거쳐 '탈아'의 시대가 도래한다. 이처럼 오카는 일·청 제휴론→청·한 개조론→대륙 진출론이란 도식을 갖고 메이지기 대외론의 변천을 파악하였고, 민족의 독립 확보라는 관심이 제국주의 팽창으로 변해가는 경위를 설명했던 것이다.

1977년(昭和52)에 간행된 반노 준지坂野潤治의 『메이지·사상의 실상』은 이러한 이해 방식에 의문을 나타내고 있다. 반노는 탈아와 아시아 연대라는 주장이 동일 인격에서 단기간 동안 빈번히 교대한다는 사실에 주목하였고, 아시아주의 언설의 배경에 있는 권력 정치적 판단을 철저히 독해함으로써 탈아-아시아주의 구도의 유효성을 부정하였다. 반노는 『시사 소언』에서 설사 청한 개조론의 표현을 사용했다고 해도 후쿠자와의 진짜 관심은 조선 내부의 친일파 세력이 정권을 획득하는 데 있었고, 청국과 조선에 대한 후쿠자와의 태도를 동일하게 볼 수 없으며, 후쿠자와의 논설 「탈아론」은 갑신정변의 쿠데타 좌절로 조선에 친일파 정권이 수립될 전망을 상실한 데 그 배경에 있었음을 명쾌하게 논하고 있다.[8] 이러한 관점에서 보면, 후쿠자와의 「탈아론」은 아

시아 국가들을 의뢰할 수 없다는 격렬한 표현과는 전혀 달리 실제로는 중국의 실력에 대한 좌절감의 표명이며, 연구자들은 후쿠자와의 '석패負け惜しみ'라는 자구에 휘둘린 셈이 된다. 아시아주의는 '사상'이 아니라 단순한 '표현'에 불과하며, 그 '실상'은 논자의 권력 정치적 상황 판단을 분석해야만 비로소 이해할 수 있다는 주장이라 할 수 있다.

반노의 분석은 대외론의 배경에 있는 권력 정치적 상황 판단에 관한 한 실로 정확하다. 본래 국제정치에서 권력 배치 상황에 민감한 외교사 연구자들이 반노가 제시한 구도의 매력에 이끌린 것은 조금도 이상한 일이 아니다. 후배 외교사 연구자들은 이 책의 주제를 계승하여 보다 실증적으로 대외 정책을 분석하였다.[9] 여기에는 현실주의를 갖고 이데올로기를 타파하는 '외교사의 쾌락'도 얼마간 있었을 수도 있다. 외교 정책의 현실적 선택지로서 아시아주의가 성립하려면 연대한 아시아와 서구 열강 사이에 극단적인 세력의 차가 없어야 하겠지만, 이러한 조건은 적어도 1930년대까지는 실현될 수 없었다. 따라서 외교정책으로서의 아시아주의는 중·일 전쟁기까지는 성립할 여지는 없었다고 할

---

8 坂野潤治, 『明治·思想の實像』(創文社, 1977), 제1장 제1절.
9 이를테면, 청·일 전쟁에 관한 오사와 히로아키(大澤博明)의 연구나 러·일 전쟁 후 대륙 정책에 관한 기타오카 신이치(北岡伸一)의 연구를 들 수 있다. 大澤博明, 「天津條約體制の形成と崩壊」(1)(2), 『社會科學研究』 제43권 제3호, 제4호(1991); 北岡伸一, 『日本陸軍と大陸政策』.

것이다.

그렇다면 지금까지 아시아주의라는 이름하에 이해된 영역은 연구 대상으로서의 가치를 상실하고 말 것인가. 아마 그렇지는 않을 것이다. 반노 자신도 이 점을 자각하지 못하지는 않았을 것이다. 반노는 『메이지·사상의 실상』의 결론에서 아시아주의/탈아 도식의 유효성을 부정하였지만, 그럼에도 불구하고 누구도 믿지 않았을 터인 '아시아 연대'나 '탈아'라는 '말'이 메이지 초기부터 다이쇼 초기까지 계속해서 즐겨 사용된 것은 어째서인가라는 의문을 스스로의 분석에 대해 제기하고 있다.[10] 이 지적은 중요하다. '말'은 사회적 문맥 속에 놓여 있는 것이며, 어떤 '말'이 되풀이해서 사용되는 것은 그것으로 구성되는 언설 공간이 존재함을 뜻한다. 여기서 반노가 언급하는 것은 '아시아 연대'와 '탈아'라는 '말'이 상호 호환적으로 사용되면서 대외 영역에서의 내셔널 아이덴티티가 표명되는 언설 공간이다. 반노는 아시아주의/탈아의 이항 대립 도식을 권력 정치적 분석에 입각해서 비판하였는데, 이러한 분석 뒤에 마지막에 스스로 제기한 문제에 답하기 위해서는 이에 그치지 않고 아시아주의와 탈아가 동전의 양면을 이루는 아이덴티티의 언설 구성이 역사적으로 어떻게 형성되었는지를 면밀히 고찰하지 않으면 안 되었던 것이다.

---

10 坂野潤治, 『明治·思想の實像』, 179쪽.

이 문제에 답하려면 일단 현실 정치를 떠나 후쿠자와 문명론의 구성을 살펴볼 필요가 있다. 이 점에 관해서는 『문명론의 개략』을 면밀히 독해함으로써 후쿠자와 문명 개념의 복잡성을 읽어낸 마쓰자와 히로아키松澤弘陽의 연구[11]가 시사적이다. 마쓰자와는 후쿠자와가 서구 문명론의 사도이며 '탈아입구脫亞入歐'는 『문명론의 개략』의 연장선상에 있다는 통념에 대해 "사실은 그 반대의 면이 있는 것은 아닐까"라고 반론한다.[12] 주지하듯이 서구 문명론은 구미 문명을 정점에 놓고 전 세계를 관통하는 문명 개념을 상정한 위에, 한편으로는 문명 진보의 제 단계라는 역사적 관점에서, 다른 한편으로는 지리적으로 분포하는 제 유형의 비교라는 관점에서, 세계의 제 문명을 통일적으로 파악하는 '진보=비교 문명론'이라는 성격을 지녔다.[13] 후쿠자와도 일단 이러한 문명 개념을 받아들였지만, 서구 문명론의 수용이 내셔널 아이덴티티의 위기도 초래한다는 사실에 아주 민감했다. 후쿠자와는 서구 문명론에 내포된 결정론적 아시아 정체론에 반발하였고, 아울러 서구적 문명 진보의 길을 유일 모델로 삼아 이에 동화해야 한다고 주장한 모리 아리노리森有禮* 등 양학파 지식인

---

11 松澤弘陽, 『近代日本の形成と西洋經驗』(岩波書店, 1993), Ⅴ章「文明論における '始造'と'獨立'」.
12 松澤弘陽, 『近代日本の形成と西洋經驗』, 406쪽.
13 松澤弘陽, 『近代日本の形成と西洋經驗』, 310쪽.

들의 태도에도 경종을 울렸다. 모리 등은 서구 문명을 숭배하는 태도 때문에 일본에서의 민중의 진보와 개혁 전망에 비관적 태도를 보이면서 후쿠자와와 대립하고 있었다.

『문명론의 개략』은 이러한 배경에서 구상되었다. 후쿠자와는 문명사의 관점을 취하면서도 지리적 결정론의 색깔이 보다 옅은 기조François Guizot*의 저작에 의거해서 버클Henry Thomas Buckle*의 아시아 정체론을 상대화하였고, 서구 문명론의 단선적 발전론을 복선적 발전론으로 수정하고자 했다. 후쿠자와는 일본에 보이는 "권력 편중"의 사실을 인정하면서도, 자연적 조건에 원인을 돌리지 않고 이를 초래한 역사적 조건을 천명함으로써 변혁의 가능성을 보여 주었다. 이러한 시도에는 일본 문명화의 선행 조건을 도쿠가와 봉건 사회에서 찾고, 일본 문명 발전의 독자적 노선을 제시하는 것도 포함되어 있었다. 마쓰자와는 후쿠자와가 서구 문명론의 오리엔탈리즘에 민감했기에 서구 문명론으로의 동화를 경계하였고, 국민국가로서의 일본의 '독립'

---

* 모리 아리노리(森有禮, 1847-1889): 메이지 시기의 정치가. 초대 문부 대신. 급진적인 서구화주의자. 1889년 제국 헌법 공포 당일에 국수주의자 니시노 분타로(西野文太郎)에게 암살당했다.
* 기조(François Pierre Guillaume Guizot, 1787-1874): 프랑스 역사가·정치인. 소르본대학 교수. 독자적인 개념을 기반으로 한 유럽 문명사론을 확립하였다.
* 버클(Henry Thomas Buckle, 1821-1862): 영국의 역사학자. 지리적·풍토적 요소를 중시하는 문명사관을 적용하여 문명사 연구에 새 분야를 개척하였다.

을 위해 국산 문명론을 '시조始造'해야만 했다는 결론을 내리고 있다.¹⁴ 이러한 의미에서 후쿠자와의 관심은 서구적 사회 이론에서 벗어나 '구화歐化'를 비판하게 된 구가 가쓰난陸羯南이나 미야케 세쓰레이三宅雪嶺 등 '국민론파' 지식인에 오히려 가까웠다는 것이다.¹⁵

여기서 후쿠자와와 구가·미야케 사이에 관심의 유사성이 지적되고 있음은 흥미롭다. 구가는 '국민주의' 이름하에 '국민적 독립'과 '국민적 통일'이란 과제를 달성할 것을 주장했는데, 이때 구가에게 네이션은 무엇보다 문화적 통일체로 의식되고 있었다.¹⁶ 근대 일본에서의 국제관계론의 고전인 구가의 『국제론』¹⁷은 국가를 주체로 한 의도적 침략인 '낭탄'과 사인私人을 주체로 해서 의도치 않게 다른 국민의 통합을 해체하는 '잠식'을 구별하고, 특히 언어·학술·종교 등의 문화적 침투에 의한 '심리적 잠식'의 위험성을 호소한 글이었다. 이 같은 문화 방위론적 관심은 문명 개념에도 파급되었다. '국민론파' 지식인들은 '세계의 문

---

14 松澤弘陽, 『近代日本の形成と西洋經驗』, 406-407쪽.

15 松澤弘陽, 『近代日本の形成と西洋經驗』, 380-381쪽.

16 구가 가쓰난의 대외론에 관해서는 朴羊信, 「陸羯南の政治認識と對外論: 公益と經濟膨張」(1)(2)(3)(4), 『北大法學論集』 제49권 제1호, 제2호, 제5호, 제50권 제1호, 1998-1999)이 가장 포괄적으로 분석하고 있다.

17 『陸羯南全集』 제1권(みすず書房, 1968), 145-181쪽. 국제관계론에서 이 책이 갖는 의의는 渡邊昭夫, 「近代日本における對外關係の諸特徵」, 中村隆英·伊藤隆編, 『近代日本研究入門』(東京大學出版會, 1997).

명'이라는 개념을 서구 문명의 세계화가 아니라 각자의 독자적 개성을 갖는 제 문화의 유기적 통일로 파악하는 관점을 보였다. 거기에는 서구 중심의 단계적 발전론을 향한 동화를 넘어 복선적 발전론에 결부될 가능성이 있었다는 말이다.[18] 그렇다면 다음에 물어야 할 것은 복선적 발전론을 향한 잠재적 지향성이 그들의, 혹은 그들 이후의 아시아론 구성에 어떻게 편성되었는가라는 질문일 것이다. 이 점에 관한 마쓰자와의 견해는 분명치는 않다. 후쿠자와는 서구 문명론으로부터 자립성을 확보하기 위해 일본 문명 발전의 독자성을 주장하지만, 이와 달리 조선·중국론에서는 일본의 입장에서 조선·중국이 일본의 문명화와 동일한 행로를 밟는다는 단선적 발전론을 전개시키고 있다. 마쓰자와는 후쿠자와 문명론의 이러한 이중성이 일본 근대화가 진전하면서 복선적 발전론에 대한 관심이 후퇴한 데서 비롯되었다고 했다. 양자를 시계열적으로 다른 단계의 것으로 파악하고 있는 것 같다.[19] 그렇지만 서구 국가들에 대해 일본의 독자성을 내세우는 주장과 아시아 국가에 대해 일본 근대화를 모범으로 설정하는 문명화 논리는 공시共時적으로 존재하는 경우가 많지 않았을까. 여기에 탈아와 아시아주의가 공명하는 심성이 있었던 것은 아닐까.

---

18 松澤弘陽, 『近代日本の形成と西洋經驗』, 375쪽.
19 松澤弘陽, 『近代日本の形成と西洋經驗』, 381쪽.

구성주의적 문화 연구의 입장에서 이 문제를 추궁한 것이 스테판 다나카Stefan Tanaka의 저작이다.[20] 다나카는 메이지 계몽기에 문명사의 아포리아(난관)가 서구 중심주의적 진보 개념 속에 비서구권에 속하는 일본을 어떻게 자리매김할까라는 문제였음을 확인하고, 이러한 아포리아를 해결하기 위해 메이지 20년대 이후 구축된 '동양' 개념의 중요성을 지적하였다. 여기서 서구 국가들에 대한 '서양'과 '동양' 간의 "차이에서의 대등성"[21]을 주장할 수 있게 되었고, '동양' 내부, 즉 근린 아시아 국가들에 대해서는 문화적 아이덴티티를 유지하면서 근대화에 성공한 일본 문명의 우월성을 주장하게 되었다. 메이지 중기에 서구 국가들에 대한 문화 상대주의와 아시아 국가들에 대한 문명화 논리를 양립시키는 언설 구성이 탄생한 것이다. 메이지 20년대에 대두한 '국민론파'가 네이션을 문화적 통일체로 파악하는 시각을 강조했음은 이미 지적했지만, 이처럼 세련된 문화 담론에서 네이션을 정의할 수 있게 된 것은 국민국가 형성이 어느 정도 진전된 단계에서였다. 이렇게 본다면 후쿠자와가 자각하면서도 충분히 형언하지 못한 영역이 바야흐로 막말 유신기에서 한 세대 지나 안정적인 표현을 부여받았다고나 할까.

---

[20] Stefan Tanaka, *Japan's Orient: Rendering Pasts into History* (L.A.: University of California Press, 1993).

[21] Stefan Tanaka, *Japan's Orient: Rendering Pasts into History*, p.47.

다나카의 저작은 기왕의 아시아주의/탈아의 이항대립 도식 대신에 양자가 공명하는 언설 공간의 구조를 문제삼았다는 점에서 계발적이다. 1930년대를 빼고 일본의 대외론에서 아시아주의가 공식적으로 주장된 일은 의외로 적었고, 오히려 '동서 문명 조화론'을 '국민적 사명감'과 함께 주장하는 형태가 일반적이었다.[22] 여기서 예컨대 메이지 중기 이후의 '동서 문명 조화론'의 전개를 추적하면서 내셔널 아이덴티티의 구축, 문명 개념과 문화 개념의 상호 관계, 복선적 발전론의 제국적 언설로의 재편 등 일련의 문제를 정밀히 분석해야 할 과제가 생길 수 있다. 하지만 유감스럽게도 다나카의 분석은 책 글머리에서 제시한 매력적인 전망을 얼마간 벗어난 곳에서 자기 완결을 하고 있다는 인상을 준다. 다나카는 일본 동양사학의 개조開祖였던 시라토리 구라키치白鳥庫吉*의 언설을 분석하는 데 본론 대부분을 할애하고 있고, 일본의 동양학에도 발견되는 사이드Edward Said의 오리엔탈리즘론과 같은 형태 구조, 이른바 '일본형 오리엔탈리즘론'[23]을 검증하는 데 일관하고 있다. 그러나 본래 다나카 견해의 독창성

---

[22] 이 점에 관해서는 丸山眞男, 『「文明論之槪略」を讀む』上卷(岩波書店, 1986), 16쪽에서 지적하고 있다. 국민적 사명감에 관해서는 松本三之介, 「國民的使命感の歷史的遺產」; 野村浩一, 「國民的使命感の諸類型とその特質」, 『近代日本思想史講座』제8권.
[23] '일본형 오리엔탈리즘론'의 대표적 업적으로는 姜尙中, 『オリエンタリズムの彼方へ』(岩波書店, 1996). 이 책 제4장은 전면적으로 다나카의 의론에 의거하고 있다.
* 시라토리 구라키치(白鳥庫吉, 1865-1942): 동양사학자, 도쿄제국대학 교수.

은 좀 단조로운 탈아＝문명화에 대한 이해가 아니라 서구-일본-아시아의 삼자 관계에 뒤따르는 아이덴티티의 동요가 '동양' 개념 구축을 통해 조정되는 인식론적 기제를 발견하는 데 있었던 것은 아닐까.[24] 이러한 기제의 분석이 향후 연구 과제여야 할 것이다.

이처럼 아시아주의/탈아라는 문제군은 일단 현실주의적 분석을 통해 유효성을 의심받았지만, 대외론을 문화 담론으로 분석하는 시각에 의해 다시 중요성을 조명받게 되었다. 이러한 사실을 염두에 두고 오카 요시타케 자신이 살았던 1950년대에 이 문제가 어떠한 위상을 가졌는지를 살펴보면서 이 절을 맺을까 한다. 아시아주의/탈아라고 하면 오늘날 대부분 사람들은 후쿠자와의 논설「탈아론」을 상기할 것이다. 하지만 실제 후쿠자와의 「탈아론」이 유명해진 것은 비교적 최근의 일이다. 1950년대 초에 간행된『후쿠자와 유키치 선집』전8권에는「탈아론」이 실려있지 않은데, 당시에는 특별히 중요한 논설로 생각되지 않았음을 엿볼 수 있다.[25]「탈아론」은 샌프란시스코 강화 후의 지적 분위기에서 '발견'된 텍스트였다.

---

24 이러한 삼자 관계의 관점에서 '일본형 오리엔탈리즘론'을 비판한 것으로는 小熊英二,『'日本人'の境界』(新曜社, 1998), 7-9쪽. 이 책에 대한 서평으로 졸고,「大胆な構圖と入念な細部」,『相關社會科學』제9호(東京大學, 2000)도 참조할 것.
25 橋川文三,『橋川文三著作集』제7권(筑摩書房, 1996), 3-4쪽.

이 '발견'이 전후 일본의 아이덴티티 형성과 관련된다는 것은 말할 나위 없다. 전전의 제국주의적 유산을 단절하고, 아울러 전중기에 싹텄던 문제 설정을 전후 문맥에서 되살리는 것, 이것이 1950년대 아시아주의 연구의 밑바탕에 있었던 관심이라 하겠다. 여기에서 1930년대와 같은 거짓 아시아주의가 아닌, 실로 대등한 주권국가간의 '아시아 연대' 사상을 제국주의 성립 이전의 역사에서 탐구한다는 방향이 생겨났다. 후쿠자와의 「탈아론」은 그 음화陰畵로서 새로 발견된 것이다. 하지만 이때 암묵의 전제로 삼은 1930년대 중·일 관계와 청·일 전쟁 이전 중·일 관계는 전혀 조건이 다르다. 먼저, 청·일 전쟁 전의 중국은 한반도 패권을 다투는 일본의 라이벌이자 '대국'이었다. 이미 말했듯이 아시아주의 연구에 관한 반노의 비판은 이러한 중국 요인의 재검토에 기초하고 있었다. 오카도 청·일 전쟁 이전에는 대국 중국의 이미지가 일본의 대외 인식에 그림자를 드리우고 있었다는 사실을 간과하지 않았다.[26] 또한 청·일 전쟁 전에 일·청 제휴론으로 일관했던 것은 중국의 주변영역에서 주권국가 논리와는 다른 어

---

[26] "청·일 전쟁에 이르는 기간에는 청국은 우리 나라 측에게 경계해야 할 대국으로 여겨졌기" 때문에, 조선 종속 문제를 둘러싼 분규가 그치지 않았음은 물론이요(『岡義武著作集』제6권, 254-255쪽), 개전 당초에 인심의 긴장이 청국의 국력에 대한 높은 평가에서 비롯된 만큼, 이윽고 현출한 연속적인 전승이 독특한 고양감을 만들어냈으며, 더구나 청국의 실력에 대한 높은 평가는 강화회의를 둘러싸고 벌어진 의론의 근저에서도 찾아낼 수 있음(『岡義武著作集』제6권, 260-262쪽)을 지적하고 있다.

떤 형태의 종속宗屬 관계 설정을 인정하는 것이었다. 그것이 '대등한 주권국가간'의 연대논리인지 아닌지는 논란의 여지가 있을 것이다.

하지만 그렇다고 오카의 고전적 연구가 더 이상 가치가 없어졌다는 말은 아니다. 전후 네이션이 출발 단계에 있었던 이 시기의 연구는 대체로 근대 일본의 아이덴티티 형성이 수반했던 갈등에 민감했다. 이후의 연구들이 어느 의미에서는 전통적인 외교사 연구 형태로 회귀했고 정책 결정자의 권력 정치적 판단에 대한 해석과 정책 결정의 미시적 분석에 일관하기 일쑤였던 데 반해, 오카의 연구는 보통 외교사 연구자들이 대상으로 삼지 않은 영역에 시야가 미치고 있었다. 오카가 예리한 직감을 갖고 언급했던 아시아주의/탈아와 같은 문제 영역을 오카와는 다른 방법과 시각에서 외교사의 대상으로 삼아야 하는 과제가 여전히 남아 있다고 할 수 있다.

●

2. 다이쇼 데모크라시와 국제 협조주의

●

오카 논문의 제2장은 '탈아'의 시대, 즉 청·일 전쟁 후부터 파리 강화회의까지의 시기를 다루고 있다. '탈아'가 일본이 명실 공히 구미 선진 국가들과 어깨를 나란히 하는 것을 의미하는 것이라면, 국제연맹 상임이사국으로서 세계 질서의 일각을 담당한다는 인식이 있었던 1920년대가 전전 일본에서는 '탈아'의 정점이었다고 할 수 있다. 이렇게 생각하고 오카의 논문을 다시 읽어보면, 1920년대에 할애된 지면이 적은 것에 좀 놀라게 된다. 이 장은 9절로 되어 있는데, 제1차 세계대전 후의 전개를 다룬 것은 파리강화회의를 논한 마지막 절뿐이며, 워싱턴 체제하의 일본 외교에 관해서도 다음 장 머리 부분에서 쑨원의 대아시아주의와 대비하면서 필요한 최소한의 사실만을 언급하고 있을 따름이다. 파리강화회의에 관한 평가도 "전후 유럽의 인심이 파리평화회의에 무한한 기대를 보냈고 이윽고 추이와 성과를 보고 깊은 환멸에 사로잡힌 데 반해, 우리 나라는 처음부터 대체로 파리평화회의를 소위 국가 이익을 실현하는 장으로 보고 차가운 현실주의적 태도를 갖고 대했다"[27]는 점을 역설하고 있다. 파리강화회의 시점에서 요시노 사쿠조처럼 국제연맹 설립에 적극적이었던 예도 없지 않지만, 전적으로 소수 의견에 지나지 않았다는 말이다.[28] 오카는 왜 이처럼 1920년대 일본 외교에 냉담했던 것일까.

1920년대에 대한 낮은 평가는 실제 오카뿐 아니라 동서양을 불문하고 1930년대~1950년대 지식계에 널리 공유된 이미지였

---

[27] 岡義武, 『岡義武著作集』 제6권, 289-290쪽.
[28] 岡義武, 『岡義武著作集』 제6권, 290-291쪽.

다. 1939년에 출판된 E.H. 카의 『위기의 20년』[29]에 전형적으로 보이듯이, 1920년대는 19세기 고전적 자유주의가 한계를 맞이한 시대에서 표면적인 안정을 이룩한 시기에 불과하며, 이 시기에 제시된 구상은 어느 것이든 문제의 본질적 해답이 되지 못했다고 생각되었다. 1920년대를 보는 이러한 부정적 평가는 기본적으로는 파시즘과 같은 전체주의적 해결이 부정된 제2차 세계대전 후에도 이월되었다고 할 수 있다. 1902년생인 오카에게 전간기는 동시대사였고, 이러한 평가는 오카 자신의 역사적 경험에 의해 뒷받침되고 있었다.

전후 역사 연구에서 1920년대 정치를 재인식하게 된 것은 1960년대 들어서였다. 사실상 선진국에서 체제 선택이라는 쟁점이 소멸하고 미국이 주도하는 국제정치 경제 체제에서의 번영과 전후 민주제의 안정이 긍정적으로 평가되기 시작한 시기와 조응한다. '생산성의 정치'[30]라는 개념을 갖고 전후 정치 경제 체제를 예리하게 분석한 것으로 알려진 찰스 마이어Charles Maier가 1920년대 연구를 개시한 것도 1960년대 중반이었다.[31] 이리하여 1920년대사는 점차 현대 정치 경제 체제의 기원을 찾

---

[29] E.H.Carr, *The Twenty Years' Crisis* (London: Macmillan, 1939).

[30] Charles Maier, *In Search of Stability* (Cambridge: Cambridge University Press,1987), Chap. 3.

[31] 그 성과로서는 Charles Maier, *Recasting Bourgeois Europe* (Princeton: Princeton University Press, 1975).

는 문제의식에서 재해석되었다. 국제관계론 영역에서 말하면, 점차 상호 의존과 초국가 관계와 관련되는 쟁점과 행위 주체에 관심이 옮겨지기 시작하였다. 물론 이 경우에도 1920년대의 국제 협조주의가 결국 1930년대에 좌절된 사실을 무시하지는 않지만, 그것을 선험적으로 정해진 행로로 그리지 않고 몇몇 정책적 선택의 귀결로 서술하는 데 특징이 있다. 국제 협조주의에 관한 이해도 군축·안전 보장에서 무역·금융, 나아가 문화 교류에 이르기까지 폭넓은 분야에 걸쳐 나타나게 되었다는 사실에 주의해야 할 것이다.[32]

현대 선진국들의 국제 협조 체제를 상정한 1920년대사 재해석은 오카의 논문이 발표된 1961년(昭和36) 이후 일본 정치사·외교사 연구에 어떤 영향을 주었을까. 그 복잡한 양상을 알려면 다이쇼 데모크라시 개념이 일본 근대사 연구에서 차지하는 위상을 살펴볼 필요가 있다. 다이쇼 데모크라시라는 용어는 동시대에는 없었고 전후에 만들어진 조어다. 가장 빠른 용례로는 1954년(昭和29)에 출판된 시노부 기요사부로信夫淸三郎의 저서[33]를 들 수 있지만, 학계에 널리 사용된 것은 아마도 1960년대 이후였던

---

[32] 이를테면, 1976년 하와이에서 열린 국제회의의 성과다. 細谷千博·齋藤眞編, 『ワシントン體制と日米關係』(東京大學出版會, 1978)에서는 외교·군사라는 전통적 영역 이외에 「금융·통상·기술」, 「문화 접촉과 문화 수용」이라는 독립된 장을 두고 있다.

[33] 信夫淸三郎, 『大正デモクラシー史』제1권(日本評論社, 1954).

것 같다. 이전에는 일본 근대사 연구에서 메이지기의 자유 민권 운동은 예찬되었어도 다이쇼기의 자유주의·민주주의를 돌아보는 일은 극히 적었다. 오카 자신도 다이쇼 데모크라시라는 용어를 사용하여 역사를 분석한 적은 결코 많지 않았던 것 같다.[34] 앞에서 말했듯이 논자들 사이에는 1950년대 말까지 부정적인 1920년대 이미지가 공유되어 있었기 때문이다.

1960년대 들어 다이쇼 데모크라시라는 용어가 빈번하게 사용된 배경에는, 1960년 안보 개정 때의 민주주의 옹호 운동에 상징되듯이, 시민 정치 의식의 성장이 있었다. 이러한 배경에서 전후 민주주의의 맹아를 전전기에서 찾으려는 문제의식이 나왔고, 다이쇼 데모크라시 연구가 개시된 것임은 의심할 여지가 없다. 이 때문에 반대로 다이쇼 데모크라시 개념은 전후 민주주의 이념을 자의적으로 과거에 투영시킨 것이며 동시대의 문맥을 무시한 사료 해석이 행해지고 있다는 비판이 제기되기도 한다.[35] 이러한 지적은 다이쇼 데모크라시 개념이 전후 구축물이란 점에서 틀림없지만, 이 경우 다이쇼 데모크라시 개념을 사용하는 논자들에게도 (혹은 동일 논자의 내부에서조차) 거기에 상정된 '전후' 이미지

---

34 이 점에 관해서는 『岡義武著作集』 제3권(岩波書店, 1992), 해설, 309-311쪽.
35 예를 들면, 伊藤隆·有馬學, 「書評·松尾尊兊·『大正デモクラシー』」; 鹿野政直 『大正デモクラシーの底流』; 金原左門, 『大正期の政黨と國民』; 三谷太一郎, 「〈大正デモクラシー論〉」, 『史學雜誌』 제84권 제3호(1975).

에 상당한 폭이 있음을 간과한다면, 이번에는 거꾸로 비판자가 상정한 '전후' 이미지를 일방적인 검증 준거로 삼아 버리는, 균형을 결여한 의론에 빠질 가능성이 있을 것이다.

이것을 생각하려면 다이쇼 데모크라시 개념에 보통 선거 운동·노동 운동 등에 초점을 맞춘 운동 개념으로서의 다이쇼 데모크라시와 정당정치·입헌주의·협조 외교 등에 초점을 맞춘 체제 개념으로서의 다이쇼 데모크라시가 있고, 이 양자가 긴장 관계에 있음을 유의할 필요가 있다.[36] 전자의 관점을 취하면, 다이쇼 데모크라시는 호헌護憲 3파 내각이 치안 유지법과 연계해서 보통 선거법을 성립시킨 시점에서 종결되지만,[37] 정당정치의 전개를 중심으로 하는 후자의 관점에 서면, 오히려 호헌 3파 내각 이후 정당 내각에 의한 정권 교체 시스템 확립이 다이쇼 데모크라시의 귀결이 된다.[38] 이러한 문제는 시기 구분에 한정되지 않는다. 체제 개념으로서 다이쇼 데모크라시 개념을 사용하는 논자의 경우, 앞에서 말한 현대 선진국들의 국제 협조 체제를 상정한 1920년대사 재해석과 밀접히 관련시켜 다이쇼 데모크라시 체제를 파악한다. 이를테면, 이러한 관점을 대표하는 미타니 다이

---

[36] 전자의 대표로는 마쓰오 다카요시(松尾尊兊), 후자의 대표로는 미타니 다이치로(三谷太一郎)의 연구를 들 수 있다.

[37] 松尾尊兊『大正デモクラシーの群像』(岩波書店, 1990), 18-22쪽.

[38] 三谷太一郎, 「政黨內閣期の條件」, 『近代日本研究入門』.

치로三谷太一郎 연구에서는 정당정치의 안정이 국제 환경을 이루는 워싱턴 체제의 안정과 불가분하게 밀접하며, 워싱턴 체제의 안정을 지탱한 조건으로서 1920년대 일본이 국제 금융 자본에 의한 협조 체제에 긴밀히 편입되어 있었다는 것이 일본·영국·미국 은행가들의 궤적을 추적함으로써 상세히 그려지고 있다.[39] 자본의 국제 이동에 따른 상호 의존 확대가 국제 협조를 유발한다는 논리는 자유주의 지적 계보로서 국제관계론에서는 아주 익숙한 것이다. 하지만 1950년대에 마르크스주의자는 물론이고 이른바 전후 계몽 내지 시민사회파로 불렸던 논자들이 "국제금융 자본의 활동이 민주주의의 전제 조건을 이룬다"는 의론을 당당하게 전개할 수 있었는지는 상당히 의문스럽다. 여기에는 국제정치 경제에 대한 태도뿐 아니라 전후 일본 혹은 일본 '근대'를 보는 이해를 둘러싼 단층이 존재한다.

전후 고등 교육을 받은 세대들이 1960년대 들어 다이쇼 데모크라시 연구를 개시했을 때 앞 세대로부터 예상외의 반발을 산 것은 이 점과 깊이 관련된다. 한마디로 말하면, 다이쇼 데모크라시 연구는 전후에 고등 교육을 받은 논자들이 스승으로 모셨던

---

39 三谷太一郎, 「『轉換期』の外交指導とその歸結」, 三谷太一郎, 『日本政黨政治の形成』(東京大學出版會, 1967); 三谷太一郎, 「ウォール・ストリートと滿蒙」, 『ワシントン體制と日米關係』; 三谷太一郎, 「國際金融資本とアジアの戰爭」, 『年報近代日本研究 2·近代日本と東アジア』(山川出版社, 1980).

사람들로부터 '보수'의 의론으로 일단 경원시되었다. 전후 민주화의 선행 조건이 전전기 일본에 있었다는 의론은 라이샤워의 '근대화론'을 보완하는 것이라 비판받았다.[40] 다이쇼 데모크라시 연구 자체가 1960년 안보투쟁 후 민주주의 옹호 운동의 여운과 고도 경제 성장의 실감이 미묘하게 교착하는 장이었다고나 할까. 전후 일정 시기까지 일본 정치사·외교사 연구자는 마르크스주의와의 긴장 관계 속에서 자립적인 연구 영역을 확보하는 것을 과제로 삼았는데, 당시 이들의 노력은 두 방향을 지향하였다. 하나는 한 통속의 '지배층'의 존재를 설정하는 마르크스주의 사학에 대항해서 메이지 헌법 체제의 할거적·분립적 구조를 지적하고 관료·정당·군부라는 다양한 행위 주체의 다차원적 경합 관계를 상정하는 것이다. 다른 하나는 일본 근대화의 특수성을 강조하는 강좌파講座派적 견해에 대항하여 일본의 역사적 경험이 몇 가지 측면에서 일탈은 있었지만 기본적으로 구미 국가들의 그것과 대비해 다룰 수 있음을 보여 주는 것이었다.[41] 이렇게

---

[40] 이러한 분위기를 전하는 것으로 이시다 다케시의 회상을 참조. 石田雄, 「座談會·一つの個人史」, 『社會科學硏究』 제35권 제5호(1984), 300-301쪽. 이 점은 이 책 제3장에서 언급한 전전·전중기 사상가와 전후 근대화론을 둘러싼 복잡한 지적 계보를 생각할 때도 중요하다.

[41] 졸고, 「1930年代の日本政治: 方法論的考察」, 『年報近代日本硏究10·近代日本硏究の檢討と課題』(山川出版社, 1989). 安田浩·源川眞希編, 『展望日本歷史19·明治憲法體制』(東京堂出版, 2002)에 재수록됨.

본다면 당사자끼리는 꼭 의식되지는 않았지만, 1970년대 이후 일본 정치 외교사 연구의 융성은 실제 현대 일본 정치 연구의 동향과 표리 관계에 있었던 것은 아닐까 싶다. 밀스Wright Mills로 대표되는 파워 엘리트론에 다원주의적 엘리트 모델을 대치시키면서 자민당 정치를 선진국 정치의 하나의 전형으로 설정하고, 시민사회파적인 규범적 관심에 기초하여 일본 정치의 후진성을 강조하는 의론을 배척하는 지향성[42]은 바로 1970년대 이후 일본 정치 외교사 연구에서 생겨난 것과 같은 형태의 구조를 갖는다. 앞 절에서도 언급했듯이, 일정 시기부터 일본 외교사 연구가 대외론과 아이덴티티의 해석학적 분석에서 정책 결정에 관한 실증주의적 연구로 기울게 된 것도 이러한 관점에서 본다면 당연한 흐름이었다고 하겠다.

1920년대 일본 외교사에 관한 연구는 상호 의존론이나 초국가 관계론까지 받아들이면서 다양한 성과를 산출해냈다. 1980년대 초까지 나온 연구만 보더라도 제국주의가 자명성을 상실한 1920년대의 국제질서 모색 과정을 분석한 이리에 아키라入江昭의 연구를 필두로,[43] 워싱턴 체제를 국제 협조 체제로 보고 안정화 요인을 치밀하게 분석한 호소야 치히로細谷千博,[44] 중국 투자

---

[42] 이러한 관점에서 전후 일본의 정치학사를 검토한 연구로는 大嶽秀夫, 『高度成長期の政治學』(東京大學出版會, 1999).
[43] 入江昭, 『極東新秩序の模索』(原書房, 1968).

를 대상으로 하는 신 4국 차관단의 형성과 전개를 통해 국제정치경제적 측면에서 워싱턴 체제의 기능을 분석하는 시각을 개척한 미타니 다이치로三谷太一郎[45] 등 중요한 연구들이 쉽게 머리에 떠오른다. 이들 연구는 강조하는 방식에는 차이가 있지만 모두 1920년대를 상대적으로 높이 평가하고 있다. 이 글은 일본 외교사 연구가 통상적 의미의 외교사 연구와 좀 다른 발전을 보여 온 것이 아닌가라는 전제에서 논의를 전개하고 있지만, 전전기 일본에서 가장 구미 선진국들과 같은 정치를 갖는 일이 가능했던 1920년대에 관한 연구는 비교적 '특수성'이 옅다고 말해도 좋을 것이다.

여기서 1920년대를 보는 오카의 부정적 이해는 철저히 논박된 듯한 감을 받는다. 하지만 여기에는 적어도 하나의 문제가 남는다. 1920년대 일본 외교에서 차지하는 국제연맹의 위상을 어떻게 보느냐라는 문제다. 국제연맹과 일본 외교의 관계를 계통적으로 분석한 연구는 최근까지 아주 적었다.[46] 대략 만주사변사에서 연맹 탈퇴 경위를 다루는 일은 있어도 국제연맹이 일본의 대외 인식과 실천에 어떤 의미를 가졌는지를 따지는 물음 자체는 희박했다는 인상을 받는다. 흥미로운 것은, 최근 이 주제를

---

44 細谷千博,「ワシントン體制と日·米·英」,『ワシントン體制と日米關係』.
45 주 (39)와 같음.
46 이른 시기의 예외적 연구로서 海野芳郎,『國際聯盟と日本』(原書房, 1972).

다룬 적은 수의 연구들 어느 것도 앞에서 말한 일본의 국제연맹관에 대한 오카의 부정적 평가를 오히려 지지하는 듯한 결론을 도출하고 있다는 점이다.

국제연맹 설립이 제기한 문제는 말할 나위 없이 최종적으로는 주권국가 체계의 무정부적 구성을 어떻게 생각할 것인가라는 문제로 귀착할 것이다. 국제정치학에서 이상주의와 현실주의의 고전적 대립 구도가 국제연맹에 관한 평가를 둘러싸고 생겨났음은 연구사의 상식에 속한다.[47] 특히 제1차 세계대전 전까지 국제법의 일반원칙으로 인정되었던 무차별 전쟁관을 대체하는 전쟁 불법화의 흐름을 어떻게 생각하느냐의 문제는 제1차 세계대전 후 국제질서 전환을 둘러싼 평가와 관련되는 중요 쟁점이었다. 동시대 일본에서 전쟁 불법화의 흐름을 가장 긍정적으로 평가한 자는 국제법학자 요코타 기사부로横田喜三郎였다. 요코다의 의론에서 신칸트파 식으로 존재와 당위의 준별에 기초하여 주권론을 부정함으로써 국가의 상대화를 꾀하고, 국내법에 대한 국제법 우위를 전제로 삼아 법의 인식적 통일을 설명하는 순수법학이 실천적으로는 국제연맹 체제 옹호로 결부되는 전형적 사례를 찾아낼 수 있다. 만주사변을 둘러싼 요코타의 일본 정부 비판도 이러한 입장에서 비롯된 것이다.[48]

---

[47] 전간기 국제관계 사상사에서 이 문제가 지닌 깊이에 관해서는 이 책 제1장을 참조할 것.

그러나 만주사변 때 요코타가 고립된 사실에서 보듯이 당시 요코타의 견해는 결코 다수파가 아니었다. 특히 일본 외무성과 외무성에 가까운 입장을 가진 국제법 학자들의 견해는 모두 전쟁 불법화의 흐름에 소극적이었다. 시노하라 하쓰에篠原初枝의 연구에 따르면, 일본 외무성의 실질적 법률 고문으로 알려진 국제법 학자 다치 사쿠타로立作太郎는 국제연맹 설립 자체에는 찬성이었지만, 국제연맹이 국제사회 전체와 동일시될 수 없고 어디까지나 개별 국가의 집합체에 불과하다는 태도를 보였다. 또한 전시 국제법의 유효성을 부정하는 제1차 세계대전 후의 국제법 학계 동향에도 비판적이었다.[49] 일본 외무성은 미국이 부전조약을 제의하자 고심한 끝에 어떤 유보도 붙이지 않고 이에 응했는데, 그 배경에는 마쓰다이라 쓰네오松平恒雄* 주미 대사가 켈로그Frank Billings Kellogg 국무 장관으로부터 "일본이 어느 경우에도 자기 이익을 보호하기 위해 필요한 조치를 취하는 것은 전혀 지장이 없을 것"이라는 언질을 받은 일이 있었다. 아울러 외무성은 국제법에서 자위권 개념이 애매하므로 부전조약이 장차

---

48 三谷太一郎, 『大正デモクラシー論』[舊版](東京大學出版會, 1974), 234-236쪽.
49 篠原初枝, 『戰爭の法から平和の法へ: 戰間期のアメリカ國際法學者』(東京大學出版會, 2003), 56-57쪽. 이 책에 관해서는 졸고, 「書評・篠原初枝『戰爭の法から平和の法へ: 戰間期のアメリカ國際法學者』」, 『國際法外交雜誌』 제103권 제3호(2004).
* 마쓰다이라 쓰네오(松平恒雄, 1877-1949): 외교관・정치가. 주영 대사・주미 대사를 역임. 초대 참의원 의장.

일본의 중국 정책에 장애가 되지는 않을 것이라 판단하였다. 따라서 외무성은 부전조약의 구속성을 강화하는 방향에는 일관되게 반대했고, 이 점에 관해서는 국제 협조주의로 알려진 시데하라幣原 외교도 차이가 없었다고 한다.[50] 주지하듯이 일본 외무성은 만주사변을 둘러싸고 자위권 행사라는 논리로 현지군의 행동을 대외적으로 정당화했는데,[51] 위와 같은 지적을 전제로 한다면, 외무성은 마치 중·일 분쟁을 국제연맹에 가져갈 경우에 대비해서 미리 작성된 예상 문답에 따라 답변을 되풀이한 듯한 인상마저 준다. 물론 외무성에게도, 외무성 입장을 지지한 다치에게도, 분쟁의 규모와 성격은 상정했던 것과는 크게 다른 것이었겠지만.

이처럼 국제 협조주의의 대상을 워싱턴 체제에서 국제연맹으로 옮겨놓고 보면, 1920년대의 일본 외교사 이미지도 더 부정적인 것이 되지 않을 수 없다. 이 점에 관해 오카가 파리강화회의 시점에서 긍정적인 국제연맹관을 가진 예외적 인물로 규정한 요시노 사쿠조와 오카 자신의 동시대 이미지를 대비시키면, 흥미로운 사실을 발견할 수 있다. 이미 제1장 제1절에서 말했듯이,

---

[50] 篠原初枝, 『戰爭の法から平和の法へ: 戰間期のアメリカ國際法學者』, 120-123쪽, 137-139쪽. 마찬가지로 전쟁 위법화에 대한 소극적 태도라는 점에서는 다나카 외교도 시데하라 외교도 기본적으로 차이는 없었다는 지적으로는 伊香俊哉, 『近代日本と戰爭違法化體制』(吉川弘文館, 2002), 61쪽.
[51] 三谷太一郎, 『大正デモクラシー論』[舊版], 232-234쪽.

유럽 정치사 연구자로 출발한 오카가 처음 저술한 일본 정치사 논문은 1935년(昭和10)에 발표된 「메이지 초기 자유민권론자의 눈에 비친 당시의 국제 정세」였다. 여기서 오카는 메이지 자유민권론자들이 거의 예외 없이 국제관계의 본질을 약육강식의 세계로 파악하고 만국공법을 부정적으로 평가하고 있었다는 사실을 소개하면서 "이러한 의론이 이루어진 것은—의론의 옳고 그름을 떠나—국제사회 현실에 관해 아주 분명히 인식하고 있었음을 증거하는 것"으로 보았다. 그리고 민권론자 중에는 만국공법에 대해 "드물게" 호의적인 태도를 보인 사람도 있었지만, "이것은 아마도 국제 정세에 대한 앞 시대의 몰이해가 아직 완전히 청산되지 않았음을 얘기하는 것으로 봐야 할 것이다"라는 결론을 내렸다.[52] 오카는 요시노로부터 도쿄제국대학 법학부의 정치사 강좌를 이어받았는데, 이 대목은 분명 요시노의 의론에 대한 비판이다. 요시노는 메이지 문화사 연구의 집대성이라 부를 수 있는 논문에서 막부 말기 자연법적 만국공법 관념의 수용에 관한 분석을 통해 일본에서의 근대적 정치 의식의 형성을 자리매김하고자 했기 때문이다.[53] 여기서 국제연맹 체제에 대한 두 사람의 동시대적 평가가 달랐다는 점을 읽어내기란 결코 어렵지 않을

---

52 岡義武, 『岡義武著作集』 제6권, 87-89쪽.
53 吉野作造, 「我が國近代史における政治意識の發生」, 『吉野作造著作集』 제7권(岩波書店, 1995).

것이다.[54]

　이상으로, 이 절에서는 1920년대 일본 외교의 현실주의적 측면에 대한 지적에서 시작하여, 상호 의존론적 입장에서 본 수정주의적 해석이 이어지고, 다시 현실주의적 이해로 회귀하는 식으로 논의가 한 차례 돌았다. 여기서 우리는 1920년대 일본 외교에 관한 상호 의존론적 해석은 한계가 있고 국가 주권의 절대성을 고집한 제1차 세계대전 전의 제국주의 외교와의 연속성을 강조해야 한다는 결론을 도출해야만 할까. 국제관계론 연구자들에게 아주 익숙한 현실주의/자유주의의 이항대립적 도식에서 본다면 논의가 그런 방향으로 진행되는 듯이 보인다. 하지만 실제 전간기 일본에서 주권론의 위상은 이러한 이항 대립에 다 담을 수 없는 더 복잡한 측면이 있었다. 주목할 것은 오카 자신도 이러한 사실을 깨달았던 것 같다는 사실이다. 다음 절에서는 그 의미를 검토하기로 한다.

---

54 이 점에 관해서는 『岡義武著作集』 제6권의 해설에 명확한 지적이 있다(『岡義武著作集』 제6권, 310-311쪽). 또한 오카의 국제정치관에서 E.H. 카에 공통되는 니힐리즘을 읽어내는 마루야마 마사오의 회상도 참조(『丸山眞男座談』 제9권(岩波書店, 1998), 266-267쪽).

3. 협동체적 사회 구성과 주권국가질서

「아시아로의 회귀」라는 표제가 붙은 「국민적 독립과 국가 이성」의 마지막 장은 1924년(大正13) 11월 고베에서 행한 쑨원의 유명한 대아시아주의 연설로부터 시작하고 있다. 쑨원은 유럽의 '패도의 문화'에 아시아의 '왕도의 문화'를 대치시키면서 아시아 연대를 호소했지만, 만주사변 이후 일본은 다시 팽창주의로 급속히 경사되었다. 표제도 시사하듯이 1930년대 일본 외교는 한편 '아시아로의 회귀' 시대였지만, 그것은 일본이 아시아에서 패권적 지위를 확립하는 것을 뜻할 뿐이었다. "그렇다고 한다면 우리나라가 '탈아'의 길에서 아시아로 돌아왔다 하더라도 이러한 아시아 회귀가 아시아 옹호자로서 그런 것은 아니다. 아시아의 유일 지배자를 지향하는 회귀였다. 그것은 실제로는 '탈아'의 도정을 밟은 과거의 의도를 완벽하게 관철하고자 기도한 것이라 할 수 있다."[55] 오카의 결론이 이처럼 부정적 평가로 귀결된 것은 만주사변 이후 일본 외교의 전개를 생각하면 거의 당연한 일일 것이다.

---

[55] 岡義武, 『岡義武著作集』 제6권, 308쪽.

하지만 오카의 논문을 다시 읽으면서 새삼 깨달은 것은 1930년대 오카의 아시아주의 평가가 오히려 양의兩義적이었다는 사실이다. 오카는 중·일 전쟁기의 동아 신질서론에 비교적 많은 지면을 할애하여 내용을 검토하고 있는데, 동아연맹론이나 동아협동체론에 대한 평가가 의외로 높다. 오카는 동아연맹의 사상을 동아연맹협회의 이론적 지도자로 알려진 미야자키 마사요시宮崎正義의 저작을 중심으로 분석하고 있는데, "동아연맹의 발상이 만주 주재 한漢민족에 대한 배려에서 비롯된다는 점, 일단 연맹을 가맹국의 평등에 기초한 연합으로 규정하고 있다는 점, 연맹의 사상적 기초를 왕도…에 두고 있다는 점"[56]에 주의를 환기시키고 있다. 동아협동체론에 관해서는 "비교적 현상現狀 긍정적으로 기운 것에서 입론에 비판과 저항의 의도를 숨긴 것까지 얼마간 음영의 차가 인정된다"고 지적한 뒤, 후자의 대표적인 일례로 미키 기요시三木淸를 들고 있다. 그리고 동아연맹 또는 동아협동체의 이름으로 주창된 신질서 구상이 "어느 것이든 어느 정도 연방주의federalism에 입각한 것"이며, 이 때문에 우익 세력과는 항쟁 관계에 있었음을 보여 주고 있다.[57] 여기서는 오카가 일단 동아연맹론과 동아협동체론을 상대적으로 높이 평가했지만, 신질서 구성원의 대등성과 연방주의적 구성이라는 기준에 비추

---

56 岡義武, 『岡義武著作集』 제6권, 300-301쪽.
57 岡義武, 『岡義武著作集』 제6권, 302-303쪽.

어 판단한 것이라는 점에 주의했으면 한다. 오카는 왜 이러한 판단 기준을 갖고 사고했던 것일까.

이 문제를 생각하려면 먼저 당시의 전형적인 국제질서론의 내용을 염두에 둘 필요가 있다. 중·일 전쟁기 국제질서론에 공통하는 것은 계약론적 사회 구성에 대한 강한 비판이었다. 여기서는 우선 추상적 자연권의 옹호자로서 개인을 상정하고 원자론적 개인의 계약에 의해 사회를 도출하는 근대 시민사회론은 자유 방임 경제의 파탄에서 보듯이 한계를 맞이하고 있으며 이를 대신해 유기적 사회 구성이 필연적으로 요구된다는 발상을 확인할 수 있다. 국제질서론에서도 근대 주권국가에 의한 원자론적 사회 구성과 기계적 민족자결주의가 세계 질서의 무정부 상태를 현출시켰다는 비판이 강하게 제기되었다. 여기서 근대 주권국가에 의거한 계약론적 구성의 한계를 넘어 협동체적 원리에 기초한 국제질서를 수립해야 한다고 주장하게 된 것이다. 광역질서 원리가 '근대의 초극'으로서 요청된 까닭이다.[58]

이러한 의론이 일본의 패권적 지위를 정당화하기 위해 제기되었음은 너무나 명확하다. 하지만 일단 시사적 문맥을 떠나 순수하게 사회 구성과 국제질서의 원리 문제로 보았을 때, 동아협동체론이 근대 주권국가질서를 파악하는 사회 구성의 전형적 발상

---

58 이 점에 관해서는 졸고,「戰後思想と國際政治論の交錯」,『國際政治 安全保障理論と政策』제117호(有斐閣, 1998), 124-125쪽.

의 하나라는 사실에도 주의할 필요가 있다. 국제관계론에서 구성주의의 기수인 오누프Nicholas G. Onuf는 저서 『국제관계 사상에서의 공화주의의 유산』에서 북미권에서 전개되는 현대 사회이론의 동향을 염두에 두면서 공화주의와 자유주의의 대치 구도가 국제질서론에서 갖는 유효성을 논하고 있다. 오누프는 사회 구성에서의 자유주의와 공화주의의 차이를, 전자가 개인과 국가라는 자기 관심적인self-regarding 독립적 주체를 우선 상정한 위에 사회를 도구주의적으로 도출하는 데 반해, 후자는 사회적 결합 관계를 독립적 주체에 선행하는 것으로 생각한다는 점에서 찾는다. 실제 국제관계론에서 흔히 자유주의에 대치되는 현실주의는 자기 관심적인 주체의 무제약성을 강조하는 점에서 자유주의 이상으로 강력한 자유주의다. 오누프는 이처럼 국제관계론에서의 현실주의 대 자유주의라는 주지의 이항 대립 도식을 상대화한 뒤 새로이 공화주의 대 자유주의의 대치 구도가 국제질서론에서 갖는 유효성을 강조한다. 오누프는 주권의 제약을 설명하는 종래 '이상주의'로 불렸던 대부분의 주장은 오히려 자유주의의 전제에 반대하는 것이며, 공화주의라는 용어를 사용하는 편이 더 정확하다고 지적한다.[59] 이리하여 오누프는 종래 거의 무시되었던 공화주의적 국제질서론의 계보를 추적함으로써 근대·주권·자유주의의 상호 관계를 재검토할 것을 촉구하고 있다.

오누프의 주장이 옳은지 그른지를 검토하는 자리는 아니지만, 본고의 관심에서 보았을 때 흥미를 끄는 대목은 동아협동체론이 사회 구성의 논리로서는 현실주의-자유주의라기보다는 오히려 오누프가 말하는 공화주의의 특징을 공유한다는 점이다.[60] 그렇다고 한다면, 동아협동체론을 단지 중·일 전쟁기 시국의 문맥 속에서 해소시킬 것이 아니라 근대 일본에서의 사회 구성과 주권 개념의 관련에 관한 계보학적 고찰 속에 다시 자리매김하는 시

---

59 Nicholas Greenwood Onuf, *The Republican Legacy in International Thought* (Cambridge: Cambridge University Press, 1998), pp.3-6. 오누프는 언급하지 않았지만, E.H. 카의 국제정치론에 대한 평가가 분열하는 것도 이 점과 밀접히 연관되는 것으로 보인다. 제1장에서도 지적했듯이 카의 현실주의와 이상주의를 연결하는 것은 카의 사회주의 사상을 빼놓고는 논할 수 없다. 카의 국제정치론의 근저에는 사회주의에 기초한 협동체 윤리에 대한 문제의식이 있고, 이러한 의미에서 카의 국제정치론은 공동화한 규범에 대한 현실주의의 실감적인(realistic) 이데올로기 비판이라는 굴절된 형태를 취하면서도, 그 의론의 중핵은 오누프의 도식에 따르면 공화주의의 계보에 연결되는 것으로 이해해야 할 것이다. 현실주의/자유주의라는 기존의 이항대립 도식에 카의 의론을 무리하게 집어넣으려 한 것이 혼란을 초래했다고 하겠다. 냉전적인 '사회주의 진영'에 대한 분석은 차치하더라도 국제관계 사상에서 '사회'주의란 무엇인가라는 문제는 실제 진지하게 고찰된 적이 적다는 사실을 부언해 둔다. 국제관계 사상사의 이러한 빈틈에 관해서는 졸고, 「國際關係論と『忘れられた社會主義』: 大正期日本における社會概念の析出狀況とその遺産」, 『思想』 제945호(2003년 1월호), 特集「帝國·戰爭·平和」.

60 오누프가 지적하는 현실주의/자유주의의 동형(同型)적 구조에 관해서도, 계약설적 구성 비판의 당연한 결과(colloary)로서 홉스의 의론이 절대적 개인주의를 전제로 삼고 있는 점에서 현실주의의 방패 반쪽을 이루는 것임을 보여주고, 양자에 공통하는 '무정부'적 경향을 비판하고 있다(矢部貞治, 『新秩序の硏究』, 弘文堂書房, 1945, 60-62쪽).

도가 필요할 것이다. 원래 전간기의 주권 개념 비판에는 크게 보면 두 흐름이 있었다.[61] 하나는 지금까지 국가 주권의 전관 사항專管事項으로 여겨졌던 영역을 보다 상위의 국제 기구에 어떤 형태로 흡수시키려는 '보편주의'적 방향이다. 앞 절에서 언급한, 주권 개념을 부정하고 국제법 상위 구성을 취한 경우의 순수법학이 이러한 계보에 속한다고 볼 수 있다. 또 하나의 방향은 국가를 교회·도시·직능 단체라는 사회 집단과 병렬적으로 취급함으로써 국가 주권의 절대성을 박탈하고자 하는 '다원주의'적 방향이다. 다원국가론에서의 연합 주권론이 전형적 사례임은 말할 나위 없다. 다이쇼기 일본에서 이러한 주권 개념 비판은 무엇보다 '사회의 발견'이라 불리는, 국가 주권에 회수되지 않는 사회 영역의 자율성에 관한 주장과 결부된 것이라 할 것이다. 스스로는 가톨릭주의 자연법의 입장을 취했던 법학자 다나카 고타로田中耕太郎는 1932년(昭和7)에 출판된 『세계법의 이론』 제1권에서 "최근의 법률 사상"은 역사법학·사회법학·자유법학·신자연법학 등이 "상호의 주의 경향 사이에 커다란 간격이 있다고 해도 국가적 법률관에 대해 공동 전선을 펴고 있는 것"으로 파악하고 있다.[62] 국가 주권 개념의 상대화는 메이지 국가의 절대성이 부

---

61 이 점에 관해서는 石川健治, 「國家·國民主權と多元的社會」, 樋口陽一編, 『講座憲法學2·主權と國際社會』(日本評論社, 1994).
62 田中耕太郎, 『世界法の理論』 제1권(岩波書店, 1932), 94쪽.

정된 다이쇼기 사상계에 나타난 사회 개념의 석출과 표리를 이루는 현상으로 이해되었던 것이다.

그렇다면 문제는 이러한 사회 개념의 석출이 다이쇼기 이후 일본의 국제질서론에 어떤 영향을 주었는지로 좁혀진다. 다이쇼기 사회 개념의 석출 상황에 관해 맨 먼저 참조해야 할 것은 이다 다이조飯田泰三의 연구[63]다. 이다는 그린Thomas Green부터 라스키Harold Laski*에 이르는 영국 정치사상의 전개와 대비하면서 요시노 사쿠조에 있어 '사회의 발견'이 갖는 의의를 논하고 있다. 다원국가론과 다이쇼기 일본의 정치사상을 중첩시키는 이다의 계발적인 시각은, 이다는 직접적인 연구대상으로 삼지는 않았지만, 정치학자 로야마 마사미치의 국제질서론을 분석할 때도 시사적이다. 1920년대의 로야마는 영국 다원국가론의 전개를 시야에 두면서 기능주의 국제정치론을 전개했기 때문이다. 다원국가론은 제2차 세계대전 후 미국 정치학에서는 정치 과정의 이익 집단론으로 계승·발전되었고, 정치학에서는 다원주의 이론이 형성되었다. 국제관계론에서는 반드시 명시적으로 논해진 것

---

[63] 飯田泰三,「吉野作造: "ナショナルデモクラット"と社會の發見」, 小松茂夫·田中浩編,『日本の國家思想(下)』(青木書店, 1980). 飯田泰三,『批判精神の航跡』(筑摩書房, 1997)에 수록됨.

* 라스키(Harold Laski, 1893-1950): 다원적인 국가론을 주창한 영국 정치학자. 페이비언협회를 통해 노동당에 입당했고, 노동당 간부가 되었다. 마르크스주의에 심취했다.

은 아니지만, 다원주의적 국내 정치 이미지를 전제로 하고 이 발상이 주로 기능주의적 통합론과 레짐론에 편입되어 있다고 생각된다. 따라서 국제관계론에서는 우선 다원주의가 자유주의 의론으로서 현실주의와 대치된다는 이해가 일반적일 것이다.[64] 탈냉전 국제관계론에서 거버넌스론에 대한 관심이 고양되면서 최근에는 종래 등한시해 온 제2차 세계대전 이전의 국제행정론이 다시 적극적으로 논의되고 있는데,[65] 1928년(昭和3)에 출판된 로야마의 『국제정치와 국제행정』은 이러한 관심에 기초한 선구적 업적으로 높이 평가할 수 있다. 제1장과 제3장에서 상술했듯이, 로야마는 훗날 동아협동체론의 이론적 지도자의 한 사람이었지만, 1920년대 로야마의 국제정치론은 동시대 일본의 다른 논자들과 비교해도 가장 강하게 자유주의 계보를 잇는 것이었다고 할 수 있다.[66]

그러나 다이쇼기 사회 개념의 석출이 이러한 의미의 자유주의로 일원화되지는 않는다. 이것은 사회주의자뿐 아니라 흔히 '리

---

[64] Richard Little, "The growing relevance of pluralism ?" in Steve Smith, Ken Booth and Marysia Zalewski, *International Theory: Positivism and Beyond* (Cambridge: Cambridge University Press, 1996).

[65] 城山英明, 『國際行政の構造』(東京大學出版會,1997), 제1장 제1・2절. Brian C. Schmidt, *The Political Discourse of Anarchy: A Disciplinary History of International Relations* (N. Y.: State University of New York Press, 1998), chap.6.

[66] 로야마 마사미치의 국제정치론에 관해서는 이 책 제3장을 참조할 것.

버럴'로 불리는 인물에도 타당하다. 전형적인 사례로 식민 정책 학자 야나이하라 다다오矢內原忠雄의 의론을 들 수 있다. 1926년 (大正15)에 출판된 야나이하라의 『식민 및 식민 정책』의 마지막 장은 종래에는 '자유주의자' 야나이하라의 고뇌를 보여준 것으로 이해되어 왔다. 야나이하라는 「식민 정책의 이상」이란 제목을 가진 이 장에서 식민 정책을 종속주의·동화주의·자주주의로 유형화한 뒤, 자주주의 식민 정책의 이상이 실현될 가능성을 논하였다. 그리고 자유주의도 사회주의도 이러한 이상을 완전히 실현시킬 수 없음을 논한 뒤, "자주주의 식민 정책의 이상을 실현하는 확실한 보장은 과학적으로도 역사적으로도 주어지지 않는다… 다만 한 가지 점은 확실하다. 즉 인류는 이에 대한 희망을 갖는다는 것. 학대받는 자의 해방, 가라앉은 자의 향상, 그리고 자주 독립인 것의 평화적 결합, 인류는 옛날도 바라고 지금도 바라고 장래에도 이를 바랄 것이다"[67]고 결론짓고 있다. 냉전기에 이것을 읽은 연구자들 대부분은 동서 진영 사이에서 인간 해방을 모색하는 자유주의자의 고충을 읽어냈을 것이다.

하지만 오늘날 이 장을 다시 읽어보면 사뭇 인상이 다르다. 표제에 나타나듯이 야나이하라는 자신이 품었던 국제관계의 이상에 대해 말했던 것은 아닐까. 먼저 자주주의에 관한 야나이하라

---

67 矢內原忠雄, 『矢內原忠雄全集』 제1권 (岩波書店, 1963), 483쪽.

의 의론을 보기로 하자. "자주주의 정책은 각 사회군이 독립의 집단 인격group personality을 갖는 것을 인정하고, 각자가 그 역사적 조건 하에서 가능한 한의 발전 완성을 이룩하고, 그리하여 상호간의 협동 제휴에 의해 인류사회의 세계적 결합을 완수함으로써 그 이상으로 삼는다. 자주주의는 반드시 각 사회군의 평균화를 의미하는 것은 아니며, 또한 개성을 망각하는 것이 아니며, 단지 독립의 사회군 상호간에서 투쟁적 상태를 대체하여 호조互助적 관계를 생성하는 것을 이상으로 삼는다… 사회는 결합에 의해 존속하고 유지된다. 자주 독립은 결합하기 위한 자주 독립이어야만 한다… 왜냐하면 마치 개인이 사회 속에 있어야 비로소 생존할 수 있는 것처럼 사회군도 사회군 사회에 있어야 비로소 생존하고 발전할 수 있기 때문이다."[68] 이는 인격주의를 사회 내의 다원적 집단에 적용하면서 상호부조적 사회 구성을 설명하는 다이쇼기의 전형적인 의론이었다.

야나이하라는 이러한 사회 구성을 국제관계에도 끌어들였다. 야나이하라는 분명 자유주의도 사회주의도 이러한 이상을 실현하는 것이 아님을 논하고 있지만, 실제로는 이 다음에 국제연맹과 영 제국에 관한 검토가 이어지고 있다. 게다가 야나이하라는 국제연맹보다 영제국을 높이 평가하였다. "영 제국은 국제연맹

---

[68] 矢內原忠雄, 『矢內原忠雄全集』 제1권, 470쪽.

내의 국제연맹, 국제연맹의 결합보다 더욱 공고한 것으로 간주된다. 각 도미니언dominion은 하나의 자주 국민이며 영 본국은 이에 대해 식민지 영유 관계를 갖는 것이 아니다… 이리하여 식민지와 본국은 더 이상 영유 지배 관계에 기초하지 않고, 그렇다고 고립적 관계도 아니며, 자주적 결합에 의한 일대 공동체의 조직을 실현하는 것, 영 제국이 보인 경향으로 가야만 하는 것은 근세〔근대〕경제의 발전이 일대 경제 지역의 기초를 요구한다는 것에서 추측할 수 있다. 이러한 자주적 결합은 공리주의적 입장에서 말해도 식민지와 본국을 연결하는 유일한 합리적 기초일 뿐 아니라 또한 집단적 인격의 존귀를 존중하는 사회정의가 요구하는 바다."[69] 영 제국으로 대표되는 연방Commonwealth적 결합 관계가 협동체적 사회 구성의 이상에 가장 친화적인 국제관계 모델로 설정되어 있음을 알 수 있다. "이기심과 협동심"[70]이라는 문제 설정에서 보듯이, 야나이하라의 국제질서론은 오누프의 분류를 빌린다면 자유주의보다는 공화주의의 특징을 갖는다는 점에 관심을 더 기울여야 한다. 또한 일반적으로 전전기 일본 외교 사상사에서 '자유주의'를 '반군국주의'와 결부시켜 해석하는 경향이 강한 것 같은데, '반군국주의'이면서 '자유주의'가 아닌 사례도 많다는 점에 유의할 필요가 있을 것이다.

---

69 矢内原忠雄,『矢内原忠雄全集』제1권, 478쪽, 482-483쪽.
70 矢内原忠雄,『矢内原忠雄全集』제1권, 480쪽.

이처럼 다이쇼기 사회 개념의 석출 상황은 종래 생각한 것보다 훨씬 성격이 복잡한데, 이것을 가장 문제적인 형태로 드러낸 것이 히라노 요시타로平野義太郎다. 전전기의 히라노 요시타로를 논한 종래의 연구는 왜 강좌파 마르크스주의의 이론적 지도자였던 히라노가 전중기에 대아시아주의 신봉자로 '전향'했는가라는 시각에서 이루어졌다.[71] 그러나 '전향 전'과 '전향 후'를 관통하는 히라노의 발상을 이해하려면 지금까지 그다지 눈여겨 보지 않은 1924년(大正13)에 출판된 처녀작 『민법에서의 로마 사상과 게르만 사상』[72]을 고찰할 필요가 있다. 슈펭글러*의 『서구의 몰락』 제2권을 인용하면서 시작되는 이 책은 기르케의 『독일 단체법론』에 의거하면서 독일 민법에 보이는 로마 사상과 게르만 사상의 대립을 메이지기 법실증주의와 다이쇼기 사회법학의 대립과 중첩시킨 저작이다. 주지하듯이 독일 사법학에서 게르마니스텐Germanisten은 구체적인 사회 생활을 떠난 추상적 권리 보지자로서의 개인을 상정하고 개인과 국가 간에 개재하는 단체 결

---

[71] 秋定嘉和,「社會科學者の戰時下のアジア論: 平野義太郎を中心に」, 古屋哲夫編, 『近代日本のアジア認識』(綠陰書房, 1996); 盛田良治,「平野義太郎の'轉向'とアジア社會論の變容」,『レヴィジオン』제2집(社會評論社, 1999).

[72] 平野義太郎,『民法に於けるローマ思想とゲルマン思想』(有斐閣, 1924).

* 슈펭글러(Oswald Spengler, 1880-1936): 독일의 역사가·문화철학자. 문명은 유기체로 발생·성장·노쇠·사멸의 과정을 밟는다고 주장했으며, 문화 형태학을 통해 서양 문명의 몰락을 예언하였다. 주저『서구의 몰락』.

합의 실재성을 부정하는 원자론적 계약 구성을 취한다고 해서 로마 사상을 배격하였고, 로마 사상에 대항하여 게르만 법의 단체주의적 전통을 대치시켰다. 히라노는 게르마니스텐에 의해 부정된 로마니스텐Romanisten 법 사상을 받아들여 성립한 메이지기 법학이 경직된 국가적·통일적 성문법의 지상주의와 사회 전체의 안녕 복지를 저해하는 권리의 절대성에 관한 주장을 산출했다고 신랄하게 비난하였다. 여기에서는 사회법학적 관점에서 법실증주의를 비판함으로써 메이지 국가 부정과 자유주의 비판을 동시에 추구하는 시각을 엿볼 수 있다. 이 시각에는 슈펭글러와 기르케의 결합이 상징하듯이 협동체적 사회 구성으로써 계약론적 사회 구성을 치환하는 가운데 '근대의 초극'을 읽어내려는 지향성이 내포되어 있었다.

이 점은 근대 일본에서 '다원주의'의 위상을 생각할 때도 중요하다. 기르케의 『독일 단체법론』은 제3권이 1900년에 메이틀랜드Frederic W. Maitland*가 영어로 번역해서 영국의 다원국가론 형성에 지대한 영향을 미쳤다. 물론 국가에 대해 중간 단체의 자율성을 강조하는 기르케의 의론이 국가 주권의 절대성을 부정하는 다원국가론의 시각에 아주 적합한 측면이 있었기 때문이다.[73] 앞에서 말했듯이 현대 정치학에서는 '다원주의'를 이익 집단론

---

* 메이틀랜드(Frederic W. Maitland, 1850-1906): 영국의 법제사학자. 케임브리지대학 교수.

의 문맥에 재설정하고 영·미권의 자유 민주주의와 등치하는 경향이 강하기 때문에 '다원주의'를 무조건 '자유주의'와 결부시키는 것에 의문을 제기하는 일은 적다. 하지만 전간기에 '다원주의'의 위상은 훨씬 복잡했던 것은 아닐까. 사회의 자율성에 관한 주장과 계약론적 사회 구성에 대한 비판이라는 성격을 공유한다는 점에서 기르케의 주장 자체가 자유주의에 대해 갖는 함의는 특히 양의적이다. 일본의 경우 아마도 다원국가론에서 제기된 문제를 협동체적 사회 구성에 끌어들여 이해하는 경향이 강했던 것은 아닐까. 오히려 무정부주의적인 다이쇼기 사회주의의 관점에서 '다원주의'를 다시 읽을 필요가 있지 않을까 생각한다.[74]

사회 개념 구성에 의한 국가 주권의 상대화. 이것이 다원국가론에서 제기된 문제의 하나다. 이는 주권론의 문맥에서는 주권의 유일 불가분성을 주장한 보댕·홉스 주권론이 아니라 각종 사회 단체의 연합에 주권을 기초지운 알투지우스 주권론의 계보와 연결된다.[75] 국제질서론에서 '다원주의'의 의의는 이러한 유형

---

73 Avigail Eisenbeg, *Reconstructing Political Pluralism* (N.Y.: State University of New York Press, 1995), pp.65-71. 또한 平野義太郎, 『民法に於けるローマ思想とゲルマン思想』, 105쪽.

74 이 점과 관련해 이다 다이조(飯田泰三)의 전게 논문은 다이쇼기 일본의 '다원주의'를 얼마간 자유주의에 끌어붙여 지나치게 해석하는 경향이 있는 것 같다. 이다 논문에서는 다이쇼기의 기르케와 듀기 수용을 과도적인 것으로 다루고 있지만(飯田泰三, 「吉野作造」, 20-21쪽), 더 중시해야만 하지 않을까 생각한다.

의 주권론을 국제사회의 구성에 읽어 들이는 것과 관련된다. 다원국가론 주창자들이 흔히 국제연맹론의 열렬한 지지자였다는 사실에서 보듯이, 국가를 경유하지 않는 사회 집단의 초국가적 교류를 국제 기구 속에 읽어 들이면 '국제주의'에 관한 전형적인 주장이 될 수 있다.[76] 영국의 다원국가론자 중에는 한 사람의 인간이 동시에 국제연맹론자이며 유럽 통합론자이며 연방적 원탁회의론자인 사례가 아마도 적지 않았을 것이다. 하지만 전간기 일본의 경우는 이러한 주권론이 '국제주의' 주장과 단순하게 결부되지 않는다는 특징을 보였다. 히라노 요시타로가 전형적으로 보여 주었듯이 오히려 '아시아주의'와 결부되는 일이 많았다. 물론 1920년대 로야마의 기능주의 국제정치론이나 야나이하라의 영국 제국론에 보였던 예가 없지는 않지만, 앞 장에서 지적했듯이 1920년대 일본 외교에서는 워싱턴 체제는 평가해도 국제연맹은 아시아·태평양 지역 질서와 꼭 유기적 관련이 있는 것으로

---

75 정치사상사에서 알투지우스 주권론의 위상에 관해서는 柴田壽子, 『スピノザの政治思想: デモクラシーのもう一つの可能性』(未來社, 2000), 제3장 보론 「다극 공존형 연방제와 알투지우스」를 참조. 또한 유럽 공동체의 보완성(Subsidiarity) 원칙의 계보 속에 알투지우스 주권론을 위치지운 연구로는 Ken Endo, "The Principle of Subsidiarity: From Johannes Althusius to Jacques Delors," 『北大法學論集』제44卷 第6號(1994). 또한 오누프는 알투지우스 주권론을 '대륙 공화주의'의 문맥에 자리매김하고 있다(Onuf, *The Republican Legacy in International Thought*, p.49).

76 Schmidt, *The Political Discourse of Anarchy: A Disciplinary History of International Relations*, p.171.

보지는 않았고, 야나이하라가 구상했던 대일본 제국의 연방적 재편도 그림의 떡이 되어 버린 사실은 부정할 수 없다. 워싱턴 체제가 붕괴되고 국제연맹을 탈퇴한 후에는 사회 개념 구성에 의해 국가 주권을 상대화한다는 발상은 통상적 의미의 '국제주의'와는 다른 방향에서 동원되었다. 바로 아시아주의적인 '지역주의' 논리의 방향이었다.[77]

히라노 요시타로의 대아시아주의가 아시아 사회에 내재하는 협동체 원리를 높이 평가하고, 이러한 기초 공동체에서 지역 질서를 구상하는 논리를 얻었다는 사실은 잘 알려져 있다.[78] 하지만 근대적 사회 구성을 초극하는 협동체 원리를 민족 공동체의 역사 속에서 찾는다는 발상 자체가 역사법학의 흐름을 이은 기르케로부터 강한 영향을 받았던 초기 히라노의 사유 양식에 잠재하고 있었다는 사실은 흔히 간과되고 있는 것 같다. 히라노는 대아시아주의의 논리를 전면적으로 전개하기 직전에 토대 작업으로서 분트Wilhelm M. Wundt*의 『민족 심리에서 본 정치 사회』를 번역 출판했는데,[79] 이 번역도 알고 보면 히라노가 처녀작

---

[77] 1930년대 일본에서의 지역주의 의론에 관해서는 三谷太一郎, 『大正デモクラシー論』[舊版], 240-241쪽.

[78] 예컨대 盛田良治, 「平野義太郎の『轉向』とアジア社會論の變容」, 102-106쪽.

[79] ヴィルヘルム・ヴント, 『民族の心理より見たる政治的社會』(日本評論社, 1938).

* 분트(Wilhelm M. Wundt, 1832-1920): 독일의 생리학자·철학자·심리학자. 실험심리학의 아버지라 불린다.

에서 보였던 관심에서 나왔다.[80] 더구나 근세 이래 주권국가로 구성되는 지역 질서 전통을 지녔던 '유럽 질서'와 달리, '제국질서'가 잔존했던 동아시아에서는 지역에 내재한 주권국가가 아직 형성되지 않았고 주권 개념 비판은 본래 '제국'적 언설에 회수되기 쉬운 구조였다.[81] 동아시아의 광범한 영역을 차지한 중국이 청·일 전쟁 전에는 '제국'으로서, 그리고 신해혁명의 어느 단계 이후는 '국가'가 아닌 '사회'로 표상될 수 있는 존재였다는 사실은 근대 일본의 대외 인식에 주권국가로 구성되는 '국제' 질서 이미지에 본질적인 불안정을 초래했을 것이다. '국가'가 아닌 '사회'라는 광범위한 지리적 공간을 표상하는 것은, 뒤집어 말하면, 사회 구성 원리가 그대로 지역 질서 구성 원리로 전화하는 인식론적 기제를 낳는다.[82] 중국의 기층을 이루는 촌락 사회 구조를 해명하는, 주권국가질서 논리에서 보면 '지역 연구'의 대상은 될 수 있어도 대체로 '국제관계론 연구'의 대상과는 무관하다고 생각되는 영역이 국가 주권을 우회해서 '국제 공동체'의 구성 원리에 직결되어 버리는 지점에 동아시아 국제관계의 복잡함이

---

80 平野義太郎, 『民法に於けるローマ思想とゲルマン思想』, 98쪽, 100-101쪽.
81 이 책 제5장에서도 언급했듯이 小熊英二, 『'日本人'の境界』 제7장은 구가 가쓰난의 애독서였던 르루아 볼리외(Paul Leroy-Beaulieu)로부터 히라노 발상의 저류에 있던 기르케에 이르기까지 사회의 자율성이란 주제가 식민지주의적 관점과 공명 관계에 있음을 지적하고 있다. 차이성을 예찬하는 언설이 계층적인 협동체적 사회 구성에 편입되는 메커니즘을 생각하는 점에서 시사적이다.

있었다는 것을 알아야만 한다. 최근 아시아주의 연구에서는 아시아주의 속에 '국민국가를 넘어서는' 지향성을 읽어 들이려는 경향이 있는데,[83] 국제관계론의 관점에서 말한다면, 왜 전전기 일본에서 초국가적인 지향성은 보통의 경우처럼 자유주의적인 '국제주의'가 아니고 공화주의적인 '아시아주의'로 기울어져 갔던 것일까. 그 인식론적 기제를 분석하는 것이 향후의 과제가 되어야 할 것이다.

이상으로 전간기 일본에서 주권 개념이 차지하는 위상을 확인해 보았다. 이제 다시 이 절 앞머리에서 제기한 의문, 즉 오카는 왜 동아연맹론이나 동아협동체론에서 연방주의적 계기를 찾아내고자 했던 것일까라는 문제로 돌아가기로 하자. 연방주의는 다양한 질서상과 결부될 수 있는데, 각종 사회 단체의 연합에 주권을 기초지우는 다원주의적 발상에서 본다면, 수평적인 단체

---

[82] 중국을 '국가'가 아닌 '사회'로 보는 의론은 중국의 주권국가 형성 능력에 회의적인 이른바 '중국 비국가론'이 대표적이다. '사회'로서의 중국이라는 표상이 다이쇼기 이후 미묘한 의미 변용을 거치는데, 종래의 연구는 대체로 이에 무관심했던 것 같다. 즉 다이쇼기의 사회 개념 석출에 수반하여 국가 주권과 근대성의 결합 관계가 소여가 아니게 되면서 '사회'로서의 중국에서 근대 국가의 구성 원리를 초월하는 요소를 찾아내려는 지향성이 생겨났는데, 종래의 연구는 여기에 충분한 의미 부여를 하지 않았다고 생각된다. 이 책 제4장에서 논한 다치바나 시라키의 사례에서 보듯이 '사회'로서의 중국이라는 표상은 말하자면 무정부주의적 상상력을 해방시키는 장치가 된 것이 아닐까 싶다.

[83] 山室信一,「日本外交とアジア主義の交錯」,『年報政治學1998・日本外交におけるアジア主義』(岩波書店, 1999).

연합이라는 이미지를 국가간 결합에 읽어 들이는 것을 허용하는 연방주의가 바람직한 국제질서로 파악되는 일은 비교적 많은 것 같다. 아시아주의 속에 이러한 유형의 주권론이 굴절된 형태로 유입되어 있었다는 사실을 생각하면, 동아연맹론이 한정된 의미에서이긴 해도 연방주의적 구성을 취하고자 했던 것은 이상하지 않다. 하지만 이 같은 사례는 중·일 전쟁 이후 일본에 팽배해진 '지역주의'에서는 소수파에 지나지 않았다. 오카 요시타케의 동급생이자 동료였던 정치학자 야베 데이지矢部貞治가 말했듯이 "국가간 관계를 절대 주권국가의 병립 내지 연합, 아니면 일체적인 통일 국가 내지 연방 국가, 그 어느 쪽 이외에는 인정치 않는 것은… 양자 택일의 평면적·고정적 사고 방식이며, 이러한 사고 방식으로는 광역권의 본질을 단적으로 파악할 수 없다"[84]는 것이 당시에 전형적인 의론이었다. 오카가 동아연맹에서의 가맹국 탈퇴의 자유에 주의를 기울인 것도[85] 당시 광역질서론에 광역권의 유기적 일체성을 강조하면서 광역권 구성원의 이탈 가능성을 사실상 봉쇄하는 의론이 존재했기 때문이다.[86]

이는 광역질서의 정통적 해석과 밀접히 관련된다. 광역질서

---

84 矢部貞治, 『新秩序の研究』, 266쪽.
85 岡義武, 『岡義武著作集』 第6卷, 300쪽.
86 「大東亞共榮圈の法的理念」(土井章監修, 『昭和社會經濟史料集成』 제17권(巖南堂書店, 1982), 42쪽.

원리는 광역, 주도국, 권외 국가의 불간섭이라는 세 요소로 구성되는데, 여기서 중심이 되는 것은 주도국 개념이지 광역 개념은 아니다. 즉 '지역주의'의 외관에도 불구하고 광역질서 원리에는 주도국의 자존·자위의 논리가 지역 질서에 우선하는 논리로 되어 있었다. 이러한 광역질서 원리는 태평양 전쟁기에 들어 권내 국가들의 독립 쟁점이 부상하면서 동요하기 시작한다. 이 점에 관해서는 제1장에서 상술하였다. 이러한 상황에서 '대동아 국제법'론 내부에 논쟁이 벌어지고, 근대 국제법의 근본 원리인 국가 평등 원칙에 대한 재평가가 나타나게 된 것이다.[87] 이 논쟁의 배경에는 대동아 회의의 위상 설정을 둘러싼 정부 내 정치가 있었다. 보편 이념을 주창한 지역 헌장을 내걸고 형식상으로는 일본 외교도 그 이념에 구속된다고 본 외무성과, 자존·자위의 논리를 내걸고 주도국 원리를 고집한 해군·대동아성 사이에 대립이 있었다. 외무성은 태평양 전쟁이 시작되자 지역 평화 기구의 창설을 주장하였고 기구 창설의 주도권을 장악함으로써 군부로부터 전시 외교의 주도권을 탈환하고자 했다.[88] 원래 '대동아 국제법'론이라는 것이 지역 평화 기구가 창설될 때 예상되는 문제들을 해결하고자 외무성의 특별 조처로 시작된 중점 영역 연구의 성격이 농후했다는 점을 잊어서는 안 된다.[89] 유명한 대동아 국제

---

87 이 책 제1장, 90-99쪽.
88 波多野澄雄, 『太平洋戰爭とアジア外交』(東京大學出版會, 1996), 제7장.

법 총서도 원래 요코타 기사부로 등 극히 일부 연구자를 제외한 당시 국제법 학자 거의 대부분을 망라해서 12권으로 구성한 것으로, 지역 평화 기구를 창설하는 데 예상되는 이론적·실무적 문제를 고찰하는 청사진이었다.[90] 전후의 국제 기구론에는 명시적으로 드러나지는 않지만 전중기 논쟁의 흔적이 곳곳에 보이게 마련이다.

이러한 사실을 염두에 두고 오카의 의론을 다시 읽어보면, 이제 「국민적 독립과 국가 이성」의 마지막 장이 광역질서를 둘러싼 동시대 논쟁을 토대로 집필되었음은 분명해 보인다. 하타노 스미오波多野澄雄가 전시 외교를 다룬 획기적 연구에서 상세히 밝혔듯이, 전중기의 시게미쓰 외교는 지역 평화 기구에서 형식적인 국가 평등을 인정하고 그러한 의미에서 얼마간 연방주의에 가까운 구성을 취하려는 기본 구상을 보였다.[91] 향후의 국제질서의 모습을 거기에 읽어 들이려는 것이 당시 지식인들의 전형적인 발상의 하나였다고 할 수 있다. 한편, 깨어 있는 시선으로 국제정치를 응시했던 오카는 태평양 전쟁기 일본 외교를 어떻게 주시하고 있었을까. 이를 구체적으로 알 수 있는 실마리는 아주 적다. 하지만

---

89 전중기 국제법학회의 동향에 관해서는 竹中佳彦, 「國際法學者の戰後構想」, 『國際政治・終戰外交と戰後構想』 제109호(有斐閣, 1995).
90 『國際法外交雜誌』 제42권 제11호(1943), 107쪽.
91 波多野澄雄, 『太平洋戰爭とアジア外交』, 169쪽.

오카의 일본 근대사 연구가 '민족 혁명설'을 토대로 해서 구성되었고, 또한 그의 아시아주의 이해가 오늘날에 보면 자질이나 전공이 아주 다른 다케우치 요시미竹內好의 그것과 같은 구조를 가진 것으로 생각된다는 사실에서 새삼 네이션의 자의식을 다루는 학學으로서 외교사의 운명을 생각하게 된다.

●
맺음말

●

이상으로 1961년(昭和36)에 간행된 오카 요시타케의 논문 「국민적 국가와 국가 이성」을 이후의 연구와 대비시키면서 일본 외교사의 현황에 대해 살펴보았다. 표제가 단적으로 보여 주듯이 오카의 논문은 대외론을 소재로 삼으면서 근대 일본의 '주권'과 '네이션'에 관한 일종의 정신사를 그려낸 것이라 할 수 있다. 여기에 관통하는 관심이 인민 주권에 의해 지탱된 내셔널리즘과 시민사회론적 관심을 중첩시키는, 주권론을 둘러싼 전후의 전형적인 발상과 호응하는 것이었다는 점도 이제 분명해졌다. 권력정치에 대해 깨친 통찰을 보여 준 오카도 이 점에서는 오늘날 '혁신 내셔널리즘'이라 부르는 문제의식을 공유하고 있었다고 할 수 있다. 마르크스주의 전성기의 역사학계에서 정치사·외교사 연구에 전념했던 오카는 일반적으로는 '보수적' 역사가로 평가되었지만, 지금 시점에서 돌이켜본다면 오카의 일본 외교사 연구도 오히려 동시대의 지적 분위기 속에 놓여 있었다는 인상을 받게 된다. 오카에게 외교사는 무엇보다 네이션의 자의식에 관한 학學이었을 것이다. 그러한 의미에서 당시와 다른 문맥에서 오카의 일본 외교사 이해가 보여 주는 '낡음'을 문제 삼기란 아주 용이한 일이다. 오카의 논문에 산견되는 "우리 나라"라는 표현도 현재의 많은 독자들은 위화감 없이 읽지는 못할 것이다.

오카의 논문이 발표된 이래 일본 외교사 연구는 각 분야에서 많은 성과를 거두었다. 오카의 논문도 다양한 형태로 후속 연구자들에 의해 극복되어 왔다. 이 글에서 든 예를 본다면, 권력 정치론적 분석은 오카의 아시아주의 이해가 역사의 '실상'을 다루지 못한 것을 비판했고, 상호 의존론적 분석은 다이쇼 데모크라시기에 오카가 폭 좁게 국제 협조주의를 이해했던 것을 수정한 셈이 된다. 이들 연구가 일본 외교사에 관한 이해를 깊게 만든 의의는 충분히 인정해야 할 것이다. 하지만 이 점을 인정하더라도 오카의 고전적 논문에서 다뤄진 주제에 아직 완전한 해답이 주어진 것은 아니다. 본론에서 말했듯이 정책으로서의 아시아주의의 실재성을 부정한다고 해서 아시아주의/탈아라는 언어로 표현되는 아이덴티티 구축의 중요성이 없어지지는 않았다. 상호 의존론적 분석도 전간기 주권론의 복잡한 위상을 파악하는 데

충분한 관점을 제공하지는 못했다. 현대 정치학이나 국제관계론의 '다원주의'가 그 문제 구성의 출발점을 돌아보았을 때 복잡한 측면이 많았음을 상기한다면, 이 점은 분명하다. 권력 정치론적 분석과 상호 의존론적 분석 모두 일본 외교사 연구에 새로운 영역을 개척했지만, 이와 더불어 남은 영역의 존재도 점차 의식되었다는 것이 지금의 현황일까.

오카가 주제로 삼은 '주권', '네이션'은 국제관계론의 가장 기본적인 개념이다. 하지만 그렇기 때문에 정면으로 국제관계론 연구의 주제로 삼는 일은 의외로 적었다. 탈냉전 국제관계론의 다양한 실증주의 비판을 통해 이러한 기본 개념의 역사적·사회적 구성 자체를 재론하는 연구 과제가 제시된 것은 기억에 새롭다.[92] 해석학에서 탈구축에 이르기까지 이러한 시도는 다양하며 그 입장도 결코 한 가지는 아니지만, 거기에 공통하는 것은 탈근대론자에 속하는 어느 논자의 말을 빌자면 "정치 이론으로서의 국제관계론"[93]을 모색하는 지향성이다. 이러한 잡다한 동향에는 냉전 이후의 질서에 대한 물음이 저류로서 존재한다고 할 수 있다. 전형적인 20세기 구축물인 국제관계론의 생성점에 해당하

---

[92] 예컨대, Jens Bartelson, *A Genealogy of Sovereignty* (Cambridge: Cambridge University Press, 1995); Thomas J. Biersteker and Cynthia Weber eds., *State Sovereignty as Social Construct* (Cambridge: Cambridge University Press, 1996).
[93] R. B. J. Walker, *Inside/Outside: International Relations as Political Theory* (Cambridge: Cambridge University Press, 1993).

는, 제1차 세계대전 후에 전개된 주권론의 위상을 오늘날 새롭게 성찰해야 하는 것은 이것과 밀접히 관련된다. 냉전기 국제정치학의 역사는 기묘하게도 그 지적 기원이었던 전간기 주권론의 "망각의 역사"였다고 볼 수 있다.[94]

실증주의 역사가를 자처한 오카는 역사와 이론을 혼동하는 것에는 늘 부정적이었다. 그렇지만 오카의 일본 외교사 연구의 도달점에 있었던 이 논문이 '광의의 역사 연구를 넘어선 정치학적 고찰'일 수 있다고 한다면, 자신이 처한 일본에서 영위된 인문주의적 사회과학의 지적 분위기를 반영하고 있었기 때문일 것이다. 필자는 감히 그러한 일본 외교사의 반성적·비판적 전통에서 일본 외교사의 '새로움'을 읽어내고 싶다. 원래 역사학의 과제는 다른 세대의 경험·기억·희망이 켜켜이 겹쳐 쌓인 층을 독해하는 데 있다. '낡음' 속에 '새로움'을 보고 '새로움' 속에 '낡음'을 보는 것. 이러한 우회로를 통해 얼마간의 전망을 얻을 수 있었다면 이 글의 과제는 충분히 달성되었다고 할 것이다.

---

[94] 제2차 세계대전 이전의 미국 국제정치학 동향을 분석한 Schmidt, *The Political Discourse of Anarchy: A Disciplinary History of International Relations*는 본래 국제관계에서 아나키 구성을 논할 때 핵심이 되어야 할 주권론의 중요성을 지적하면서 미국 국제정치학에서 이 문제가 갖는 위상을 추적하고 있는데, 참조할 만하다. 이 책 제1장은 이러한 문제의 일본적 전개를 다룬 것이다.

저자 후기

이 책은 필자가 홋카이도대학 법학부를 떠나 도쿄대학 교양학부에 부임하고 나서 최근 10여 년 동안 발표했던 논고들을 모은 것이다. 첫 발표는 아래와 같다. 다만 이 책을 묶어내기까지 여러 기회에 연구 보고를 하기도 하고 원고 집필의 의뢰를 받기도 했다. 때문에 이 밖에도 이 책에 수록된 논문들과 논지가 겹치는 것도 있고 내용을 요약한 것도 있다. 이에 관해서는 각 장 머리 부분의 각주에서 밝혀 두었다. 이 책에 수록된 논문은 이미 발표된 것과 내용은 거의 변함이 없지만, 한 권의 책으로 묶으면서 최소한 필요한 표기상의 통일을 기했다. 연구를 수행하는 과정에서 과학 연구비 보조금·맹아적 연구「전후 일본에서의 국제질서론의 형성과 전개」, 과학 연구비 보조금·기초 연구 C「전간기 일본에서의 식민 정책학의 전개와 유산」의 연구 조성을 받았다.

서장「國際關係論の成立：近代日本硏究の立場から考える」,『創文』431(創文社, 2001.5);「國際關係論と'忘れられた社會主義：大正期日本における社會槪念の析出狀況とその遺産」,『思想』945, 特集「帝國·戰爭·平和」(岩波書店, 2003.1);「戰間期日本の國際關係論」,『歷史學

研究』增刊號, 2004年度歷史學研究大會報告・グローバル權力として
の'帝國'(青木書店, 2004. 10);「國際秩序論と近代日本研究」,『リヴ
ァイアサン』40(木鐸社, 2007年春)를 토대로 재구성했다.

제1장「戰後外交論の形成」, 北岡伸一・御廚貴編,『戰爭・復興・發展: 昭和政治史における權力と構想』(東京大學出版會, 2000)

제2장「古典外交論者と戰間期國際秩序: 信夫淳平の場合」,『國際政治 日本外交の國際認識と秩序構想』139(有斐閣, 2004)

제3장「'東亞協同體論'から'近代化論'へ: 蠟山政道における地域・開發・ナショナリズム論の位相」,『年報政治學・1998 日本外交におけるアジア主義』(岩波書店, 1999)

제4장「アナキズム的想像力と國際秩序: 橘樸の場合」,『ライブラリ相關社會科學 7 ネイションの軌跡』(新世社, 2001)

제5장「'帝國秩序'と'國際秩序': 植民政策學における媒介の論理」, 酒井哲哉編,『岩波講座・'帝國'日本の學知』』第1卷'帝國'形成の系譜(岩波書店, 2006)

종장「日本外交史の'舊さ'と'新しさ': 岡義武『國民的獨立と國家理性』・再訪」,『國際關係論研究』13 (國際關係論研究會, 1999)

필자는 원래 근대 일본 정치사·외교사 연구에서 출발하였다. 도쿄대학 교양학부에서 국제관계 전공에 소속되어 있기도 하고 여러 분야의 전문가가 모여 있는 캠퍼스에서 면학을 계속하는 것이라 부임할 때 일념발기—念發起해서 이제부터는 일본 근대사·정치사상사·국제관계론의 삼자가 교착하는 영역을 연구해 보자 결심했다. 지금 돌이켜보면 정말 욕심을 부렸구나라는 생각도 솔직히 들지만, 당시에는 아주 진지했었다. 아마도 필자의 내면에 냉전 종식 후의 지점에서 일본 근대사를 연구하는 것이란 '전후'의 종언으로부터 역사를 서술하는 의미를 생각하는 것이며, 『근대 일본의 국제질서론』은 그 실마리가 될 것이라는 직감이 있었던 것 같다. 이 책의 윤곽이 갖추어지는 사이 세상은 완전히 실학 붐이 되었고, 사회과학 연구에서도 역사와 사상을 중시하는 인문주의는 시대에 뒤떨어진 일로만 여기는 분위기가 강해졌다. 하지만 옛 것을 좋아하는 필자는 작은 악마가 되어 "어쩌면 전전戰前 사람이 쓴 것은 아닐까"라고 의심받을 만한 논문을 써보겠다고 생각한 적도 있다. 발표 순서는 나중이 되었지만 가장 먼저 집필된 제1장이 아주 중후하고 장대한 문체로 되어 있는 것은 이 때문일지 모른다.

저자 후기

이 책의 구상을 처음 제시한 짧은 논고를 발표했을 때부터 뜻밖에 많은 분들이 관심을 보여 주었고 귀중한 조언을 주셨다. 여러 연구회, 학회 등을 통해 지금까지 교류가 없었던 분야의 연구자들과 솔직하게 의견을 교환하는 장을 가질 수 있었던 것도 잊을 수 없는 경험이었다. 이 책을 쓰는 과정에 알게 된 모든 분들에게 이 자리를 빌려 깊은 감사를 드린다.

필자는 올해 대학을 입학한 지 꼭 30년이 된다. 최근에는 대학 1학년 때 읽었던 텍스트를 갖고 논문을 쓰고 있는 때문인지 자신이 진보했다는 느낌이 그리 들지 않지만, 한 권의 책으로 충분히 즐길 줄 아는 사람이구나라는 생각이 든다. 가장 값싸고 오래 즐길 수 있는 오락은 아마도 독서가 아닐까. 교양학부라는 장소도 나쁘지는 않다는 생각이 드는 나날들이다.

2007년 4월
신입생을 맞이하면서
사카이 데쓰야酒井哲哉

역자 후기

2007년 연말부터 이듬해 여름까지 도쿄대학 법학부에서 연구학기를 보낸 적이 있습니다. 이때 은사이신 히라노 겐이치로平野健一郎 도쿄대학 명예교수의 추천으로 출간된 지 얼마 안 된 이 책을 알게 되었습니다. 평소 사카이 데쓰야 교수의 연구 작업에 관심을 가지고 있었던 터라 당장 읽어 내려갔습니다. 때마침 2008년 2월 법학부에서 열린 정치이론연구회 모임에서 사카이 교수가 이 책에 대해 발표하고 도쿄대학 법학부 가루베 다다시苅部直 교수가 서평하는 자리를 함께 할 수 있었습니다. 뒤풀이 차모임과 술자리에서 의견을 나누기도 했습니다. 저녁 모임을 끝내고 나오면서 번역 얘기를 꺼냈습니다.

몇 차례 번역서를 낸 적이 있지만 다시는 번역을 하지 않겠다고 작정하고 있던 때였습니다. 번역이라는 것이 짬을 내어 공을 들이는 만큼 그리 실속도 없었고, 옮기는 글발도 시원찮았기 때문이죠. 마음 한 구석에는 홍수같이 쏟아지는 번역서들, 특히 별의별 일본 번역서들이 속속 출간되는 것을 보면서 번역자와 출판사의 공모하에 번역물이 너무 쉽게 생산되고 있는 것은 아닌가, 이러다가 한국 출판시장이 일본 출판시장에 포섭되는 것이 아닐까 하는 우려도 없지 않았습니다. 이젠 묵혀둔 숙제들을 풀어내야 할 때라는 약간의 압박감을 느끼는 시점이기도 합니다. 어쨌든 이런 다짐은 사카이 교수의 책을 만나면서 유보되어 버렸습니다.

사카이 교수는 최근 10년 이상 일본 외교사와 국제정치 사상을 접합시키는 작업을 해왔습니다. 이 책은 그의 학문적 열정이 고스란히 배어 있는, 내공 있는 작품입니다. 역사학적 접근에 기초한 실증 연구나 특정 인물의 대외관을 분석하는 사상사 연구는 흔히 볼 수 있습니다만, 외교사와 사상을 능숙히 연결시킨 연구는 좀처럼 찾아보기 힘듭니다. 아마도 사카이 교수의 사물을 포착하는 섬세한 감성과 기존의 확립된 관점을 문제 삼을 수 있는 혜안이 있었기에 가능하지 않았을까요. 저자의 문제의식은 간략하나마 한국어판 서문에 잘 나타나 있으니 굳이 부언하지는 않겠습니다.

이 책은 우리에게도 적지 않은 함의를 주고 경종이 될 만한 연구서라 생각됩니다. 우선 미국 국제정치학의 연원에 대한 이론적 천착이 돋보입니다. 현재 한국의 국제정치학은 미국의 주류 국제정치학에 압도되어 있습니다. 미국 국제정치학의 방법과 관점이 한국 국제정치학의 준거 틀이 되어 있는 경우가 허다합니다. 행태주의적·기계적 방법론이 진리를 캐는 유일한 길이라 믿는 사람들이 많습니다. 사카이 교수의 책은 계보학적 접근을 통해 근대 일본 국제정치학과 미국 국제정치학의 유럽적 연원을 추적하고 있습니다. 일본 국제관계론의 지적 연원을 추적함으로써 미국 국제정치학을 상대화해서 보는 시선과 학문적 정체성을 확보하고 있습니다. 자기 문제로서의 일본 외교사를 사상사적 관점에서 포착하는 세심한 자기 성찰이 있었기에 가능했다고 봅니다. 또한 사카이 교수는 동아시아 국제관계사나 일본 외교정책사의 맥락에서 일본의 경험에 의거한 국제관계 사상을 밝혀내고 있습니다. '제국 일본'이 영위한 '제국정치학'에서 '국제정치학'을 읽어내려는 시도는 식민지 경험을 가진 우리에게는 불편할 수 있지만, 어쩌면 일본의 자기 경험과 동아시아 맥락에서 보면 자연스러운 일일 것입니다. 사카이 교수의 연구 관심을 통해 우리의 경험에서 국제관계와 사상을 성찰하는 작업을 제대로 해왔는지를 되돌아보게 됩니다. 국제정치 연구에서 역사와 사상의 소중함과 이론의 장소 의존성을 새삼 일깨워 주는 연구입니다.

사카이 교수의 치열한 문제의식과 세밀한 성찰에 비한다면, 서술

방식은 그리 매끄럽지 못합니다. 우리말로 옮기는 데 애를 먹었습니다. 말의 순서를 바꾸고 풀어쓰고 불필요한 접속사를 빼는 등 우리말에 맞게 손질을 가한 곳이 적지 않습니다. 그래도 의미 전달이 애매한 대목이 있을지 모르겠습니다. 이 책을 내면서 다시는 남의 글을 옮기는 일은 안하겠다고 다짐해 봅니다. 번역은 여러 사람을 고생시키는 일이니까요. 고생한 여러 분들께 감사드립니다. 서울대학교 외교학과 박사과정의 마쓰우라 마사노부松浦正伸 군은 역주를 작성해 주었고 김태진 군과 옮긴이가 역주를 손질했습니다. 같은 학과 박사과정의 이경미 양과 석사과정의 정민주 양은 교정을 꼼꼼히 봐 주었습니다. 최종 교정은 옮긴이가 책임을 지고 했습니다. 아울러 2009년 1학기 대학원 세미나에서 원서를 함께 읽고 토론한 참가자들에게도 고마움을 전합니다.

경인년의 관악산 철쭉을 보면서
장인성

찾아보기

⟨ㄱ⟩
가미카와 히코마쓰神川彦松 124, 141
가와카미 도시쓰네川上俊彦 122
가타야마 데쓰片山哲 100
강화講和 논쟁 37, 115
거버넌스론 331
게르마니스텐Germanisten 335, 336,
게마인샤프트 76, 82, 95, 97, 99
게젤샤프트 76
고노에 후미마로近衛文麿 63, 74
고야마 이와오高山岩男 76
고토 신페이後藤新平 122, 206
광역질서론 24, 33, 283~285, 342
구가 가쓰난陸羯南 18, 249, 250, 253, 303
구성주의constructivism 16
국수주의 18
국제연맹 42, 49, 125, 130, 169~171, 174, 175, 266, 278, 281, 282, 310, 318~320, 333, 334, 338,
국제연합 112
그로티우스 103
그린Thomas Green 160, 330
기르케Otto Friedrich von Gierke 232, 253, 336, 337, 339

기조François Guizot 302
길드 사회주의 215, 220, 239

⟨ㄴ⟩
나가오 사쿠로永雄策郎 284
나이토 고난內藤湖南 208, 209,
나카야마 이치로中山伊知郎 155
낭탄狼吞 18, 249
내셔널리즘 74, 75, 78, 113
네이션nation 116, 203, 232
노비코프Jacques Novicow 250, 251
니버Reinhold Niebuhr 65
니콜슨Harold Nicholson 132
니토베 이나조新渡戶稻造 248, 254~267, 276, 281, 288, 292, 283

⟨ㄷ⟩
다나카Stefan Tanaka 305
다나카 고타로田中耕太郎 262, 306, 329
다바타 시게지로田畑茂二郎 48, 50, 61, 62, 88, 90, 92, 93, 96, 97, 102, 103, 105, 106. 108, 111
다오카 료이치田岡良一 143~145
다원국가론 29, 161, 177, 179, 188, 220, 253

다이쇼 데모크라시 41, 45, 98, 178, 188, 199, 272, 279, 312~316, 346,
다이쇼 사회주의 204, 206, 216, 231, 236, 239,
다이텐처우戴天仇 221
다치 사쿠타로立作太郎 124, 140, 142, 162, 320
다치바나 시라키橘樸 31, 203~218, 220~231, 234~237
다카다 사나에高田早苗 268
다카오카 구마오高岡熊雄 276
다카타 야스마高田保馬 238
다케베 돈고建部遯吾 251
다케우치 요시미竹内好 345
대동아 공영권 82, 203
대동아 전쟁 96, 155
대동아공동선언 87, 94
대동아회의 86
대웅봉회大雄峯會 228
도조 히데키東條英機 86
도쿄 재판 149
도하타 세이이치東畑精一 284
동아연맹론 325, 341
동아협동체 190
동아협동체론 74, 77, 78, 181, 196, 325, 328, 331, 341,
돤치루이段祺瑞 219
드러커Peter Drucker 65

〈ㄹ〉
라스키Harold Laski 21, 330
라이샤워E.O.Reischauer 155, 197, 198
라인슈Paul S. Reinsch 247, 256, 263. 267~270, 271, 274~276
량치차오梁啓超 212
러셀Bertrand Russell 213
레닌 64
로마니스텐Romanisten 336
로스토Walt W. Rostow 155, 198
로야마 마사미치蠟山政道 23, 29, 30, 76, 77, 80, 124, 141, 155~159, 161~167, 169, 171~173, 175, 176, 178, 180~199, 274, 275, 330,
로카르노 조약 171
루거우차오盧溝橋 143
르루아 볼리외Paul Leroy-Beaulieu 253
리브스Emery Reves 101
린청루林呈祿 271

〈ㅁ〉
마루야마 마사오丸山眞男 61, 98, 111, 112, 187
마르크스 59, 60, 64, 73, 115, 167, 197, 224, 225, 231, 234, 245, 249, 316
마르크스주의자 315
마쓰다이라 쓰네오松平恒雄 320
마쓰시타 마사토시松下正壽 83
마쓰자와 히로아키松澤弘陽 301, 302, 304

마이어Charles Maier 311
마키아벨리즘 55
만국공법 43, 46, 47
만주사변 45, 48, 51, 61, 81, 85, 101, 121, 140, 143, 145, 172, 174, 184, 225~227, 233, 279~281, 318, 320, 324,
만하임Karl Mannheim 65
먼로주의 142
메이틀랜드Frederic W. Maitland 336
모겐소Hans Morgenthau 22, 51, 53~56, 60~62, 69, 70
모리 아리노리森有禮 301
무정부 사회Anarchical Society 20
미노다 무네키蓑田胸喜 76
미노우라 가쓴도箕浦勝人 47
미야자키 마사요시宮崎正義 325
미야케 세쓰레이三宅雪嶺 209, 303
미우라 바이엔三浦梅園 215
미키 기요시三木清 74~76
미타니 다이치로三谷太一郎 314, 318
미트러니David Mitrany 162
민족자결주의 66, 67, 283, 326
밀스Wright Mills 317

〈ㅂ〉
바텔Emmerich de Vattel 105, 107
반노 준지坂野潤治 298~300
발츠Gustav Adolf Walz 92
버클Henry Thomas Buckle 302

범미주의 142
베르그송 261
베르사유 체제 67, 70, 77
베이징관세회의 135, 136
벤덤주의 57
벤틀리Arthur F. Bentley 277
보잔켓Bernard Bosanquet 160, 161
볼셰비즘 73
부전조약不戰條約 45, 137, 138, 144, 147, 150, 151, 168, 174, 320,
분쟁 종별론 61
분트Wilhelm M. Wundt 339
브라이언평화조약 138
블룬츨리 189

〈ㅅ〉
사이드Edward Said 306
사토 마사스케佐藤昌介 256, 288
사토 마사히로佐藤全弘 248
사회 연대론 24
생디칼리스트 215, 229
샤흐트Hjalmar Schacht 64
쇼와昭和연구회 74, 75
슈미트Carl Schmitt 21, 53, 55, 56, 59, 60, 62, 70, 72, 73, 115, 176~178, 245
슈트레제만Gustav Stresemann 69, 70
슈펭글러 335
스머츠Jan Christiaan Smuts 265
스멘트Rudolf Smend 53

스즈에 겐이치鈴江言一 216
스펜서Herbert Spencer 257
시가 시게타카志賀重昂 209
시게미쓰 마모루重光葵 25, 86~89, 94, 95
시노부 기요사부로信夫淸三郞 29, 312
시노부 준페이信夫淳平 28, 119~133, 136~139, 142, 145, 146, 148, 149, 151
시노하라 하쓰에篠原初枝 320
시데하라幣原 321
시라토리 구라키치白鳥庫吉 306
시미즈 이쿠타로淸水幾太郞 111, 238
시민사회론 31
신칸트파 44, 48, 52, 60, 95, 160
쑨원孫文 221, 222,
쑨원주의 223
쓰루 시게토都留重人 111, 115

〈ㅇ〉
아루가 나가오有賀長雄 123
아리사와 히로미有澤廣巳 115
아리스토텔레스 103
아베 요시시게安倍能成 99
아시아극동경제위원회ECAFE 193
아시아주의 17
안보투쟁 156, 198
알투지우스Johannes Althusius 233, 239, 337
야나이하라 다다오矢內原忠雄 21, 23, 273, 278, 285, 286, 288, 332~334

야마카와 히토시山川均 272
야베 데이지矢部貞治 63, 66, 67, 76, 84, 96, 97, 342
야스이 가오루安井郁 48, 50, 60, 62, 70, 72
에인절Norman Angel 42
엘리엇William Yandell Elliott 179
역코스 39
연성 자치론 218
영국 페이비언협회 23
영Walter Young 139
옐리네크 53, 189
오구마 에이지小熊英二 253
오누프Nicholas G. Onuf 327, 328, 334
오다 요로즈織田萬 206
오다카 구니오尾高邦雄 155
오리엔탈리즘 302, 306
5·30사건 216, 220, 223, 226
오스트발트Wilhelm Ostwald 258
오쓰카 히사오大塚久雄 68
오우치 효에大內兵衛 288
오자키 호쓰미尾崎秀實 80
오카 요시타케岡義武 32, 46, 113, 114, 295~297, 308~310, 312, 313, 318, 321~326, 341, 342, 344~348
오코우치 가즈오大河內一男 68
와쓰지 데쓰로和辻哲郞 99
와타나베 아키오渡邊昭夫 20
요시노 사쿠조吉野作造 41~43, 45, 129,

272, 310, 321, 322, 330, 251
요시다 시게루吉田茂 110
요코타 기사부로橫田喜三郞 45, 60, 100~102, 109~112, 319, 320, 344
우에야마 슌페이上山春平 155
우충한于沖漢 228
우치무라 간조內村鑑三 44, 259
우카이 노부시게鵜飼信成 111, 115
우키타 가즈타미浮田和民 269
울프Leonard Woolf 23, 162, 165, 274
워싱턴 체제 184, 315, 317,
워싱턴회의 134, 135
위안 스카이袁世凱 123, 205
위안진카이袁金鎧 228
윌슨 126, 138
윌슨주의 44, 57, 67, 73, 110, 113, 131, 134, 263
유럽 연합EU 239
이누마 지로飯沼二郞 248
이다 다이조飯田泰三 330
이리에 아키라入江昭 317
이시하라 간지石原莞爾 226
2·26사건 235
이즈미 아키라泉哲 247, 266, 267, 271, 272, 280, 281
이타가키 세이시로板垣征四郞 226
일리Richard T. Ely 276
일지日支 사변 143

〈ㅈ〉
잠식蠶食 18, 249
장제스蔣介石 216
정교사政敎社 209
제1차 국공합작 216
중·일 전쟁 70, 72, 143
중국 국민혁명 216, 217,
증국번曾國藩 211
지나사변 72, 74, 151

〈ㅊ〉
차이쉬구蔡式穀 271
체임벌인Neville Chamberlain 264

〈ㅋ〉
카E. H. Carr 22, 51, 56~58, 60, 61, 63, 64, 66, 69, 108, 186, 331
케네디 155
켈로그Frank Billings Kellogg 320
켈젠Hans Kelsen 21, 53, 55, 56, 59, 60, 115
켈젠주의 60, 77, 115
코로빈E. A. Korovin 109
코먼웰스Commonwealth 285
코페르니쿠스 214
콘Hans Kohn 113
콜롬보 계획 192, 193
크로포트킨 253

〈ㅌ〉
탈아론 17, 298, 307, 308,
태평 천국의 난 210
태평양 전쟁 62, 85, 97, 146, 149, 150, 235
트랜스내셔널리즘 transnationalism 19

〈ㅍ〉
파리강화회의 309, 321
평톈 문치파奉天治派 228
페르드로스Alfred Verdross 48, 49
페이비언주의Fabianism 29, 185, 186
페이비언주의자 23
페이비언협회 271
평화문제담화회 113
포인트 포 계획 192
푸펜도르프 103, 104
푸펜도르프론 105~107
프랑스 혁명 64, 67
프리트Alfred H. Fried 251
프쇠도 부르주아pseudo-bourgeois 190
프티 부르주아 214, 218,

〈ㅎ〉
하세가와 뇨제칸長谷川如是閑 30, 204, 229, 241
하타노 스미오波多野澄雄 344
향단 자치론 210, 211
호소야 치히로細谷千博 317
홉스 104

홉슨J.A. Hobson 130
후쿠자와 유키치福澤諭吉 15, 190, 297, 298, 301~305, 307, 308
히라노 요시타로平野義太郎 207, 231, 253, 335, 338, 339,
히틀러 64

지은이 사카이 데쓰야 酒井哲哉

일본 후쿠오카에서 태어났으며, 도쿄대학 법학부와 같은 대학 대학원 법학정치학연구과 석사과정을 수료하고 홋카이도대학 교수를 거쳐 현재 도쿄대학 총합문화연구과 교양학부 교수로 재직하고 있다. 전공은 일본 정치외교사, 국제관계 사상사, 외교론. 저서로 요시다 시게루상을 수상한 『다이쇼 데모크라시 체제의 붕괴: 내정과 외교』(도쿄대학출판회, 1992)가 있고, 편저로 『이와나미 강좌·'제국' 일본의 학지學知』제1권「'제국' 편성의 계보」(2006)가 있다.

옮긴이 장인성

서울대학교 외교학과와 같은 학과 대학원 석사과정을 수료하고 도쿄대학 대학원 총합문화연구과에서 개항기 한국과 일본의 국제정치사상에 관한 비교 분석으로 학술박사 학위를 취득했다. 현재 서울대학교 외교학과 교수로 재직하고 있다. 저서로 『장소의 국제정치사상』, 『근대한국의 국제관념에 나타난 도덕과 권력』, 『메이지 유신』, 『전후 일본의 보수와 표상』(편저) 등이 있고, 역서로 『일본근현대사』, 『국제문화론』 등이 있다.

근대 일본의 국제질서론

2010년 6월 25일 초판 1쇄 인쇄
2010년 6월 30일 초판 1쇄 발행

지은이 사카이 데쓰야
옮긴이 장인성
펴낸이 전명희
펴낸곳 연암서가

등록 2007년 10월 8일(제396-2007-00107호)
주소 경기도 고양시 일산동구 장항동 591-15 2층
전화 031-907-3010
팩스 031-932-8785
이메일 yeonamseoga@naver.com
홈페이지 yeonambooks.com
ISBN 978-89-94054-07-0 93340

값 15,000원